KB190802

신앙의 토대를 든든히 세워주는

하이델베르크
요리문답(要理問答) 해설 I

신앙의 토대를 든든히 세워주는
하이델베르크 요리문답(要理問答) 해설 Ⅰ

초 판 발 행   2025년 1월 5일

지 은 이   주용태
펴 낸 이   주용태
펴 낸 곳   하이세북스
출 판 등 록   제 2024-000007 호

교   열   최혜영
디 자 인   김미진

주   소   경기도 오산시 수청로 121, 1102-2023
             (교회주소 : 경기도 오산시 문헌공로 56)
전   화   031-377-9191
이 메 일   yt10044@naver.com
교회 홈페이지   imch.or.kr

ISBN 979-11-989358-0-9

일러두기

1. 본 책에 나오는 성경 구절은 《개역개정 성경전서》를 사용했습니다.
2. 본 책에서 인용한 하이델베르크 요리문답의 문과 답은 성약출판사가 발행한 《하이델베르크 요리문답(2004)》의 번역판을 사용했습니다. 번역판을 사용하도록 허락해주신 성약출판사에 감사드립니다. 다만 '성신'으로 번역된 부분은 '성령'으로 바꾸어서 사용하였습니다.

서문

　단순함이 힘 있는 이유는 명료하기 때문이다. 신앙은 '일 더하기 일은 이'처럼 명확하게 떨어지는 것이 아니지만 할 수 있다면 명료할수록 좋다. 그래서 불확실한 것들을 가능한 한 명료함에 근접하게 만든 것이 교리이다. 교리를 배우면 흩어져 있던 신앙의 내용들이 주제별로 형태를 갖추어서 선명하게 눈에 들어온다. 완전하지는 않다. 하나님의 말씀인 성경은 완전하지만 사람이 만든 교리가 어찌 완전할수 있겠는가? 그러나 그 정도만 해도 신앙인으로서 앞으로 살아갈인생 로드맵이 또렷이 시야에 들어오는 것을 볼 수 있다. 지금 내가어떤 상태에 있는지, 어떻게 해서 구원을 받을 수 있는지, 나의 미래와 운명은 어떻게 될지, 인생 전체가 큰 그림으로 다가오게 된다. 이렇게 믿음의 토대가 명료하고 굳건해지면 삶의 의욕이 생기고 담대함이 솟아오르고 두려울 것도 거칠 것도 없어진다. 신자에게 있어 영적 토대가 확고해지는 것보다 더 큰 삶의 동력이 어디 있겠는가? 그런 의미에서 교리 교육은 신자의 삶을 온전히 세우는 교육이다.

　그래서 우리 성도님들이 그처럼 목말라했는지도 모르겠다. 코로나의 영향이 채 가시지 않은 시기라서 목장 모임을 하기 어려워 그를 대치하고자 하이델베르크 요리문답을 강해하여 영상으로 제작, 홈페이지에 올렸다. 내용이 좀 어려울 수 있을 것 같아서 얼마나 도움이 될지, 호응은 있을지 염려되기도 했는데 기대 이상으로 반응이 좋았다. 영상을 반복해서 수도 없이 보았다는 성도님도 계셨고 심지어는 강의 영상을 녹취해 노트로 만들어서 갖고 다니는 분들도 계셨다.

무엇보다도 준비하는 나 자신이 먼저 은혜를 받았다. 목사이지만 그동안 어렴풋했던 신앙의 내용들이 뚜렷한 형태를 갖추면서 내 머릿속에 새겨지고 가슴 깊은 곳에 담겼다. 삶의 에너지가 솟아나고 미래가 환하게 열리며 머리가 맑아지는 느낌을 받았다.

하이델베르크 요리문답을 만나게 해주신 하나님께 진정으로 감사드린다. 하이델베르크 요리문답을 작성한 두 천재 신학자 우르시누스(Zacharius Ursinus, 1534~1583)와 올리비아누스(Kaspar Olevianus, 1536~1587)에게도 감사의 마음을 전하고 싶다. 요리문답 작성 당시 우르시누스는 27세, 올리비아누스는 25세였다고 한다. 그때 그들은 이미 당대의 석학들이었다. 하나님께서 결정적인 시대, 중차대한 일에 쓰시기 위해 그들에게 탁월한 은사를 주신 듯하다.

16세기 종교개혁이 한창일 무렵, 독일 팔츠 지역을 통치했던 프리드리히 3세(Friedrich III, 1515~1576)는 왕후의 영향으로 개신교 복음을 받아들인다. 왕후는 이미 마틴 루터의 종교개혁을 추종하고 성경적인 믿음을 가지고 있었다. 이 일로 인해서 프리드리히 3세는 교황청에 소환되기도 했지만 그는 교황 앞에서도 당당히 자신의 믿음을 고백했고 그뿐만이 아니라 팔츠 지역을 성경적인 믿음으로 다스리겠다고 선언한다.

그러나 종교개혁 이후 다양한 개혁교회들이 발생하여 저마다 다른 나름의 신학과 믿음을 주장했다. 그래서 신학과 신앙이 통일되지 못하고 교회는 갈등과 불화로 커다란 혼란을 초래했다. 당시 프리드리히 3세는 이러한 혼란상을 정리하고 신자들에게 바른 신앙과 신학을 세워주며 이후 세대에게도 올바른 믿음의 전통을 이어주기 위해서 신앙의 골격이 되는 성경의 주요 교리를 요약한 신앙 요리문답서가 필요하다고 생각하게 된다. 그래서 그는 성경 본문에 기반한 신앙고백 작성을 위해서 위원회를 조직하고 하이델베르크의 젊은 두 신학자 우르시누스와 올레비아누스에게 이 일을 맡긴다. 개혁신앙을 지난 종교개혁의 2세대 신학자인 두 사람은 주로 칼빈 신학에 근거하여 당시 개혁교회 신앙의 논란거리들을 논리적으로 잘 요약 정리하여 이 요리문답에 담았다. 주된 저자는 우르시누스였고 다른 여러 사람이 이 일을 도왔다고 알려져 있다.

이렇게 작성된 요리문답은 1563년 팔츠의 수도였던 하이델베르크에서 열린 총회에서 승인되어 채택되었고 개혁교회에서 사용되었다. 이후 1618년 도르트 총회에서 네덜란드 신앙고백(1561), 도르트 신조와 함께 개혁교회의 '하나 됨을 위한 3대 고백서(The Three Forms of Unity)'로서 자리매김했다.

종교개혁 당시 여러 요리문답들이 많았지만 하이델베르크 요리문답은 17세기 영국에서 작성된 웨스트민스터 요리문답과 함께 가장 뛰어난 개혁교회 교리문답서로 꼽힌다. 작성된 지 수백 년이 지났지만 오늘날에도 여전히 많은 신자들의 믿음의 토대를 굳건히 세워주는 데 가장 효과적인 도구로 사용되고 있다.

하이델베르크 요리문답은 총 129개의 문과 답으로 이루어져 있다. 우선 서론에 해당하는 1, 2문과 답이 있고 이어서 전체를 세 부분으로 나눌 수 있다. 제1부는 원래 인간의 상태인 죄와 비참에 대해서(3문~11문), 제2부는 죄와 비참에서 어떻게 구원을 받는가 하는 죄인의 구속에 관해(12문~85문) 다룬다. 제3부는 구원을 주신 하나님께 어떻게 감사를 드려야 하는지 감사의 삶에 대해서(86문~129문) 가르치고 있다. 그리고 세부적으로는 요리문답 전체가 52주로 나누어져 있어서 매주 한 개씩 공부하면 일 년에 전체를 배울 수 있다. 그래서 많은 개혁교회에서는 전통적으로 주일 오후에 하이델베르크 요리문답을 가르친다고 한다.

이렇게 지중한 요리문답을 만나게 해주시고 모든 교우가 함께 가르치며 배울 수 있다는 사실이 얼마나 감사한지 모른다. 아쉽게도 우리는 일 년 동안 전체 내용 중에 절반밖에 다루지 못했지만, 주요 핵심 내용은 다 들어 있다고 생각한다. 나머지는 기회가 되면 또다시 공부할 수 있기를 기대한다. 그러나 미완성도 그 나름의 의미가 있다. 우리가 하는 모든 것이 미완성이기에 은혜 아니고서는 살아갈 수가 없는 존재임을 다시금 확인할 수 있으니 말이다. 이 또한 커다란 은혜가 아니겠는가.

나는 신학자도 아니고 기독교 교리를 특별히 연구한 사람도 아니다. 그저 평범한 목회자에 불과하다. 교인들에게 무엇인가 도움을 주고 싶은 심정으로 '하이델베르크 요리문답 해설'을 시작했을 뿐이다. 그러므로 나의 이 책은 결코 내놓을 만한 게 못 된다는 사실을 잘 알고 있다. 그럼에도 불구하고 용기를 가지고 책으로 펴내는 이유는 우리 성도들의 믿음의 뿌리와 토대를 견고하게 세워가는 일이 앞으로도 계속되기를 간절히 바라는 한 가지 마음 때문이다. 그래서 두 가지에 초점을 맞추었다. 하나는 가능한 한 평신도가 알 수 있도록 쉽게 설명하려고 했다. 또 다른 하나는 이론에 머물지 않고 실생활에 어떻게든 적용하려고 노력했다.

　하이델베르크 요리문답의 진수(眞髓)는 문을 열자마자 접하는 1문 1답이다. 1문 1답은 지금도 여전히 내 마음의 정곡을 찌른다. 이 문과 답으로 인해서 하이델베르크 요리문답에 매료되어 이끌렸고, 이 물음과 답 때문에 다시금 인생의 본질을 깊이 생각하고 깨닫게 되었다. 이처럼 소중한 답을 알게 주신 성령 하나님께 감사드린다.

"살아서나 죽어서나 당신의 유일한 위로는 무엇입니까? 살아서나 죽어서나 나는 나의 것이 아니요, 몸도 영혼도 나의 신실한 구주 예수 그리스도의 것입니다."

- 나는 가슴 벅찬 심정으로 우리 임마누엘 성도님들께 이 책을 드린다. 우리 성도님들은 어려울 때나 기쁠 때나 한결같이 내 곁에 계셔주셨다. 이분들의 은혜를 결코 잊지 못한다. -

2024년 12월 주용태 목사

목차

서론

유일한 위로

제1장

나의 유일한 위로는 무엇인가? 1

　신학대학에 처음 들어갔을 때 내 삶은 참으로 암울했다. 매일 왕복 5시간의 통학은 나를 완전히 초죽음으로 만들었다. 멀미가 심했던 내가 그때를 어떻게 견디어냈는지 지금 생각해도 상상하기 어렵다. 아르바이트를 해서 학비를 벌어야만 하는 형편이었기에 그렇게 힘든 생활을 당연하게 여겼고 수원에서 서울 수유리까지 그 먼거리를 통학했던 것이다. 하늘에서 독지가가 내려와-정말 나는 그분을 하늘에서 보내주신 분이라고 생각한다-남은 2년간 학비 전부를 장학금으로 주겠다고 약속하기 전까지는 그랬다.

　당시 나는 하루하루를 그냥 사는 게 아니었다. 입술이 터지고 입 안이 헐고 코피를 흘리며 살아내야 하는 날이 다반사였다. 그런 어두움의 날들, 그런 와중에 나에게 소망의 빛을 던져주고 나를 사망의 음침한 골짜기에서 살린 말씀이 있었다. 그 말씀은 나의 유일한 생명줄이었다. 나는 그 말씀을 붙들고 힘들 때마다 속으로 읊조리거나 큰 소리로 외쳐댔고, 그 힘으로 늪지에 빠졌던 사람이 간신히 일어나듯 다시금 일어났다. "*나는 살아도 주를 위해서 살고 죽어도 주를 위해서 죽나니 그러므로 사나 죽으나 나는 주님의 것이로다*"(로마서 14장 8절을 내 식으로 바꾼 말씀이다). 나는 이 말씀을 마음속으로 천 번 만 번 외쳤다. 나의 정체성을 확실하게 해주는 이 말씀이 아니고서는 그 무엇도 내게는 위로가 되지 않았기 때문이다. 오직 이 말씀만이 나를 수렁에서 건져낼 수 있는 유일한 말씀이었다. '나는 어차피 내 것이 아니다. 나는 주님의 것인데 주님이 알아서 다 책임지시지 않겠는가? 나는 주님의 것입니다. 주님 알아서 해주십시오.'

상당한 세월이 흐른 후 언젠가 우연히 하이델베르크 요리문답을 다시 들여다보고 깜짝 놀랐다. 내가 그토록 암송하고 지금까지도 틈만 나면 마음속으로 읊조리던 그 말씀이 하이델베르크 요리문답의 표제 성경 구절로 나와 있었기 때문이다. 제1문 1답이 바로 그것이다. 수백 년의 시간을 뛰어넘어서 말씀을 향한 하이델베르크 저자의 마음과 내 마음이 정확히 일치를 이루어 하나가 되어 있었다.

'하나님 감사합니다. 제가 그동안 말씀을 제대로 붙잡고 있었군요. 저를 인도하신 성령님 감사드립니다. 저의 인생 구절을 다시 한 번 확인하게 해주시니 감사합니다.' 그러니 하이델베르크 요리문답 해설 첫걸음부터 신이 난다. 하이델베르크 요리문답 속으로 함께 들어가 보자.

1문 살아서나 죽어서나 당신의 유일한 위로는 무엇입니까?

> **답 :** 살아서나 죽어서나 나는 나의 것이 아니요, 몸도 영혼도 나의 신
> 실한 구주 예수 그리스도의 것입니다.
>
> 그리스도께서는 그의 보혈로 나의 모든 죗값을 완전히 치르고 나
> 를 마귀의 모든 권세에서 해방하셨습니다.
>
> 또한 하늘에 계신 아버지의 뜻이 아니면 머리털 하나도 땅에 떨어
> 지지 않도록 나를 보호하시며 참으로 모든 것이 합력하여 나를 구
> 원에 이르도록 하십니다.
>
> 그러하므로 그의 성령으로 그분은 나에게 영생을 확신시켜 주시고 이
> 제부터는 마음을 다하여 즐거이 그리고 신속히 그를 위해 살도록 하
> 십니다.

"살아서나 죽어서나 당신의 유일한 위로는 무엇입니까?" 물음이 중요하다. 1문의 특징은 (1) 인간의 입장에서 배려한 질문이다. 흥미로우며 피부에 와닿는다. (2) 실생활에 적용되는 질문이다.

왜 '위로'에 관한 질문이 처음일까? 우리 인생에서 가장 필요한 것이기 때문이다. 위로는 인간의 실존적인 문제와 관련이 있다. 모든 사람은 위로를 갈망한다. 주변을 보라. 나 자신을 보라. 다들 위로에 목말라 있다. 모두 위로받고 싶어 한다. 그 무엇보다도 절실하다. 그만큼 이 세상에 문제가 많다는 의미이다. 사람과의 갈등, 죽음, 온갖 사고, 질병, 실패, 파산, 각종 스트레스 등등… 이 모든 일에 위로가 절실하다. 그래서 위로를 받으면 웬만한 문제는 해결된다. 위로는 우리 인간 삶의 최고의 동력이다. 복음은 위로를 주기 때문에 복음이다.

그러므로 메시아가 오셔서 한 일이 바로 '위로하라, 위로하라'였다. "너희의 하나님이 이르시되 **너희는 위로하라** 내 백성을 위로하라. 너희는 예루살렘의 마음에 닿도록 말하며 그것에게 외치라 (이사야 40장 1~2절)." 이는 오실 메시아에 대한 예언의 말씀이다. 이스라엘 백성들이 가장 기다린 것은 위로할 자였다. 시므온이 그토록 기다렸던 (누가복음 2장 25절 참고) 예수님은 진정한 위로를 주실 수 있는 주님이셨다.

우리가 아는 성령님도 위로의 주님이시다. 성령의 다른 이름인 보혜사는 '옆에서 돕는 자', 즉 '위로자'라는 뜻을 지니고 있다. 무엇보다도 우리는 성령님을 통해 위로받아야 한다. 성령님은 위로하는 분이시다.

우리는 왜 예수를 믿는가? 여러 가지 이유가 있겠지만 그중 중요한 하나는 '위로받기 위해서'이리라. 당신도 예수 믿고 예수님, 성령님을 통해서 반드시 위로 받기를 바란다. 하나님은 우리에게 위로를 주는 분이시다.

이 위로는 '성경 전체의 주제'이며, '하이델베르크 요리문답 전체의 주제'라고 할 수 있다. 따라서 1문은 '하이델베르크 요리문답 전체를 포괄하는 질문'이요, 우리 인생의 가장 본질적이고 근원적인 동시에 현실적이고 실제로 당면한 문제를 대변하는 질문이다. 그래서 1문은 모든 물음 중에 가장 중요하다. 1문의 물음과 답을 반드시 마음판에 새기고 반복해서 읽으며 암송하기를 바란다.

당신의 유일한 위로는 무엇인가?

1문의 물음을 다시 살펴보자. "*살아서나 죽어서나 당신의 유일한 위로는 무엇입니까?*"

'살아서나 죽어서나' 살아 있을 때도 죽을 때도. 극과 극이다. 모든 것을 다 포괄하는 의미이다. 살아 있을 때만이 아니라 죽을 때도 그리고 죽은 후에도, 어떤 환경이나 조건 혹은 시간에서도 다 통하는 참 위로란 무엇인지를 묻는다. 참다운 위로는 살아서도 위로가 되고 죽어서도 위로가 되는 것이다. 살아 있을 때는 위로가 되지만 죽을 때는 위로가 되지 않는다면 참 위로가 아니다. 왜냐하면 사람은 누구나 삶과 죽음을 겪기 때문이다. 그래서 생과 사를 초월하는 진정한 위로가 무엇인지 묻는 것이다.

'당신의 유일한 위로'라는 말을 주목하자. 구태여 왜 '당신의'라고 할까? 다른 사람이 아닌 '당신'의 경우, 당신이 경험했던 것을 말하자는 뜻이다. 믿음은 반드시 자신의 고백이어야 한다. 아무리 좋은 것도 내 것이 아니면 의미가 없다. 또한 '당신'이라는 말을 사용한 이유는 추상적이거나 이론적인 위로가 아닌, 당신이 살면서 몸소 체험하는 구체적인 위로를 묻기 위해서이다. 이 교리문답이 추구하는 경향이 바로 이렇다. 추상적인 교리 이론을 공부하는 것이 아니라, 당신의 실제적인 삶의 자리에서 느끼는 구체적인 위로가 무엇인가를 묻는 것이다. '당신의 경우는 어떠한가?' 어떤 말씀을 듣든 간에 가장 중요한 사실은 '나는 어떠한가?'이다.

'유일한 위로.' 하나밖에 없는 것, 다른 것은 없다. 하나의 위로,

모든 것에서 다 통하는 유일한 위로, 그 하나의 위로가 무엇인지를 묻는다. 이 세상에는 여러 방식의 위로가 존재하지만 그것들은 모두 진짜가 아니다. 참된 위로는 오직 하나뿐이며 신자는 그것만 붙잡으면 된다. 믿음은 그 하나를 붙잡는 것이다. 그것만 얻으면 우리는 모든 면에서 위로를 받을 수 있다. 그러므로 그 하나는 하나가 아니다. 전체를 포괄하는 하나다. 이 '유일한 위로'는 '전체 위로', '모든 위로'다.

1문의 물음은 이렇게 정리할 수 있다. "살아서나 죽어서나 어떤 상황 어떤 조건에서든지 당신의 삶 속에서 실질적으로 위로가 될 수 있는 단 하나의 위로, 그것은 무엇인가?"

그렇다면 유일한 위로는 무엇일까? 이는 1문의 물음이고 하이델베르크 요리문답 전체의 물음이며 답이다. 수많은 세상 사람들은 위로를 얻기 위해 끊임없이 무언가를 추구한다. 그러나 위로 같은데 위로 아닌 것들이 있다. 참된 위로가 아닌 것들을 살펴보자.

육체적이고 감각적인 즐거움

무엇보다도 일시적이고 육체적이며 감각적인 것들은 참된 위로가 아니다. 언뜻 위로 같지만 진짜가 아닌 가짜에 불과하다. 세상 사람들은 자기 방식으로 위로를 얻기 위해 필사적으로 몸부림친다. 그래서 술 담배를 하고 유흥에 빠지며 마약에까지 손을 대는 등 육적인 쾌락과 즐거움에 심취한다. 밤에 시내 거리로 나가보라. 위로를 찾아 헤매는 사람들이 인산인해를 이룬다. 그들이 진정한 위로를 얻고 만족과 평안을 누릴 수 있을까? 천만의 말씀, 절대 아니다. 오히려 더 큰 허탈감에 사로잡히고 절망과 우울의 나락으로 떨어진다. 육체적이고 감각적인 것들은 우리에게 최종 위로를 줄 수 없다. 그런데도 수많은 사람들은 그것들이 위로가 될 거라고 착각하며 끝없이 갈망하고 좇는다.

돈과 재산

돈이 많으면 위로를 받으리라 생각하는 사람들도 많다. 돈으로 어느 정도는 위로를 받을 수 있을지 모른다. 그러나 진정한 위로는 얻을 수 없다. 돈이 많은 사람은 모두 만족하고 행복한가? 그렇지 않다. 일부분 위로를 줄 수 있는지 모르나 본질적인 위로를 줄 수는 없다. 누가복음 12장에 나오는 부자를 보라. 그는 이렇게 말한다 "내 영혼아 여러 해 쓸 것을 쌓아 두었으니 평안히 먹고 마시고 즐거워하자." 그런데 예수님이 뒤이어 말씀하신다. "오늘 밤 네 영혼을 도로 찾으리니 그러면 네 준비한 것이 누구의 것이 되겠느냐?" 일시적인 위로는 될지 모르나 죽고 나면 그 모든 것이 무슨 의미가 있는가? 죽은 후에 돈이 많은들 무슨 소용인가? 부와 물질은 결코 '살아서나 죽어서나 참다운 위로'는 될 수 없다. 그나마 살았을 때 약간의 편리함과 안락을 제공할 뿐이다.

그런데도 사람들은 돈만 있으면 참다운 위로를 얻을 수 있다고 착각한다. 그러나 실상은 어떠한가? 돈 때문에 불행해지는 경우를 우리는 너무나 쉽게, 자주 목격한다. 돈 때문에 형제간에 의가 상한다. 그저 상할 뿐만이 아니라 철천지원수가 되고 심지어는 살인까지 저지르기도 한다. 부모의 유산 분배에 불만을 품은 아우가 형을, 형이 동생을 죽이는 비극은 심심치 않게 발생하고, 부모와 자식이 불구대천의 원수가 되는 경우도 많다. 돈 때문에 수십 년 쌓아온 우정이 한순간에 무너진다. 위로가 되리라 생각했던 돈이 위로는커녕 고통과 아픔을 주고 저주를 불러온다. 돈이 주는 유익도 분명 있지만 돈이 가져오는 치명적인 불행은 훨씬 더 심각하다.

학문과 예술 혹은 선행

지식을 쌓고 학문을 연구하며 나름의 의미 있는 일을 하거나, 예술을 하고 자신의 재능과 뜻을 펼치며 심지어는 사회봉사나 헌신을 하기도 한다. 그렇게 함으로써 위안을 삼고자 한다. 이들은 정말로 큰 위로가 될 수 있다. 앞서 언급한 것들과는 비교도 안될 만큼 우리에게 큰 위로를 준다. 그러나 명백한 한계가 있다. 어느 정도는 위로가 될지 모르나 본질적인 위로는 될 수 없다. '살아서나 죽어서나 참된 위로'는 될 수 없다. 삶과 죽음을 아우르는 진정한 위로는 아니라는 뜻이다.

인간관계

우리는 흔히 사람은 위로를 주리라 생각한다. 인간은 서로 어울려 사는 존재이다. 그래서 사람이 주는 위로는 그 어떤 위로보다 큰 힘을 발휘한다. 하지만 사람에게 위로도 받지만 상처도 받는다는 사실을 모르는 사람은 없다. 사람은 대단한 위로의 통로이기도 하지만 엄청난 고통의 통로이기도 하다. 축복의 통로이지만 저주의 통로이기도 하다. 사람이 주는 위로는 한계가 있다는 말이다.

그렇다면 인간인 우리에게 참된 위로는 무엇일까? 우리는 성경의 답을 듣길 원한다. 성경의 답이 진정한 정답이기 때문이다. 사람을 만드신 분은 하나님이시다. 그러므로 사람의 문제에 대한 정답은 하나님만이 가지고 계신다. 그러니 우리는 하나님의 말씀인 성경을 통해 그 답을 얻어야 한다.

오늘 문제의 답은 어쩌면 우리의 기대를 한참 벗어난 것일지 모른다. 답 같지 않은 답이다. 그러나 성경의 답이 진정한 답이다. 답이 마음에 들지 않더라도 성경이 가르쳐주는 답이니까 마음을 기울여 신중히 들어야 한다. 그러면 진정 그것이 정답임을 알게 된다. '아, 정말 그렇구나' 하고 깨닫게 된다. 답이 마음에 안 들면 깨닫게 해달라고 기도하라. 성령의 도우심을 구하라. 절박하게 절실하게 느껴지고 이해할 수 있기를 소망한다.

오늘 1문의 답은 무엇이라고 말하는가?

답 : 살아서나 죽어서나 나는 나의 것이 아니요, 몸도 영혼도 나의 신실한 구주 예수 그리스도의 것입니다.
그리스도께서는 그의 보혈로 나의 모든 죗값을 완전히 치르고 나를 마귀의 모든 권세에서 해방하셨습니다.
또한 하늘에 계신 아버지의 뜻이 아니면 머리털 하나도 땅에 떨어지지 않도록 나를 보호하시며 참으로 모든 것이 합력하여 나를 구원에 이르도록 하십니다.
그러하므로 그의 성령으로 그분은 나에게 영생을 확신시켜 주시고 이제부터는 마음을 다하여 즐거이 그리고 신속히 그를 위해 살도록 하십니다.

"살아서나 죽어서나 나는 나의 것이 아니요, 몸도 영혼도 나의 신실한 구주 예수 그리스도의 것입니다." 이 짧은 문장이 핵심이다. 나머지는 핵심인 정답에 관한 구체적인 설명이다. 이 답에 만족하는가? "살아서나 죽어서나 나는 나의 것이 아니요, 몸도 영혼도 나의 신실한 구주 예수 그리스도의 것입니다." 이것이 우리의 유일한 위로라는 말이 마음에 와닿는가?

이것이 얼마나 정확한 답인지 모른다. 이 한 문장이 우리 믿음 생활에 가장 중요한 핵심이다. 나는 누구인지, 나의 정체성은 무엇인지, 이것을 아는 것이 참된 위로이며 믿음 생활의 전부이다. 신자가 된다는 것은 '나는 나의 것이 아니요 예수 그리스도의 것'이 되는 것이다. 우리는 이 한 문장을 백 번이고 천 번이고 외쳐야 한다. 여기에 수긍하면 우리의 믿음 생활은 더 바랄 것이 없다. 우리의 믿음은 온전한 것이다. 그러나 아직 수긍하지 못한다면 수긍할 수 있게 해달라고 기도하라. 성령님께 도와달라고 외치라. '나는 나의 것이 아니라 주님의 것'이라는 확신이 있다면, 인생의 모든 문제가 여기서 다 풀린다. 주님 품에 안기는 느낌이다. 주님께서 다 책임지신다는 믿음이 생긴다.

나는 주님의 것이다

'나는 나의 것이 아니라 주님의 것', 이렇게 믿고 사니까 어떤가? 참 평안이 오지 않는가? 그동안 우리가 왜 힘들고 괴롭고 고달팠는가? 내가 나의 주인이라고 생각했기 때문이다. 내가 나의 주인이 되면 모든 문제를 다 내 힘으로 해결해야 하니 참으로 벅차고 힘들다. 절망이다. 내가 문제를 풀면 다행이지만 못 풀면 엄청난 고통에 빠져 살아가게 된다. 그러나 '나의 주인이 하나님이시다. 내 주인은 예수님, 성령님이시다. 나는 주님의 것이다'라고 생각하고 살면 마음이 그렇게 편안할 수 없다. 진정한 위로가 여기에 있다. 참 위로가 있다. 본질적인 위로, 근원적인 위로, 생과 사를 넘나드는 하나님이 주시는 참된 위로가 있는 것이다. 우리는 사도바울의 고백을 나의 고백으로 삼고 살아야 한다. *"우리가 살아도 주를 위하여 살고 죽어도 주를 위하여 죽나니 그러므로 **사나 죽으나 우리가 주의 것이로다** (로마서 14장 8절)."*

평생토록 잊지 말라. **'나는 나의 것이 아니요 하나님의 것이다. 나는 주님의 것이다. 나는 예수 그리스도의 것이다.'** 여기서 우리 인생의 모든 문제가 다 풀린다. 내가 하나님의 것인데 무엇이 두렵고 무엇이 답답하며 무엇이 염려되겠는가? 내가 하나님의 것이면 하나님께서 나를 얼마나 귀하게 여기시고 나의 삶 전체를 얼마나 세세하게 보살피시겠는가? 어린아이도 자기 물건에는 손도 못 대게 하듯, 누구든 자신의 것을 아끼고 소중히 여기며 최선을 다해 지킨다. 하물며 우리의 아버지이신 하나님은 어떠시겠는가? 당신의 소유인 우리 인생들을 목숨 걸고 보호해주시고 사랑해주시며 힘주시고 격려해주시고 도와주시지 않겠는가? 하나님은 우리의 인생길을 영원히 인도하신다. 낮의 해가 나를 상치 않게 하시며 밤의 달이 나를 해치 못하게 하신다. 여호와는 졸지도 아니하시고 주무시지도 아니하시며 나를 돌보신다. 모든 환란을 면케 하시며 나의 출입을 지금부터 영원까지 지키신다(시편 121편 6~8 참고). 이것이 우리 인생의 진정한 위로다. 아주 본질적인 위로, 실질적인 위로, 근원적인 위로다.

왜 우리에게 고난이 발생하는가? 우리가 살면서 맞닥뜨리는 수많은 문제들의 핵심은 무엇인가? 내가 나의 주인이라는 생각 때문이다. 그래서 내 마음대로 살며 여러 악행을 저지르고 타락하는 데서 온갖 문제가 생겨난다. 어떻게 해서든 내 힘으로 내 문제를 풀어가려고 한다. 그러다가 잘하면 교만해지고 못하면 좌절하고 낙심하며 절망에 빠진다. 고통에 시달리고 엄청난 압박을 견뎌내질 못한다. 내가 나의 주인이라고 생각한다면 우리는 늘 실망, 좌절, 탄식, 죄악, 슬픔, 참담을 겪게 된다.

나는 나의 것이 아니라 하나님의 것인 이유가 있다. 태생이 그렇고 성경이 그렇게 말씀한다. 인정하든 인정하지 않든 이것은 명확한 사실이다. 그 이유를 살펴보자.

우선 나를 만드신 분이 하나님이시기 때문이다. 창세기에 보면 하나님께서 당신의 형상대로 사람을 만드셨다고 했다. 그러므로 나의 주인은 하나님이시다. 나를 만드신 분이 나의 소유주가 되는 것은 당연한 일 아니겠는가.

우리 신자는 그리스도께서 피의 값을 주고 산 자이기 때문이다. 우리는 죄악 때문에 멸망과 심판을 받을 수밖에 없었다. 그런데 예수 그리스도께서 십자가의 피를 죗값으로 지불하시고 우리를 마귀의 권세에서 구해내셨다. 그러므로 성경 말씀대로 이제 우리 신자는 '내가 내 것이 아니요 그리스도의 것'이다. 그리스도가 값을 치르셨기 때문에 우리는 영적으로 말하면 예수 그리스도의 것, 하나님의 것이 되었다.

또한 실상을 봐도 내가 나의 주인이 아님을 알 수 있다. 내가 진짜 주인이라면 나를 내 마음대로 할 수 있어야 한다. 그런데 현실은 어떤가? 내 마음대로 할 수 있는 것보다도 내가 내 마음대로 할 수 없는 부분이 훨씬 더 많다. 그런데도 과연 내가 나의 주인이라고 할 수 있는가? 나를 움직일 수 있는 분은 오직 성령 하나님밖에 없다. 그러므로 하나님이 나의 주인이시다.

내가 나의 주인일 때와, 주님이 나의 주인일 때의 차이점은 무엇인가?

내가 나의 주인일 때, 내가 나의 것일 때는 세상의 온갖 압력을 견뎌내지 못한다. 조금만 잘나가면 오만하고 조금만 힘들어도 쉽게 좌절한다. 불안하다. 무기력하다. 문제를 해결할 수 없다. 참 소망이 없다. 모든 일에 한계에 부딪힌다. 결정적으로 마귀에게 종 노릇하기 십상이다. 그래서 온갖 죄를 저지르고 더욱더 불안해진다. 살아서나 죽어서나 진정한 위로를 얻을 수 없으며, 특히 죽음 앞에서는 아무런 힘도 쓸 수 없고 위로도 얻을 수 없다. 마지막 때에는 절대적인 절망과 탄식뿐이다.

그러나 하나님이 나의 주인일 때, 내가 주님의 것일 때는 평안하다. 안심이 된다. 의지할 수 있다. 오만하지 않으며 절망, 좌절하지 않는다. 항상 소망이 있다. 무궁무진한 가능성이 있다. 삶도 죽음도 문제될 것이 없으며 천국까지도 보장 받는다. 결정적으로 성령님의 인도하심 가운데 살아간다. 죄악을 멀리할 수 있다. 그래서 진정한 평안이 있다. 내가 주님의 것일 때 비로소 진정한 위로를 얻을 수 있다.

우리 인생의 모든 문제는 어디에 있었는가? 그렇다, 내가 나의 주인이라고 착각하고 온갖 죄 된 삶을 살아가는 데 있었다. 범죄한 아담의 치명적인 잘못이 무엇인가? 자신이 자신의 주인인 것처럼 착각하여 하나님의 말씀을 거역한 데서 비롯된 것이다. 이것이 인류의 원초적인 죄이다. 모든 죄는 내가 나의 주인이라는 생각에서 기인한다. 문제를 알면 문제의 해결책도 쉽게 나온다. 문제의 해결책은 너무도 확실하다. 내가 나의 주인이라는 착각을 거부하고 **"주님이 나의 주인이시라. 주님이 나의 소유주이시라. 나는 주님의 것이라"** 이런 고백을 하며 살아가면 문제는 저절로 해결된다. '나는 주님의 것이다.' 이 신앙인의 명제를 천 번 만 번 마음 판에 새기기를 바란다.

믿음의 토대를 굳게 세우는 질문

1. 이 세상에 우리에게 위로를 주는 것 같지만 사실은 가짜 위로인 것이 무엇인지 아는 대로 말해봅시다.

2. 우리 신자에게 유일한 위로는 '나의 정체성'을 바로 아는 것입니다. '나는 나의 것이 아니라 나는 주님의 것이다.' 이런 믿음을 갖고 살면 우리의 삶에 본질적인 위로가 되는데 그 이유가 무엇입니까?

제2장

나의 유일한 위로는 무엇인가? 2

　우리 인간의 가장 절박한 문제는 위로를 얻는 것이다. 살다 보면 위로받을 일이 얼마나 많은가? 사실 위로만 잘 받아도 웬만한 문제는 거의 다 해결된다. 위로는 우리 인생의 본질적인 힘이다. 마음에 갈등과 고통이 있고 삶이 어려울 때는 하이델베르크 1문과 1문의 답을 떠올려보라.

　'살아서나 죽어서나 나의 유일한 위로는 무엇입니까?' 살아서도 통하고 죽어서도 통하며 죽음 이후에도 힘을 발휘하는 단 하나의 위로는 무엇인가? 그렇다. '나는 나의 것이 아니요, 나는 신실하신 예수 그리스도의 것'이라는 사실이다. '나는 주님의 것, 나는 하나님의 것, 나는 하나님의 소유'라는 사실을 믿고 의지하라. 이는 모든 것에 통할 수 있는 '유일한 위로'이기 때문이다. 다시 말해서 나의 정체성을 바로 아는 것, '나는 누구인가'를 명확히 알아야 큰 힘을 얻고 본질적인 위로를 받는다. 하이델베르크 요리문답 전체의 핵심이 바로 이것이다.

　1문과 1답을 마음 판에 100번이고 1000번이고 새겨두고 평생 잊지 말라. 어렵고 힘든 일, 고민과 갈등, 슬픔과 아픔이 밀려올 때, 즉 어떤 문제에 부딪히더라도 그때마다 1문의 답을 떠올리며 마음으로 끊임없이 외치라. 그러면 하나님의 능력과 역사가 당신의 삶과 죽음과 죽음 이후의 존재까지 사로잡아 줄 것이다. 내가 하나님의 것이기에 하나님은 나의 전 존재를 다 책임지시고 인도하신다. 1문의 답은 인생의 모든 문제를 해결하는 만능열쇠라고 볼 수 있다. 그러니 다시금 함께 나누어보자.

> 답 : 살아서나 죽어서나 나는 나의 것이 아니요, 몸도 영혼도 나의 신실한 구주 예수 그리스도의 것입니다.
>
> 그리스도께서는 그의 보혈로 나의 모든 죗값을 완전히 치르고 나를 마귀의 모든 권세에서 해방하셨습니다.
>
> 또한 하늘에 계신 아버지의 뜻이 아니면 머리털 하나도 땅에 떨어지지 않도록 나를 보호하시며 참으로 모든 것이 합력하여 나를 구원에 이르도록 하십니다.
>
> 그러하므로 그의 성령으로 그분은 나에게 영생을 확신시켜 주시고 이제부터는 마음을 다하여 즐거이 그리고 신속히 그를 위해 살도록 하십니다.

　우리가 주님의 것이 되면 구체적으로 어떤 위로를 받는가? 이 문답에서는 성자 성부 성령이 주는 6가지 위로를 말하고 있다. 이 6가지보다 확실한 위로는 이 세상에 없을 것이다.

순서가 '성부 성자 성령'이 아니라 '성자 성부 성령'인 점을 주목하라. 이는 삼위일체 하나님의 사역 중 구원의 사역이 가장 중요하고 우선하기 때문이다. 우리는 성자의 구원을 통해서 성부 하나님을 만나고 성령 하나님과 교제한다. 그래서 축도도 이 순서를 따른다. "지금은 우리 주 예수 그리스도의 은혜와 망극하신 하나님의 사랑하심과 성령의 교통하심이……."

6가지의 참된 위로

1. 나는 그리스도의 보혈의 피로서 모든 죄에서
속죄함을 받았다_성자의 위로

"그리스도께서는 그의 보혈로 나의 모든 죗값을 완전히 치르고."
삼위일체 하나님이 주시는 첫 번째 위로는 죄의 속량이다. 기독교 신앙의 가장 중심이 되는 사실이며 우리가 예수를 믿는 결정적인 이유이기도 하다. 또한 우리 인간의 가장 핵심적인 문제이다. 그런데 예수 그리스도께서 십자가의 보혈로 우리의 모든 죗값을 완전히 치르셨다. **'완전히 치르셨다'는 말은 우리가 주님 안에, 믿음 안에 있으면 죄는 더 이상 문제가 되지 않는다는 뜻이다.** 우리가 죄가 없어서가 아니라 예수 그리스도 속죄의 은총으로 이제는 죄에서 면제되어 자유함을 누리게 된 것이다.

우리 인생을 가장 힘들게 만드는 것이 죄의 문제이다. 죄의 문제는 겉으로는 드러나지 않지만 실제로 우리의 심령을 근저에서 짓누르고 있다. 삶의 매 순간을 죄로 인해 씨름하는 우리가 이 문제에서 자유함을 얻는다면 그보다 더 큰 평안과 위로가 어디 있겠는가. 우리의 심령 근저에서 참된 위로가 솟아난다. 본질적이고 근원적인 위로를 얻는다.

그러기 위해서는 무엇보다도 나 자신의 믿음이 중요하다. 내 죗값이 다 치러졌다는 사실을 굳게 믿는 믿음, 성령님께서 진실로 당신에게 이 믿음을 주시기를 바란다. 이 믿음을 갖고 근원적인 참 자유를 마음껏 누리기를 원한다. 그와 동시에 조심할 것은 십자가의 은혜를 값싸게 여기지 않는 것이다. 값싸게 여기지 않으려면 이제 더는 죄에 머물지 않아야 하고 쉽게 죄를 범하지 않아야 한다.

2. 나는 나를 힘들게 하는 마귀의 모든 권세로부터
자유함을 얻었다_ 성자의 위로

"나를 마귀의 모든 권세에서 해방하셨습니다." 인생의 가장 큰 문제는 내가 나의 것이라 생각하고 죄의 삶을 살아가는 것이다. 여기서 모든 불행이 생겨난다. 이는 마귀에 종노릇하는 것이며 마귀는 죄의 앞잡이이다. *"죄를 짓는 자는 마귀에게 속하나니 마귀는 처음부터 범죄함이라 하나님의 아들이 나타나신 것은 **마귀의 일을 멸하려** 하심이라 (요한1서 3장 8절)."* 죄를 짓는 것은 마귀에 종노릇하는 것이다. 그동안 우리는 얼마나 오랫동안 마귀의 종으로 살아왔는가? 아담부터 시작된 죄 된 삶이 계속되어서 오늘까지 온갖 범죄를 저지르게 함으로 우리를 괴롭히고 있다.

인간의 모든 불행은 마귀로 말미암아 생겨난 수많은 죄에서 기인한다. 살인, 강간, 사기, 온갖 중독, 미움, 증오, 시기 등등 이게 다 마귀의 권세에 눌려 있기 때문이다. 다시 말하면 마귀의 손아귀, 마귀의 쇠사슬에 사로잡혀 있는 것이다. 그러니 얼마나 힘들게 살아왔는가?

그런데 예수님 속죄의 은혜가 결정적으로 이러한 죄와 마귀의 권세를 물리치셨다. 예수님의 십자가가 나를 괴롭혀온 마귀의 손아귀와 쇠사슬을 끊어버린 것이다. 이제 더 이상 마귀는 나를 괴롭힐 수 없다. 우리는 이제 더는 마귀의 종노릇하지 않는다. 마귀의 무서운 쇠사슬에서 자유함을 누리게 되었다. 내가 성자의 은혜로 말미암아 마귀의 손아귀에서 벗어난 것, 이 얼마나 큰 인생의 위로인가?

3. 머리털 하나라도 상치 않을 정도로 하나님께서 나를 보호하신다_ 성부의 위로

"또한 하늘에 계신 아버지의 뜻이 아니면 머리털 하나도 땅에 떨어지지 않도록 나를 보호하시며" 우리 인생은 언제 어디서 어떤 일이 벌어질지 아무도 모른다. 아침에 멀쩡하게 출근했던 사람이 저녁에는 시신으로 돌아올 수도 있다. 어제까지만 해도 그렇게 건강했던 사람이 한순간에 쓰러져 그대로 세상을 떠나는 일들이 비일비재하다. 그렇게 잘나가던 사업이 예상치도 못했던 불경기의 바람에 쓰러지는 경우도 얼마든지 있다. 내 목숨보다 사랑했던 자녀가 교통사고를 당해서 평생 장애인으로 살아야 하는 비극을 경험하기도 한다. 인생은 한 치 앞도 내다볼 수 없다. 어떻게 될지는 아무도 모른다. 그

야말로 매일 미지의 세계를 살아내는 것이다.

그런데 그런 상황 속에서, 성부 하나님께서는 아버지의 뜻이 아니면 머리털 하나도 땅에 떨어지지 않도록 나를 보호하신다고 하신다. *"또 너희가 내 이름으로 말미암아 모든 사람에게 미움을 받을 것이나* **너희 머리털 하나도** *상하지 아니하리라(누가복음 21장 17~18절)."*

나 자신조차 내 머리털이 떨어지는지 인식하지 못하는데 하나님은 하찮은 내 머리털까지도 소중히 여길 정도로 나를 보호하시고 돌보신다는 말이다. **'머리털 하나도' 이 말은 나에 대한 하나님의 사랑과 관심의 정도가 어느 정도인지 보여준다.** 나에게 붙어 있는 것 중에 가장 보잘것없는 것이 머리털 하나일 것이다. 그런데 그 머리털 하나도 하나님이 소중히 여기신다면 그 외에 다른 것은 두말할 필요도 없다. 하나님의 사랑과 보호하심이 의심스러운가? 하나님은 내 머리털 하나도 상하지 않게 하시는 분이라는 사실을 항상 잊지 말고 기억하라. 이것이 우리 신자에게 얼마나 큰 힘이 되고 위로가 되는가?

바울은 독사에 물려도 죽지 않았다. 다니엘의 세 친구는 뜨거운 풀무 불 속에서도 타지 않았다. 다윗은 온갖 인생의 대적들에 둘러싸여 있었어도 하나님의 보호하심 가운데 끝까지 살아남았다. 이것이 하나님이 베푸시는 보호의 은혜이다.

4. 모든 일이 합력하여 나를 구원에 이르도록

하신다_ 성부의 위로

"참으로 모든 것이 합력하여 나를 구원에 이르도록 하십니다." 살다 보면 별의별 일들을 만난다. 내가 만나는 사람들 중 똑같은 사람은 한 명도 없다. 내가 맞닥뜨리는 사건들도 똑같은 사건은 하나도 없다. 앞으로 펼쳐지는 나의 인생은 그야말로 예측불허다. 어떻게 전개될지 전혀 모른다. 우리는 매일 신세계를 살아가는 것이다. 이것이 나에게 좋을지 나쁠지도 알 수 없다. 그러나 하나님의 자녀인 우리는 굳게 믿어야 한다. 모든 것은 하나님께서 섭리하신다. 만사는 하나님의 주권 하에 있다. 그래서 '주 안에서는 모든 일은 합력하여 선을 이룬다.' 우리는 이 사실을 확신해야 한다. *"우리가 알거니와 하나님을 사랑하는 자 곧 그의 뜻대로 부르심을 입은 자들에게는 모든 것이* **합력하여 선을 이루느니라** *(로마서 8장 28절)."* 하나님은 '참으로 모든 것이 합력하여 나를 구원에 이르도록 하신다.' 이제부터는 나에게 어떤 일이 일어난다 하여도 염려하거나 걱정하지 말자. 두려워하지 말자. 잘되면 잘되어서 좋고, 못되면 그것을 선으로 바꾸어주시니까 못되어도 좋다. 하여간 나중에는 다 우리를 구원에 이르게 하는데, 하나님은 그 모든 사건을 사용하신다. 이 얼마나 큰 위로인가? 이제부터는 어떤 일을 당해도 합력하여 선을 이루시고 구원을 이루시는 하나님이심을 굳게 믿고 안심하자.

요셉의 말을 잊지 말라. *"당신들은 나를 해하려 하였으나 하나님은 그것을* **선으로 바꾸사** *오늘과 같이 많은 백성의 생명을* **구원하게** **하시려** *하셨나니(창세기 50장 20절)."* 요셉은 그야말로 파란만장한 인생을 살았다. 죽기도 하고 망하기도 하고, 잘되기도 하고 못되기도 하고 별의별 사건들을 겪었다. 그런데 놀랍게도 하나님은 그 모든 사건을 재료로 사용하셔서 요셉 가족 전체의 구원이라는 하나의 목표를 이루어가신다. 이것이 하나님이 하시는 일이다. 요셉의 인생을 주관하셨던 하나님이 지금 나의 인생을 주관하시는 바로 그 하나님이심을 믿는다. 그러므로 염려 걱정 다 붙들어 매라. 모든 만사는 결국 합력하여 선을 이룰 것이고 구원을 이루어갈 것이다. 하나님의 목표는 선이고 우리의 구원이다.

5. 나는 성령의 도우심으로 영생의 확신을
갖고 산다_ 성령의 위로

  "그러하므로 그의 성령으로 그분은 나에게 영생을 확신시켜주시고" 우리가 살아가는 삶은 미지의 세계다. 우리는 미래가 어떻게 펼쳐질지 알 수 없다. 나도 믿을 수 없고 남도 믿을 수 없다. 세상이 어떻게 돌아갈지 모르고 사람의 마음이 어떻게 바뀌는지도 모른다. 우리는 예수를 믿었지만 내 인생이 앞으로 어떻게 전개될지는 모른다. 예수를 믿어도 구원이 보장되는 건지 확신이 없을 때도 있다. 만일 영생의 확신이 없다면 우리는 불안할 수밖에 없다. 그런데 천만다행으로 성령께서 우리에게 확신을 주신다. 성령의 내적인 증거를 통해서 우리가 하나님의 선택된 자녀라는 것을 확신할 수 있게 하신다. 그리고 영생과 구원의 확신을 주신다. 이것이 성령의 놀라운 위로다. *"성령이 친히 우리의 영과 더불어 **우리가 하나님의 자녀인 것을** 증언하시나니(로마서 8장 16절)."*

'나는 주님의 것', '나는 주님의 소유'라고 믿고 사는 자에게 성령님은 한 가지 중요한 일을 하신다. 그것은 우리에게 믿음의 확신을 주는 것이다. 그 확신은 이것이다. **'나는 부활한다. 나는 영생을 얻었다. 나는 천국 백성이다. 나는 구원받았다. 나는 죽어도 천국 간다.'** **즉 구원에 대한 확신이다.** 우리 인생이 아무리 불분명하고 어지러워도 바로 이 믿음의 확신, 구원의 확신을 갖고 산다면 이 세상에 어떤 무엇도 두려울 것이 없고, 거칠 것도 없다.

6. 나는 마음을 다하여 즐거움으로 그분을 위해서
살고 싶다_ 성령의 위로

"이제부터는 마음을 다하여 즐거이 그리고 신속히 그를 위해 살도록 하십니다." 왜 사는지 목적 없는 인생을 사는 사람들이 얼마나 많은가. 목적 없는 인생을 살면서 온전히 잘 살 수는 없다. 잘못된 목적을 가지고 사는 사람도 많다. 그런 사람에게 삶의 진정한 평안과 행복을 기대할 수 없다. 그러나 우리 신자는 삶의 목적이 분명하다. 목적이 명확하기 때문에 방황하지 않는다. 목적이 분명하기 때문에 주저하거나 망설이지 않는다. 삶의 목적이 분명하다는 사실은 인생을 살아가는 데 얼마나 큰 힘과 위로가 되는가?

우리는 주님의 은혜로 아무런 선행이나 공로가 없어도 죄의 노예에서 건짐 받고, 마귀의 권세로부터 해방되었다. 이제 우리는 영광스럽게도 하나님의 자녀, 하나님의 것, 주님의 소유가 되었다. 구원받고 영생을 누리고 영원한 천국 백성이 되었다. 감히 말로 다 표현할 수 없을 만큼 놀랍고 큰 엄청난 은혜를 입었다. 그 은혜를 값으로 치면 온 세상을 다 준다 해도 부족하다. 세상 어느 누가 우리 주님만큼 나를 아끼고 사랑해주시는가? 아무도 없다.

그렇다면 우리는 그분을 위해서 어떻게 해야 하는가? 사람 덕분에 목숨을 건진 개가 자기를 살려준 사람을 잊지 않고 평생 따라다니며 충성을 다하는 모습을 본 적이 있다. 마찬가지로 우리도 주님의 그 크신 은혜를 잊어서는 안 된다. 그러므로 **이제부터 우리 삶의 목표는 명백하다. 마음을 다하여 즐거이 주님을 위해서 사는 것**이다. 우리의 인생 목적은 뚜렷해졌다. 나의 갈 길은 분명하다. 나는 방황하지 않는다. 살아도 주를 위해서 살고 죽어도 주를 위해서 죽을 각오를 하고 있다. 나는 주님의 것이기 때문이다. "우리가 **살아도 주를 위하여 살고 죽어도 주를 위하여 죽나니** 그러므로 사나 죽으나 우리가 주의 것이로다(로마서 14장 8절)."

"이제부터는 마음을 다하여 즐거이 그리고 신속히 그를 위해 살도록 하십니다." 주님을 위해서 사는 데 이 3가지가 중요하다. (1) '마음을 다하여' 해야 한다. (2) '즐거이' 해야 한다. (3) '신속히' 해야 한다. '마음을 다하여' 하는 것은 '쉬운 일만 하는 것이 아니라, 어려운 일도 하는 것'이다. 좋은 일만 하는 것이 아니라 싫은 일도 하는 것이다. 주님을 섬길 때 결코 인색하지 말라. 힘껏 최선을 다하라. '마음을 다하여' 하는지 하나님은 다 아신다.

'즐거이' 하는 것은 하나님을 사랑하는 마음으로 기쁨으로 하는 것이다. 주님을 섬길 때는 기쁨으로 즐겁게 섬기라. 기쁨으로 섬기면 은혜와 축복이 넘친다. 억지로 마지못해서 하는 것은 주님이 받지 않으신다.

'신속히' 하라는 것은 다음으로 미루지 말고 지금 즉시 하라는 것이다. 주님을 위해서 사는 것을 미루지 말라. 앞으로 어떤 일이 생길지는 아무도 모른다. 지금 바로 시작하라. 성령은 항상 신속히 하라고 하고 마귀는 항상 미루라고 유혹한다. 누구의 말에 귀 기울여야 하는가?

주님을 위해서 사는 것이 사실은 자신을 위해서 사는 것이다. 이것이 나에게 가장 크고 확실한 축복이다. 이것을 깨닫게 하시고 그러한 목적으로 인생을 살도록 이끄시고 도와주시는 분은 성령님이시다. 우리가 목표 있는 인생을 살게 된 것이 얼마나 큰 힘이고 위로인가? 이것이 성령께서 주시는 위로이다.

지금까지 성자 성부 성령이 주시는 6가지 위로를 살펴보았다.
① "그리스도께서는 그의 보혈로 나의 모든 죗값을 완전히 치르고
② 나를 마귀의 모든 권세에서 해방하셨습니다.
③ 또한 하늘에 계신 아버지의 뜻이 아니면 머리털 하나도 땅에 떨어지지 않도록 나를 보호하시며
④ 참으로 모든 것이 합력하여 나를 구원에 이르도록 하십니다.
⑤ 그러하므로 그의 성령으로 그분은 나에게 영생을 확신시켜주시고
⑥ 이제부터는 마음을 다하여 즐거이 그리고 신속히 그를 위해 살도록 하십니다."

성부 성자 성령 삼위일체 하나님께서 주시는 위로는 진정 우리 인생의 본질적인 위로다. 이를 얻으면 세상의 어떤 상황, 어떤 문제에서도 위로를 받을 수 있다. 그런데 단 한 가지 조건이 있다. "나는 내 것이 아니요 나는 주님의 것"이라는 진실한 고백이 있을 때만 가능하다는 것이다. "살아서나 죽어서나 나는 나의 것이 아니요, 몸도 영혼도 나의 신실한 구주 예수 그리스도의 것입니다." 다시 한번 마음판에 새겨두고 매일매일 입술로 새김질하길 바란다.

믿음의 토대를 굳게 세우는 질문

1. '하나님은 나의 머리털까지도 땅에 떨어지지 않도록 보호하
   신다'는 말을 들었을 때 하나님께 대해서 어떤 생각이 들었습
   니까?

2. '하나님께서는 나에게 일어나는 모든 일이 합력하여 선을 이
   루신다'고 하셨습니다. 그런 경험, 간증이 있으면 그것을 떠
   올리고 당신의 믿음을 다시금 굳건히 하시기 바랍니다.

제3장

우리가 알아야 할 신앙의 3가지 핵심 요소

2문 이러한 위로 가운데 복된 인생으로 살고 죽기 위해서 당신은 무엇을 알아야 합니까?

답 : 다음의 세 부분을 알아야 합니다.

첫째, 나의 죄와 비참함이 얼마나 큰가,

둘째, 나의 모든 죄와 비참함으로부터 어떻게 구원을 받는가,

셋째, 그러한 구원을 주신 하나님께 어떻게 감사를 드려야 하는가
를 알아야 합니다.

2문을 다시 보자. "이러한 위로 가운데 복된 인생으로 살고 죽기 위해서 당신은 무엇을 알아야 합니까?" 1문에서 '유일한 위로'에 대해서 말씀드렸다. 2문은 그러한 위로를 지속적으로 누리며 복된 인생을, 살았을 때도 죽었을 때도 누리려면 알아야 할 것이 있는데 그 알아야 할 것이 무엇이냐?를 묻는다. '어떻게 해야 하는가?'가 아니

라 '무엇을 알아야 하는가?'를 묻고 있다는 점에 주목하라.

　믿음 생활을 잘하는 비결이 무엇인지 아는가? 우선 아는 것이 중요하다. 구원을 받으려면 구원이 무엇인지, 어떻게 하면 구원을 받는지 알아야 한다. 은혜를 받으려면 어떻게 하면 은혜를 받는지 아는 것이 중요하다. 믿음 생활을 잘하기 위해서는 먼저 어떻게 하면 믿음 생활을 잘하는 것인지를 알아야 한다. 알아야 믿는다. 알아야 변화된다. 알아야 행동으로 옮긴다. 알아야 올바로 산다. '아는 것이 힘'이라는 말이 있는데 믿음 생활에 있어서는 '아는 것이 생명의 길'이다.

　그렇다면 알기 위해서 어떻게 해야 하는가? 가장 쉬운 방법은 우선 '들어야 한다.' 혹은 가르침을 받아야 한다. 그래서 예수님도 계속 군중들에게 말씀하시고 가르치셨다. 왜 그런가? 알려주기 위해서다. 수많은 사람들이 예수님의 말씀을 듣고 알고 깨닫고 변화되고 예수님을 믿게 되었다. 그래서 믿음은 들음에서 난다고 말하는 것이다. *"그러므로 믿음은 들음에서 나며 들음은 그리스도의 말씀으로 말미암았느니라(로마서 10장 17절)."*

　믿음이 자라기를 바라는가? 우선 많이 듣기를 바란다. 말씀을 듣고 말씀을 많이 배우고 말씀을 마음속에 많이 담아두길 바란다. 그래서 신앙의 내용을 많이 알기를 바란다. 물론 안다고 다 되는 것은 아니다. 알기만 하는 것으로 끝나는 사람들도 수없이 많이 있기 때문이다. 그러나 그럼에도 불구하고 우선 알아야 한다. 알지 못하면 아무것도 할 수 없다. 그렇다면 무엇을 알아야 하는가? 3가지를 알아야 한다. 이 3가지는 신앙의 핵심 요소이다. 2문의 답을 다시 보자.

답 : 다음의 세 부분을 알아야 합니다.

　첫째, 나의 죄와 비참함이 얼마나 큰가,

　둘째, 나의 모든 죄와 비참함으로부터 어떻게 구원을 받는가,

　셋째, 그러한 구원을 주신 하나님께 어떻게 감사를 드려야 하는가
　　　　를 알아야 합니다.

　먼저 죄와 그 비참함을 알아야 하고, 예수 그리스도를 통한 구원을 알아야 하며, 구원을 주신 하나님께 감사를 알아야 한다. 이 세 가지가 우리의 믿음 생활을 지탱하는 핵심 3요소다. 이 세 가지만 잘 알면 매우 즐겁고, 은혜롭게 축복받으면서 믿음 생활을 잘할 수 있다. 즉 '죄'와 '구원'과 '구원에 대한 감사'다. 아주 간단히 말했지만 기독교 신앙의 내용 전부이며 핵심 골격이다.

　성경에 이를 한눈에 보여주는 사건이 있다. 어느 날 예수님이 베드로 장모님의 집에 가셨다. 장모님은 열병으로 엄청난 고통을 받고 있었다. 아마도 죽을 지경이었을 것이다. 예수께서는 그런 상태에 있는 그녀의 손을 잡고 일으키셨다. 그러자 그녀의 열병이 다 떠나가고 깨끗하게 나았다. 엄청난 기적이 일어난 것이다. 더욱 놀라운 일이 일어났다. 방금까지 아파 죽을 지경이었던 베드로의 장모님이 병 고침 받은 후 즉시 예수님의 수종을 들면서 음식을 차려준 것이다(마가복음 1장 30~31절 참고).

　이 사건을 세 부분으로 나누어서 볼 수 있다. (1) 열병으로 죽을 지경에 놓여 있는 베드로 장모님의 비참한 상태 (2) 예수님이 그녀의 손

을 잡아 일으키심으로 열병을 떠나가게 하심 (3) 병이 깨끗이 나은 장모님이 예수님과 제자들을 위해서 수종을 들음.

아주 간단한 사건이지만 기독교의 복음 3가지 핵심 내용을 명확하게 보여주고 있다. (1) 죄의 비참함(sin) (2) 예수님을 통한 죄에서의 구원(salvation) (3) 구원에 대한 감사와 섬김(service). 죄와 구원과 감사(섬김)의 3S다. 이 세 가지만 알면 모든 것을 다 아는 것이다. 이 셋은 우리 믿음 생활의 세 기둥이라 해도 과언이 아니다.

그래서 우리가 배울 하이델베르크 요리문답은 크게 이 세 요소로 구성되어 있다. (1) 1문~11문은 죄와 비참함에 대해서 (2) 12문~85문은 죄에서 어떻게 구원받았는지에 대해서 (3) 86문~129문은 구원받은 것에 대한 감사와 섬김에 대해서 다룬다. 그래서 하이델베르크 요리문답은 총 129개의 물음과 답을 제시한다.

이것은 사실 로마서의 구조와 똑같다. (1) 로마서 1장~3장 20절은 죄와 그 비참함에 대해서 (2) 3장 21절~11장은 죄의 비참한 상태에서 어떻게 구원을 받게 되었는지 (3) 11장~16장은 구원을 받은 자가 어떻게 하나님께 감사하고 섬기며 살아야 하는지를 말한다. 로마서는 종교개혁자들이 가장 많이 읽었던 성경이다. 종교개혁자들은 로마서를 연구하다가 로마 가톨릭교회의 오류를 발견하고 종교개혁을 일으킬 수 있었다. 그러므로 이 로마서를 근거로 하이델베르크 요리문답의 전체 구조가 형성되었다고 하겠다.

특히 여기서 우리가 주목할 것은 질문의 답이다. '얼마나 큰가?' '어떻게 구원받는가?' '어떻게 감사드려야 하는가?' 이것을 알아야 한다고 말한다. 신앙의 내용은 이론적이거나 추상적이거나 형식적인 것이 아니라, 실제적이고 구체적으로 무엇인지 알아야 한다는 사실을 말하는 것이다.

우리는 흔히 신앙에 대해 이야기하면 좀 애매하고 추상적이고 모호한 것을 그냥 그러려니 받아들인다. 그러나 그래서는 안 된다. 완전하지는 않지만 할 수만 있으면 신앙적인 이야기도 구체적이고 실제적이며 실생활에 적용되고 명확할 수 있는 한 명확해야 한다.

그래서 이제부터 이 세 가지를 가능한 한 현실 생활에 적용할 수 있는 실제적이고 구체적인 내용으로 해설하고자 한다.

위로 가운데 복된 인생으로 살고 죽기 위해서 알아야 할 것

나의 죄와 비참함이 얼마나 큰지 알아야 한다 _성부

이것은 성부와 관련된 이야기이다. 나의 죄와 비참함은 성부 하나님이 주신 율법에 비추어야 가장 잘 알 수 있기 때문이다.

나의 죄와 비참함이 얼마나 큰지를 아는 것은 믿음 생활의 출발에 매우 중요하다. 이러한 진실된 고백이 없으면 아예 믿음의 길을 나아갈 수 없기 때문이다. 목마르지 않은데 누가 물을 찾겠으며, 배고프지 않은데 누가 빵을 구하겠는가? 아프지 않은데 누가 병원에 가려 하겠는가? 내 삶에 죄와 비참함이 없는데 내가 왜 구원을 바라겠으며 왜 예수를 믿고 교회에 나가겠는가? 죄와 죄로 인한 인생의 비참함을 절실히 느낄수록 구원을 더욱 강렬히 열망하게 되고 그에 따른 구원받은 감격도 더욱더 클 수밖에 없다.

그런데 과연 나의 죄는 얼마나 크고 그 죄로 인한 비참함은 얼마나 클까? 목회자나 교사가 가르쳐준 대로 "나는 마른 막대기만도 못하고 버려지보다 못하며 주홍 같은 붉은 죄를 갖고 있는 더럽고 추한 죄인"이라고 시험문제의 답을 쓰듯 상투적으로 읊겠는가? 지금 이 자리에서 그런 도식적인 답을 요구하는 것은 아니다. 그런 상투적인 답변은 껍데기 구원만 만들 뿐이다. 내가 아는 진실을 말해야 하고 사실을 고백해야 한다. 할 수 있으면 솔직하게 말해야 한다.

왜 교회에 나와도 은혜가 없는가? 왜 구원이 절박하지 않는가? 왜 복음이 내 마음속에 와닿지 않는가? 왜 십자가가 나와는 아무 상관 없이 느껴지는가? 답은 분명하다. 내 죄가 크다고 느껴지지 않기 때문이다. 나는 어마어마한 죄인이라는 사실이 진실로 고백되어지지 않기 때문이다. 말은 그렇게 했어도 실제로는 그렇게 생각하지 않기 때문이다. 이것이 진실로 고백되어진다면 상황은 명백히 달라질 것이다. 믿음 생활의 강도와 은혜의 깊이가 달라지고 십자가가 전혀 다른 모습으로 다가올 것이다. 예배의 간절함과 열정이 완전히 새로워질 것이다.

먼저 한 가지 짚고 넘어가자. 내가 엄청난 죄인이라는 사실이 과연 진실일까 아니면 성경이 꾸며낸 주장일까? 거짓말인데 교회가 나를 종교인으로 만들기 위해서 억지로 주입시키는 건 아닐까? 수많은 사람들이 말한다. "내가 무슨 큰 죄를 지었다고 그러는지 모르겠네……." 아마 지금 이 책을 읽는 신자 중에도 있을 것이다. 신자도 이럴진대 불신자는 오죽할까? "내가 왜 죄인이야? 착하게 잘 살고 있는 사람을 억울하게 죄인 만들고 있어!" 격하게 항의한다.

만약 내가 사실은 죄인이 아닌데 교회가 나를 죄인으로 강요하고 세뇌시킨다면, 그런 종교는 믿을 필요도 없고 그런 교회는 다닐 가치도 없다. 하지만 내가 실제로 죄인인데 나 자신만 그 사실을 모른 채 깨끗한 척, 자기 착각 속에 빠져 지낸다면 무슨 수를 써서라도 진실을 깨달아야 하고, 어떤 방법을 통해서라도 그 착각에서 빠져나와야 한다. 그래야 온전한 삶, 구원의 인생을 살 수 있기 때문이다.

몇 가지를 말씀드리겠다. 자신은 어떤지 생각해보라. 과연 나는 죄인인지 아닌지 객관적으로 정직하게 살펴보기 바란다. 이 또한 사실은 성령님의 역사다. 성령께서 당신의 마음을 사로잡아주시고 깨우쳐 주시지 않으면 불가능하기 때문이다. 그렇게 살펴봤는데 죄인이 아니라면 이제부터는 교회에 다니지 않아도 괜찮다고 생각한다. 그러나 정직히 나 자신을 들여다보니 천벌 받을 죄인이라면 지금부터는 정신 바짝 차리고 주님 앞에 나아와 죄지은 여인이 눈물을 뿌리며 예수님 앞에 무릎 꿇었듯 엎드리고 겸허한 마음으로 예수를 믿길 바란다.

대부분의 사람들이 왜 자신은 죄인이 아니고 죄를 짓지 않았다고 생각하는지 아는가? 무엇보다 죄인의 기준이 잘못되어 있기 때문이다. 우리는 자기 눈에 보이는 주변 사람들을 기준으로 삼는다. 그들을 바라보면 내가 그리 나쁘다는 생각이 들지 않는다. 그러나 분명한 사실은, 우리의 기준은 사람이 아니요 하나님이시다. 마지막 때에 우리를 심판하실 분은 하나님이시기 때문이다. 그래서 하나님은 '내가 거룩한 것처럼 너희도 거룩하라'고 하신다. "기록되었으되 **내가 거룩하니** 너희도 거룩할지어다 하셨느니라 (베드로전서 1장 16절)."

거룩하다는 것은 깨끗하다는 뜻이다. 하나님은 우리가 하나님처럼 깨끗하길 바라신다. 하나님은 허물도 티끌도 하나 없는 완벽한 분이시다. 하나님은 맑은 샘물이요 새하얀 백지장 같은 존재이시다. 우리가 그런 하나님 앞에 서면 어떨까? 상상할 수도 없을 처참한 상태일 것이다. 너무너무 추악하고 더러우며 불결하고 악취 나는… 우리 스스로도 차마 눈뜨고 바라볼 수 없을 지경이 될 것이다.

그리고 또 한 가지, 보통 사람들이 생각하는 죄의 기준은 세상법이고 사회법이다. 우리는 모두 세상법, 사회법으로 재판과 판결을 받는다. 세상법의 기준으로 보면 괜찮은 사람일 수 있다. 대부분 감옥에 가진 않았으니 말이다. 그러나 **우리에게 중요한 것은 세상법이 아니라 하나님의 말씀, 성경의 법이다.** 성경 말씀 앞에 우리를 비추어 보아야 한다. 그런데 성경은 어떤가? 성경은 상상의 죄도 죄라고 말씀한다. 예수님은 여인을 보고 음욕을 품는 자마다 이미 간음했다고 말씀하신다. 우리가 마음으로 짓는 죄가 얼마나 많은가? 마음의 죄는 시한폭탄이다. 언제 어느 순간 기회가 주어지면 법망을 교묘히 피해 마음의 죄가 현실로 이루어진다. 그래서 미워하는 자마다 이미 살인했다고 하신다(요한1서 3장 15절 참고).

그렇다면 우리는 모두 죄의 덩어리이다. 바울의 고백처럼 죄인의 괴수다. 아침부터 저녁까지 시기, 분노, 원한, 미움, 증오, 마음의 살인 등 이루 헤아릴 수 없을 정도의 죄를 짓고 사는 추한 죄인이다. 그저 '누구나 다 그렇지 않은가?'라고 자기 죄를 보편화, 합리화하면서 자위할 뿐, 이것이 우리 인생의 처절한 실상이다. 당신은 이에 대해 얼마나 동의하는가? 너무나 명확한 사실인데도 자신에게는 실감하지 못할 수 있다. 자신의 죄를 볼 수 있는 눈이 열리기를 바란다. 내 죄가 새까맣게 느껴지고, 더럽다고 여겨지고, 역겹고 추하다고 생각되는 순간을 맞길 바란다. 하나님의 영, 성령님이 그 사실을 깨우쳐주시고 알게 해주시길 바란다.

그러나 진짜 문제는 이것이다. 죄가 있는데도 죄를 심각하게 느끼지 못하면 그 죄로 말미암아 오는 비참함과 불행을 피할 수 없다는 사실이다. 중요한 내장기관인 간은 심각한 병이 들어도 잘 느껴지지 않는다. 그런데 느껴지지 않는다고 간이 멀쩡하다고 우기며 치료하지 않고 방치한다면 어떻게 되겠는가? 조만간 죽음을 맞이할 수밖에 없을 것이다.

우리 인생도 마찬가지다. 죄의 병을 그냥 방치하면 증세는 악화되고 고통에 시달리다 결국 죽게 된다. 교회는 사람들의 죄의 상태를 적나라하게 알려준다. 암 환자는 처음에는 자신이 암에 걸렸다는 사실을 듣기 싫어하고 부정한다. 그래도 의사는 알려야 할 의무가 있다. 모든 사람은 '너는 죄인'이라는 말을 듣기 싫어한다. 그러나 듣기 싫어도 알려줘야 한다. 그래야 구원의 길이 열린다.

당신은 자신이 얼마나 큰 죄인인지 그 비참함이 얼마나 큰지를 아는가? 듣기 싫어도 그 사실을 듣고 인정하고 깨닫는 것이 구원의 첫 걸음이다. 아프지 않은데 병원을 찾는 사람이 어디 있겠는가?

나의 모든 죄와 비참함으로부터 어떻게 구원을 받을 수 있는지 알아야 한다_ 성자

이것은 성자 예수님과 관련된 부분이다.

살아서나 죽어서나 참 위로를 받고 복된 인생을 살기 위해서는 구

원의 길을 알아야 한다. 앞에서는 죄의 심각성과 처절함에 대해 언급했다. 그러나 우리의 죄가 아무리 심각하고 비참해도 해결의 길이 있다면 문제 되지 않는다. 그렇다면 그 해결의 길은 무엇인가?

물에 빠진 사람이 물에 빠진 사람을 건질 수는 없다. 마찬가지로 죄에 빠진 우리는 우리를 구원할 수 없다. 모든 사람은 다 죄의 깊은 물에 빠진 상태다. 어느 누구도 스스로 죄에서 빠져나올 수 없고, 죄에 빠진 남을 구해낼 수도 없다. 다른 외부 존재가 나타나서 사람들을 구해야 한다. 그 다른 존재가 바로 예수 그리스도이시다. 구세주이시다. 사람이면서 하나님이시다. 사람의 속성이 있어야 사람과 함께할 수 있으며, 하나님이셔야 사람의 한계를 초월해 구원의 과정을 이루실 수 있다.

한마디로 **예수님은 나를 죄에서 구원하시기에 충분하고 완전한 분이시다.** 다시 한번 말씀드린다. '예수님은 나를 죄에서 구원하시기에 충분하고 완전한 분이시다.' 이렇게 반복하는 이유는 죄에 빠진 나를 구하기 위한 예수님의 구원은 그만큼 충분하고 완전하니 안심하라는 것이다.

나는 무엇보다도 나의 구원자가 예수님이심을 알아야 한다. 내 죄가 심각한 만큼이나 예수님을 갈망해야 한다. 그리고 그 예수님께 나아가야 한다. 제자들이 뿌리쳐도 끝까지 예수님께 나아가 부르짖은 바디매오처럼 나도 끝까지 예수님을 따라가야 한다. 중풍병자를 데려온 사람들이 그의 병을 고치기 위해 지붕까지 뚫었듯이 모든 장애를 다 물리치고 예수님을 만나야 한다. 그분을 믿고 의지해야 한다.

나의 죄에 대한 비참함을 크게 느낄수록 주님을 향한 간절함과 뜨거움도 더욱 커질 것이다. 간절함과 뜨거움이 크면 클수록 예수님을 만나는 감격과 은혜는 더욱 클 수밖에 없다. 당신은 얼마나 예수님을 갈망하고 있는가?

예수님의 십자가는 우리를 모든 죄악에서 건져내기에 충분하고 완전한 해결책이다. 우리는 십자가의 능력을 확신해야 한다. 예수님만이 죄로 인한 비참함에서 나를 구원할 수 있는 유일한 길임을 믿고 의지해야 한다.

구원을 주신 하나님께 어떻게 감사를 드려야 하는지 알아야 한다
_ 성령

이 부분은 성령님과 관련된 이야기이다. 성령님은 내 죄의 실상을 깨닫게 하시고, 구원이 어떻게 이루어지는지 구원의 감격을 알게 하시며, 구원받은 후에 구원에 대한 감사의 삶을 살도록 이끄신다. 그래서 나로 하여금 새로운 삶의 뚜렷한 목표를 갖고 기쁘게 살도록 만드신다. 이 셋째는 우리에게서 누락되기 쉬운데, 첫째는 죄, 둘째는 구원 그리고 셋째는 감사와 섬김이다. 우리의 인생 목표는 명백하다. 죄에서 구원 받은 후, 주님을 위해 감사와 섬김의 삶을 사는 것이다. 이 셋은 모두 똑같이 중요하며 무엇 하나 소홀히 여겨서는 안 된다. 어느 것 하나라도 빠지면 올바른 믿음 생활이 불가능하다.

유대에는 종의 제도가 있었다(출애굽기 21장 참고). 남에게 빚을 지고 갚지 못하거나 도둑질을 했는데 배상할 능력이 없으면 그 집에 들어가 종살이를 해야 했다. 그런데 놀라운 제도가 있었다. 6년 동안 종살이를 하고 7년째가 되면 빚을 갚았든지 못 갚았든지 상관없이 무조건 자유를 얻는 것이다. 더욱 놀라운 것은, 종으로 일할 동안 부족한 자신을 마치 자식처럼 감싸주고 배려해주고 보살펴주고 돌봐준 주인의 은혜가 너무 고마워 자유의 몸이 되었는데도 평생 주인을 섬기며 살겠다고 종을 자처하는 사람들이 있었다. 성경에 보면 그런 경우 그 사람을 재판장에게 데려가 자발적인지 강요에 의해서인지 확인한 후에, 자발적이면 문설주에 그의 귀를 대고 송곳으로 뚫어서 영구히 종으로 지내도록 했다.

참으로 놀라운 일 아닌가. 도대체 주인의 은혜가 얼마나 감사하면 자유인이 되기를 포기하고 평생 종으로 섬기겠다고 자처할까? 사람이 바로 이런 존재이다. 자신이 받은 은혜가 엄청나게 크면 그 은혜를 베푼 자에게 기꺼이 자신의 삶을 송두리째 바치기도 한다. 마찬가지다. 내가 하나님께 받은 죄사함과 구원의 은혜가 너무도 크고 놀라우면 평생을 주님을 위해 살겠다고 다짐하게 된다. 주님을 위해 기쁜 마음으로 헌신하고 봉사하며 남은 삶을 살아간다.

당신이 구원받았음을 어떻게 증명하겠는가? 그렇다. 감사와 섬김으로 증명해야 한다. 감사와 섬김의 삶을 보면 그 사람이 하나님의 은혜에 얼마나 감사하고 감동하는지 알 수 있다. 우리가 왜 봉사하다가 실족하고 시험 들고 낙심하는가? 하나님이 베풀어주신 은혜와 사랑을 망각한 채 봉사하기 때문이다.

이제부터는 평생 주님을 위해 감사와 섬김의 삶을 작정하기 바란다. 그것이야말로 구원받은 증거이고 복된 인생이라는 사실을 깨닫기 바란다. 위로 가운데 복된 인생을 살아가기 위해 알아야 할 믿음생활의 3가지 핵심 사실을 늘 잊지 말고 기억하기를 바란다.

믿음의 토대를 굳게 세우는 질문

1. 내가 정말로 죄인이라는 사실이 느껴진 때가 언제 어떤 경우 입니까?

2. 감사와 섬김을 사는 것이 구원받은 증거라고 했습니다. 당신 은 앞으로 감사와 섬김의 삶을 살기 위해서 어떻게 하시겠습 니까?

1부

죄와 비참함

제4장

우리의 죄와 존재 자체의 비참함이란 무엇인가?

3문 당신의 죄와 비참함을 어디에서 압니까?

답 : 하나님의 율법에서 나의 죄와 비참함을 압니다.

3문의 물음을 다시 보자. "당신의 죄와 비참함을 어디에서 압니까?"

하이델베르크 요리문답의 특징 중 하나는 항상 '당신은 어떤가?' '너는 어떤가?' '나 개인'에 대해 묻는다는 점이다. 신앙은 철저히 개인의 일이다. 내가 경험하고 내가 느끼고 내가 고백하고 내가 시인해야만 비로소 내 신앙이 된다. 그래서 '당신 개인이 느끼고 경험하고 고백하는 죄와 비참함은 어디서 아는가?' 이렇게 질문하는 것이다. 앞으로 나오는 모든 질문과 답은 항상 나 개인에 관한 것이고 나 개인이 답해야 한다는 사실을 인지하기 바란다.

우리 인생의 가장 큰 문제는 단연코 '죄와 비참함'이다. 모든 불행의 원인은 죄와 비참함이다. 죄와 비참함만 없다면 다름 아닌 그게 바로 천국이다. 그래서 이제 '죄와 비참함'에 대해 묻는 것이다.

비참함의 근본 원인은 죄다

죄와 비참함은 정확히 말하면 '죄와 그 죄로 인한 비참함'이다. 우리가 비참한 상태에 처하게 된 이유는 모두 죄에서 기인한다. 이 세상을 살면서 우리는 비참한 상황을 수도 없이 경험한다. 그런 비참한 일들이 왜 우리에게 닥치는 걸까? 그 모든 것이 다 죄로 인해 발생한 결과다. 당신은 이를 시인하는가?

인생에서 여러 불행을 맞닥뜨리면 우리는 나름 그 원인을 추적하려고 한다. 어떤 사람이 매우 힘들고 어려운 상황에 놓였다고 가정하자. 왜 그런 불행이 생겨났을까? 어떤 사람은 운이 없어서, 누군가는 가정환경이 안 좋아서라고 말한다. 유전자가 좋지 않아서, 조심성이 없었기 때문에, 돈이 없어서, 친구를 잘못 만나서, 날씨가 좋지 않아서 등등 별의별 이유를 댈 수 있을 것이다. 물론 그런 원인들을 분석하는 일도 필요하겠지만 지금은 그에 관해 말하고자 하는 것이 아니다. 그보다 훨씬 더 중요하고 원초적인 원인, 근원적인 이유를 언급하고자 한다.

인간의 모든 불행, 비참함의 원초적인 원인, 근원적인 이유는 인간의 죄로 인한 것임을 결코 잊어서는 안 된다. 성경은 말씀한다. '**인간의 모든 비참상은 다 그의 죄 때문이다** (로마서 5장 12절).' 신자는 이 사실을 끝까지 굳게 붙들고 기억해야 한다. 왜냐하면 성경이 가르치는 교훈이기 때문이다. 그래서 신자는 불행과 맞닥뜨렸을 때 상식적인 원인에만 매달려서는 안 된다. 그걸 해결한다 해도 임시 처방에 불과하다. 근본 처방은 죄의 문제를 해결하는 것이다. 즉 하나님과의 관계 개선이 핵심이라는 뜻이다.

비참함이란 무엇을 말하는가?

여기서 우리가 짚고 넘어가야 할 것이 있다. 3문에서 '죄로 인한 비참함'이라고 했는데 그 비참함은 무엇을 말하는 걸까? 당신에게 묻는다. 인생에서 가장 큰 비참함은 무엇인가? 예상치 못한 재난, 사업 실패, 따돌림이나 모욕 등의 인간관계 문제, 중요한 시험에서의 불합격, 괴롭고 힘든 질병 등 여러 가지가 나올 것이다. 물론 이들도 비참함에 속한다고 하겠다. 그러나 훨씬 더 본질적이고 근원적인 비참함은 무엇일까? 여기서 사용하는 '비참'이라는 우리말은 하이델베르크 요리문답 독일어의 '일렌트(elend)'를 번역한 것이다. '일렌트'에는 '추방', '쫓겨남'이라는 뜻이 있다.

우리 인간의 가장 큰 비참함은 '추방, 쫓겨남, 분리'이다. 한 가족으로서의 가장 큰 불행은 살던 집에서 쫓겨나는 것이다. 국민으로서의 가장 큰 비참함은 자기가 살던 나라에서 쫓겨나는 것이다. 이스라엘 백성은 하나님께 반역하여 살던 고향에서 쫓겨나 오랜 세월 바벨론에서 포로로 비참하게 살아야 했다. 이보다 더한 불행이 어디 있겠는가? 죄에 대한 가장 혹독한 처벌은 추방이다. 최초의 인간 아담과 하와는 죄를 범한 대가로 살기 좋은 에덴 동산에서 쫓겨났다. 동생을 죽이는 죄를 범한 가인은 살던 지역에서 쫓겨나 정처 없이 방황하는 비참한 신세로 전락했다.

인간의 가장 큰 불행은 에덴 동산에서 쫓겨났을 뿐만 아니라 긍극적으로는 하나님에게서 쫓겨났다는 것이다. 하나님에게서 떨어져 나가는 것, 하나님과의 분리, 하나님과의 단절, 이것이 우리 인생의 가장 큰 비참함이다.

쫓겨남, 추방, 분리로 인한 비참함은 원초적이다. 이를 다른 말로 하면 '존재 자체의 비참함'이라고 하겠다. 우리의 모든 불행은 '존재 자체의 비참함'으로 말미암아 발생한다. 당신은 지금 있어야 할 자리에 있는가? 혹시 하나님에게서 쫓겨나지는 않았는가? 하나님에게서 떨어져 나가지는 않았는가? 그래서 존재 자체의 비참함에 빠지지는 않았는가?

구원이란 쫓겨난 상태에서 제자리로 돌아오는 것이다. 떨어져 나간 자가 하나님께로 다시 돌아오는 것이다. 분리된 상태에서 다시 원래 자리로 회복되는 것이다. 쉽게 말해서 하나님과의 관계 회복, 이것이 구원이다.

3문에서 말하는 죄와 비참함은 바로 '원초적인 비참함, 존재 자체의 비참함'을 의미한다.

하나님의 율법을 통해 우리의 비참함을 알게 된다

3문 물음과 답을 다시 보자.

3문 당신의 죄와 비참함을 어디에서 압니까?

답 : 하나님의 율법에서 나의 죄와 비참함을 압니다.

우리의 죄와 그 죄로 인한 비참함을 어디서 알 수 있는가? 양심을 통해서 알 수 있는가? 일반 상식을 통해서 알 수 있는가? 경험으로 알 수 있는가? 남과 비교해보면 알 수 있는가? 아니면 밤하늘을 바라보며 자신의 인생을 관조하면 알 수 있는가? 모두 아니다. 나의 죄와 비참함은 하나님의 율법에서 알 수 있다.

어떤 사람들은 '질문 자체가 틀렸다'고 주장한다. "내가 왜 죄인인가? 내가 무슨 그렇게 큰 죄를 지었는가? 내가 죄 때문에 비참하게 살고 있다고? 그렇지 않다"라고 말한다. 정말 그런가? 당신은 어떤가? 앞서 인간의 죄와 죄로 인한 비참함에 대해 말씀드렸다. 일반적인 상식이나 양심에 관해 말하는 것이 아니다. 상식적으로 보면 우리는 살 만큼 산다. 특별한 죄도 비참함도 느끼지 못하는 듯하다.

여기서 말하는 비참함은 우리가 보통 생각하는 비참함이 아니라 존재 자체의 비참함이다. 앞서 언급한 분리된 비참함, 추방당한 비참함 그리고 죄로 인해 맞이하는 마지막 심판과 멸망의 비참함이다. **결정적인 것은 '하나님에게서 떨어져 나간 비참함'을 말한다.**

이런 존재 자체의 비참함을 우리의 상식으로 알 수 있을까? 우리의 양심으로 깨달을 수 있을까? 밤을 새우며 생각하고 또 생각한다고 알 수 있을까? 아니다. 존재 자체의 비참함은 겉으로 드러나지 않는다. 꼭꼭 숨겨져 있다. 그래서 비참함이 있어도 그것이 비참함인지조차 모른다. 상식으로도, 양심으로도 알 수 없는 이 비참함은 그러나 치명적이다. 이를 알 수 있는 것은 단 하나, 하나님의 율법이다. 율법은 하나님의 뜻이다. 하나님의 마음이다. 하나님의 마음에 비추어보면, 하나님의 뜻 앞에서 살펴보면 알 수 있다.

하나님의 율법을 통해 죄에 대해 알 수 있고, 죄로 인한 인생의 비참함을 알 수 있다. 수많은 하나님의 계명들은 인간이 얼마나 악한 존재인지, 우리의 비참함이 얼마나 큰지를 깨닫게 해준다. "그러므로 율법의 행위로 그의 앞에 의롭다 하심을 얻을 육체가 없나니 율법으로는 **죄를 깨달음**이니라 (로마서 3장 20절)."

단지 십계명만 놓고 보아도 알 수 있다. 우리는 단지 한 계명도 제대로 지키지 못한다. 하나님을 사랑한다고 하면서도 우리는 얼마나 하나님의 이름을 욕되게 하는가? 우리 마음에는 얼마나 탐심이 가득한가? 하나님이 이런 우리를 보시면 견딜 수 없을 만큼 역겨워하실 것이다. 우리는 총체적으로 죄 가운데 있다. 우리 존재 자체가 죄에 빠져 있다. 죄는 심판 받을 테고 하나님과의 분리를 가져올 것이다. 이것이 우리의 비참함이다. 그러나 결코 절망할 상황은 아니다. 비참함을 알면 알수록 예수 그리스도의 은혜는 절박해지고 그에 대한 구원의 감동은 더욱 클 것이기 때문이다.

이제 4문과 답을 살펴보자.

4문 하나님의 율법이 우리에게 요구하시는 것은 무엇입니까?

> 답 : 그리스도는 마태복음 22장에서 이렇게 요약하여 가르치십니다. "예수께서 이르시되 네 마음을 다하고 목숨을 다하고 뜻을 다하여 주 너의 하나님을 사랑하라 하셨으니 이것이 크고 첫째 되는 계명이요 둘째도 그와 같으니 네 이웃을 네 자신같이 사랑하라 하셨으니 이 두 계명이 온 율법과 선지자의 강령이니라(마태복음 22:37-40)."

율법은 사랑을 요구한다

간단히 말하면 하나님 사랑과 이웃 사랑이다. 하나님은 사람을 사랑하셔서 율법을 주셨다. 그 율법의 내용은 '사랑하라'는 말 속에 다 들어 있다. **사랑은 온 율법과 선지자의 강령이다.** 강령이란 근본 뜻을 말한다. 십계명 중에 1~4계명은 하나님을 사랑하라는 말이고 5~10계명은 사람을 사랑하라는 말이다. 말은 쉽지만 결코 그렇지 않다. 유대인들은 율법을 잘 지키기 위해 365개의 '하지 말라'와 248개의 '하라' 도합 613개의 명령으로 나누었다. 그러나 이 613개의 명령을 꼼꼼히 지킨다 해도 사랑이 없다면 제대로 지켰다고 할 수 없다. 구체적으로 말하면 **사랑의 마음을 갖고 율법을 지키지 않는다면 그것은 지킨 것이 아니라는 뜻**이다.

유대인들은 율법의 외형만 지키면 다 지켰다고 여겼다. 즉 글자 그대로 살인하지 않았다면 '살인하지 말라'는 계명을 지켰다고 생각했다. 그러나 예수님은 그들의 오류에 정곡을 찌르신다. 살인하지 않았어도 그 동기가 사랑이 아니면 지킨 것이 아니라는 말이다. 누군가를 죽이고 싶은데 법이 무서워서 살인하지 않으면 그 계명을 지켰다고 볼 수 없다. 그 대상을 사랑해서 살인하지 않아야 비로소 지킨 것이다. 모든 것을 사랑으로 해야 한다. 율법의 기본은 사랑이기 때문이다. 우상을 만들지 말라, 안식일을 기억하여 거룩히 지키라, 부모를 공경하라, 도둑질하지 말라, 이 모든 것을 사랑으로 하지 않으면 지킨 것이 아니다. 혹시 주일 예배를 드리지 않으면 저주를 받을까봐 겁이 나서 할 수 없이 예배를 드렸다면 4계명을 지킨 것이 아니다. 하나님을 사랑하는 마음으로 예배를 드려야 비로소 지킨 것이다.

더구나 예수님은 마음을 다하고 목숨을 다하고 뜻을 다하여 하나님을 사랑하라고 말씀하셨다. 그러므로 엄격히 말하면 마음과 목숨과 뜻, 즉 모든 것을 다 기울여 예배해야만 온전히 드린 것이다. 여러분들 중 예배 드릴 때마다 정말 그렇게 드리는 사람이 있는가? 한 명도 없을 것이다. 그러니까 아무리 우리가 최선을 다해도 계명을 지킨 것이 아니다.

이웃을 사랑하되 어떻게 하라고 하셨는가? '네 자신처럼 사랑하라'고 했다. '도둑질하지 말라'는 계명이 있다. 그런데 다른 사람의 소유물을 갖고 싶지만 잡혀갈까 두려워 도둑질하지 않으면 그 계명을 지킨 것이 아니다. 이웃을 나 자신처럼 사랑해서 도둑질하지 말아야 한다. 모든 계명이 다 이렇다. 사랑의 동기를 가지고 지켜야 지킨 것이다. 그렇지 않으면 지킨 것이 아니다. 예수님은 우리에게 율법의 깊은 부분을 지적해서 알게 하신다.

교회는 왜 이렇게 죄를 심도 있게 다루는가?

도대체 왜 교회에서는 죄를 이토록 깊이 있게 다룰까? 인간의 힘으로는 지킬 수 없는 율법을 왜 가르칠까? 멀쩡한 사람의 기를 죽이려는 걸까? 그렇지 않다. 율법을 깊이 있게 가르치는 분이 누구인지 알면 된다. 우리가 환자라면 예수님은 의사이시다. 의사가 하는 일은 병을 진단하고 실상과 치료법을 알려주는 것이다. 보이는 병뿐만 아니라 보이지 않게 숨어 있는 병까지 진단해서 찾아내야 명의라고 할 수 있다. 왜 깊숙한 병까지 진단하고 알려주는가? 환자의 기를 죽이고 의사에게 복종시키기 위해서? 절대 아니다. 깊이 숨어 있는 병이 더 치명적이고 무섭기 때문이고, 그 병을 치료하여 환자가 건강한 삶을 살도록 하기 위해서이다. 예수님은 우리의 구세주이시다. 예수님이 우리의 깊숙한 죄까지 낱낱이 알려주시는 이유는 단 하나, 우리를 죄악에서 구원하시기 위해서이다.

그런 의미에서 **예수님은 우리에게 병 주고 약 주는 분이시다. 그런데 사실은 병을 알려 주고 약 주는 의사가 최고의 의사이다.** 예수님은 죄에 병든 우리를 위한, 이 세상에 단 하나뿐인 최고의 명의이시다. *"예수께서 들으시고 이르시되 건강한 자에게는 의사가 쓸데없고 병든 자에게라야 쓸 데 있느니라(마태복음 9장 12절)."* 그러므로 죄에 병든 우리는 예수님께 나아와야 한다. 우리는 예수님 없이는 살 수 없는 존재이다.

이제 5문을 살펴보자. 5문에서는 우리가 율법을 지킬 수 없는 이유에 대해서 말하고 있다.

> **답 :** 아닙니다. 나에게는 본성적으로 하나님과 이웃을 미워하는 성향이
> 있습니다.

사람은 원래 마음 바탕이 부패되어 있다

앞서 우리가 율법을 온전히 지킬 수 없다는 것을 자세하게 말했다. 일례로 마태복음 19장을 보면 부자 청년의 이야기가 나온다. 부모를 공경하라, 도둑질하지 말라, 살인하지 말라, 간음하지 말라, 부자 청년은 자기가 어려서부터 이 모든 계명을 다 지켰다고 말한다. 그때 예수님은 그에게 이렇게 말씀하신다. "네 소유를 팔아서 가난한 사람들에게 주라. 그리고 나를 따르라." 그러자 청년은 근심하면서 예수님을 떠났다고 했다. 계명을 다 지켰다고 했지만 정확하게 하나는 못 지켰다. 물질을 탐한 것이다. 탐내지 말라는 계명은 지키지 못했다. 어릴 때부터 모든 계명을 다 지켰다고 자부했지만 그가 계명을 지켰다고 하는 것은 다 이런 식이다. 외형적으로는 지켰을지 모르지만, 오히려 계명과는 반대되는 삶을 살았을 수도 있다. 안식일을 지켰다고 했지만 사실은 자신을 과시하거나 자랑하고 혹은 안식일을 통해 어떤 이익을 챙기려고 지켰다면 오히려 안식일을 거역한 것이다. 하나님을 사랑하는 마음으로 안식일을 지켜야 하는데 자기 과시, 자기 이권은 하나님 사랑과는 역행되기 때문이다.

어떤 사람이 꿈을 꾸었다. 이웃을 위해 열심히 봉사하고 물질도 후원하는 자신의 모습을 여러 사람 앞에서 자랑하는 꿈이었다. 그러자 천사가 나타나 열심 보따리를 저울에 달아보자고 했다. 무게가 매우 많이 나갔다. 그는 상 받을 생각에 너무나 기뻤다. 천사는 그 열심 보따리를 풀어서 하나하나 살펴보았다. 그랬더니 자기 과시가 30퍼센트, 야심이 40퍼센트, 영웅심리가 20퍼센트, 이웃을 사랑하는 순수한 마음은 고작 10퍼센트가 나왔다. 아무리 열심이었다지만 이웃이 아닌 자신을 위해서 이웃 사랑을 이용한 것이다.

우리는 대개 착각 속에서 살아간다. 자신을 착하다고 생각하지만 뜯어보면 결코 선하지 않고 오히려 악하다. 율법을 열심히 지킨다고 해도 그것이 선을 행하는 것이 아니라 오히려 악을 행하는 일일 수 있다. 그야말로 구제 불능이다.

사람은 왜 그럴까? 원래 바탕이 썩어 있기 때문이다. "만물보다 거짓되고 심히 부패한 것은 마음이라 누가 능히 이를 알리요마는 (예레미야 17장 9절)." 우리는 죄의 성향을 타고났다. 아무리 선한 척해도 밑바닥에는 죄가 숨어 있다. 단지 표면에 나타나지 않아 자신도 모르고 다른 사람도 모를 뿐이다. 열심히 선을 행해도 나중에 보면 어느새 악이 숨겨져 있다. 우리의 마음은 원래 죄의 성향으로 기울어져 있다.

그래서 5문의 답이 이러하다. "나에게는 본성적으로 하나님과 이웃을 미워하는 성향이 있습니다."

우리는 본성적으로 하나님을 사랑하기는커녕 미워한다. 이웃을 사랑하기는 고사하고 증오한다. **우리는 본질적으로 죄인이다. 원초**

적인 죄인이다. 원래 마음 바탕이 부패되어 있다. 본성이 죄인이고 태생이 죄성을 가지고 있다. 우리가 행한 몇몇 죄를 문제 삼는 것이 아니다. 진정한 문제는 우리의 근본 바탕이 더럽혀져 있다는 점이다. 이것은 우리가 노력하거나 애쓴다고 해결할 수 있는 문제가 아니다. 노력해서 된다면 예수를 믿을 필요도 없다. 하나님은 말씀하셨다. "…만군의 여호와께서 말씀하시되 이는 힘으로 되지 아니하며 능력으로 되지 아니하고 오직 **나의 영으로 되느니라** *(스가랴 4장 6하반절).*"

그렇다. 다른 길이 없다. 오직 하나님의 영, 성령의 능력이 아니면 불가능이다. 성령님이 역사하셔야 한다. 그래서 예수님밖에 없다는 것이다. 그래서 예수님이 우리에게 오셨고 십자가에 달리신 것이다.

이제 우리는 두 가지를 기억하면 된다

첫째, 나는 처절한 죄인임을 깨닫고 하나님 앞에 자비를 구하고 바짝 엎드리라. 율법은 내가 얼마나 비참한 죄인인지를 알게 해준다. 원래 인간의 힘으로는 율법을 지킬 수 없다. 율법은 신자의 삶의 목표와 방향을 제시해줄 뿐이다.

둘째, 예수 그리스도밖에 길이 없음을 명심하라. 예수님만 믿으면 길이 있다는 사실을 깨닫고, 절망이 아니라 소망 가운데 살아가라. 그리고 하나님께 감사와 영광의 찬송을 올려드리라.

지금까지 죄와 율법에 대해서 많이 나누었다. 율법은 저주가 아니라 축복이다. 율법은 하나님이 주신 특별 은혜이다. 율법을 통해서 나를 알고 구원을 알아서 하나님이 주시는 진정한 축복을 누리길 바란다.

믿음의 토대를 굳게 세우는 질문

1. 우리 인생의 가장 큰 비참함은 '분리', '추방'이라고 했습니다. 결정적으로는 하나님에게서 떨어져 나간 것입니다. 그런 경험이 있으면 말해봅시다.

2. 당신은 율법(말씀)을 얼마나 잘 지킬 수 있다고 생각합니까? 거기서 느끼는 점은 무엇입니까?

3. 예수님은 병 주고 약 주는 분이시라고 했습니다. 정확히 말하면 병을 진단해 주시고 약을 주시는 분입니다. 이런 예수님에 대해서 어떻게 생각합니까?

제5장

사람이 악하고 패역한 이유는 무엇인가?

6문 그러면 하나님께서는 사람을 그렇게 악하고 패역한 상태로 창조하셨습니까?

답 : 아닙니다. 하나님은 사람을 선하게 또한 자신의 형상, 곧 참된 의와 거룩함으로 창조하셨습니다. 이것은 사람으로 하여금 자신의 창조주 하나님을 바르게 알고, 마음으로 사랑하며, 영원한 복락 가운데서 그와 함께 살고, 그리하여 그분께 찬양과 영광을 돌리기 위함입니다.

앞서 3장에서는 인간의 전적인 부패, 태생이 죄인이며 본질적으로 죄성을 가지고 태어났다는 사실에 대해 이야기했다. 아무리 의를 행한다 할지라도 사람은 결코 의로워질 수 없다. 선을 행한다고 해도 결국은 악을 행한다. 우리 속에서 나오는 것은 온통 더러운 것뿐, 구제 불능이다. 왜 그런가? 사람은 원래 마음 바탕이 더럽혀져 있기 때문이다. 존재 자체가 추하다. 그러다 보면 자연히 생겨나는 의문이 있다. 그것이 바로 6문의 질문이다.

"그러면 하나님께서는 사람을 그렇게 악하고 패역한 상태로 창조하셨습니까?" 패역한 것은 마음이 삐뚤어지고 더럽혀졌다는 뜻이다. 이에 대한 답은 무엇인가? 분명히 아니라고 말한다. 하나님이 사람을 악하고 부패한 모습으로 창조하셨다니, 말도 안 된다는 이야기다. 이유는 명확하다. 우선 하나님은 사람을 선하게 만드셨다. 그리고 또 하나, 하나님은 사람을 하나님의 형상으로 만드셨기 때문이다. 하나님의 형상이란 무엇인가? 의와 거룩함과 선함, 아름다움 등이다.

하나님이 사람을 창조하실 때 조금이라도 악을 넣으셨다면 사람이 악한 이유가 사람이 아닌 하나님의 책임일 수 있다. 그러나 하나님은 100% 완전히 선하게 사람을 만드셨다. 창세기 1장을 읽어보자. 하나님이 만물을 창조하실 때마다 마지막에 '보시기에 좋았더라.' 그런데 사람을 창조하시고는 '심히 좋았더라'고 말씀하셨다. "하나님이 지으신 모든 것을 보시니 보시기에 **심히 좋았더라**. 저녁이 되고 아침이 되니 이는 여섯째 날이니라 (창세기 1장 31절)." '보시기에 좋았더라'는 말은 7번 나온다. 후렴처럼 여러 번 반복되는 이유는 하나님의 창조가 '선하고 아름다운 창조'임을 확증한다. 또한 7이라는 숫자는 유대인들에게 완전수를 뜻한다. 하나님의 창조 과정은 조금의 악이나 죄도 없으며 완전한 창조를 이루셨다는 의미이다.

그리고 결정적으로 중요한 사실은, 하나님께서 사람을 창조하실 때 하나님의 형상대로 지으셨다는 점이다. 이는 참으로 놀라운 일이다. 우리 사람은 누구나 하나님을 닮은 존재이다. 이것은 사람에 대한 하나님의 최대한의 배려이다. 우리를 그렇게 사랑하신다는 뜻이다.

하나님은 완전한 분이시다. 하나님을 닮았다는 것은 비록 우리가 하나님과 똑같지는 않지만, 하나님이 가지신 참된 의와 거룩한 성품 등 중요한 것들을 가지고 있다는 말이다. 처음 창조될 때 사람은 참된 의와 완전한 거룩함을 가지고 있었다. 죄와 허물이 전혀 없었고 마음은 티끌 하나 없이 완전히 깨끗한 상태였다.

그러므로 하나님께서 사람을 악하고 패역하게 창조하셨다는 것은 말이 안 된다. 사람의 마음 바탕이 추하고 더러워진 것은 하나님이 하신 일이 아니다. 그렇다면 어떻게 된 걸까? 이것은 다음 7문에서 말씀드리겠다.

하나님께서 사람을 하나님의 형상으로 만드셨다는 것은 참으로 놀랍고 경탄스러운 일이다. 어쩌면 이 세상에서 가장 경이로운 일, 위대한 일이 아닐 수 없다. 하나님께서 사람에게 주신 최대의 축복이고 최대의 사랑이다. 시편 기자는 '하나님께서 자신을 지으심이 신묘막측하심'이라고 고백한다(시편 139편). 왜 사람을 하나님 닮도록 만드셨겠는가? 아예 사랑하려고 작정하셔서 그런 것이다. 사람은 태생부터 사랑받을 존재로 지어졌다. 우리는 이 사실을 놓쳐서는 안 된다. 그러므로 사람으로 태어난 이상 무가치한 존재는 하나도 없으며 모두 소중하다. 하나님은 모든 사람을 귀하게 여기신다. 그래서 아무리 비참한 처지에 있을지라도 반드시 길이 있다는 사실을 굳게 믿으라. 전능하신 하나님께서 길을 열어주신다.

6문의 답에서 하나님께서 사람을 하나님 형상대로 창조한 이유를 이렇게 말한다. "이것은 사람으로 하여금 자신의 창조주 하나님을 바르게 알고, 마음으로 사랑하며, 영원한 복락 가운데서 그와 함께 살고 그리하여 그분께 찬양과 영광을 돌리기 위함입니다." 이것이 우리 인생의 목적이어야 한다. 이렇게 살면 가장 잘 사는 것이다. 하나님은 이를 가장 기뻐하신다. 하나님은 이런 목적을 가지고 사람을 자신과 닮게 만드셨다.

하나님의 형상대로 사람을 창조하신 이유

우선 하나님을 바르게 알도록 하기 위함이다. 칼빈은 인간의 가장 중요한 지식은 '하나님을 아는 것'이라고 했다. 피조물인 우리가 창조주 하나님을 아는 것보다 중요한 것은 없다. 그런데 우리가 어떻게 하나님을 알 수 있는가? 하나님과 소통할 수 있는 공통분모가 있어야 한다. 그 공통분모가 하나님의 형상이다. 그래서 하나님의 형상으로 만들어진 인간은 비로소 부분적으로나마 하나님을 알게 되었다. 참된 의와 거룩함은 하나님을 아는 통로이다. 그래서 마음이 청결한 자가 하나님을 볼 수 있다(마태복음 5장 8절 참고).

또한 마음으로 하나님을 사랑하도록 하기 위함이다. 사랑한다고 다 진짜 사랑은 아니다. 가짜 사랑도 많다. 겉으로는 사랑한다지만 실제로는 자신만을 위한 사랑, 이기적인 사랑이 얼마나 많은가? 하나님은 우리가 진심으로 그분을 사랑하시기를 원한다. 누가 하나님을 진심으로 사랑할 수 있는가? 마음이 깨끗한 사람이다. 하나님의 형상인 참된 의와 진리과 거룩함을 입은 자이다. 즉 하나님을 닮은 자다. 하나님의 형상을 가진 사람만 하나님을 진실로 사랑할 수 있다.

영원한 복락 가운데 하나님과 함께 살도록 하기 위함이다. 하나님과 함께 사는 것, 상상만 해도 엄청나다. 우리 신자는 언젠가는 하나님과 함께 살게 된다. 영원한 복락 가운데 하나님과 함께 영원히 산다. 이것이 하나님의 약속이고 성경 말씀이며, 우리는 이러한 기대와 꿈을 갖고 소망 중에 살아간다. 이 소망을 결코 잊지 말자. 하나님이 인간에게 주신 특권 중의 특권이다. 놀랍게도 에덴 동산에서 아담과 하와는 그렇게 살았다. 하나님이 사람과 함께 살기 위해서 한 일은 무엇인가? 사람을 하나님 닮은 존재로 만드신 것이다. 그래서 하나님은 사람에게 하나님의 형상을 부여했다.

하나님께 찬양과 영광을 돌리기 위함이다. 사람을 하나님의 형상대로 창조한 목적은 하나님을 알고, 하나님을 사랑하고, 하나님과 함께 사는 것이라고 했다. 이 3가지 목적의 궁극적인 목적은 무엇인가? 하나님을 찬양하고 하나님께 영광을 돌리기 위함이다. 이 모든 것의 최종 목적, 궁극적 목적은 하나님을 찬양하고 하나님께 영광을 돌리는 일이다. 날마다 하나님께 감사하고 하나님을 찬양하자. 먹든지 마시든지 무엇을 하든지 하나님께 영광을 돌리자. 이것이 신자의 가장 큰 복이다.

이제 7문을 보자.

7문 그렇다면 이렇게 타락한 사람의 본성은 어디에서 왔습니까?

답 : 우리의 시조(始祖) 아담와 하와가 낙원에서 타락하고 불순종한 데서 왔습니다. 그때 사람의 본성이 심히 부패하여 우리는 모두 죄악 중에 잉태되고 출생합니다.

6문에서 "사람의 본바탕이 악하고 패역하게 된 것은 하나님께서 그렇게 만드셨기 때문이 아닌가?"라는 질문에 절대 아니라고 답했다. 그렇다면 "사람의 본성이 이렇게 타락하고 더럽혀진 것은 어디에서 기인하느냐?"가 7문의 물음이다. 그 답은 이렇다. 최초의 인간 아담과 하와가 에덴 동산에서 선악과를 따먹고 하나님께 불순종했기 때문이다. 그때 사람의 본성, 본바탕이 완전히 부패했다는 것이다.

이에 관해 상식적인 수많은 사람들이 수천 년 동안 3가지 질문을 해왔다. 여기서 선악과에 대한 3가지 질문을 함께 나눠보자.

선악과에 대한 3가지 질문

"하나님은 왜 선악과를 만들어 놓아서 사람으로 하여금 죄를 짓게 하셨는가?"

차라리 만들지 않았다면 죄지을 일도 없지 않나? 그러니 인류 죄악의 원인 제공자는 오히려 하나님 아닌가? 아주 그럴듯한 질문이다. 선악과에 대해 가장 흔하게 던지는 질문이다. 당신은 어떻게 생각하는가? 이 질문에 대한 대답은 쉬운 것 같으면서도 까다롭다. 하나님은 왜 선악과를 만드셨을까? 사람이 죄를 짓도록 함정을 파 놓으신 걸까? 일단 답은 '아니다.' 하나님은 원래 사람을 자유의지가 있는 존재로 만드셨다. 그래서 인간은 악을 범할 수도 있고 선을 행할 수도 있다. 하나님께 순종할 수도 있고 불순종할 수도 있다. 이렇게 자유의지를 주신 것은 하나님이 우리를 사랑하셔서, 사람을 존귀히 여기셔서 복으로 자유의지를 주신 것이다. 자유의지를 주신 것이 복인가, 스스로 생각할 수 없는 로보트로 만드는 것이 복인가? 두말할 필요도 없다.

그렇다면 선악과를 주신 이유는 무엇인가? 선악과는 사람에게 완전한 자유의지가 있음을 보여주는 증표이다. **선악과를 만드신 이유는 사람을 넘어지게 하려고 한 것이 아니라 사람에게 완전한 자유의지가 있음을 보여주기 위해서이다.** 사람은 선악과를 먹을 수도, 먹지 않을 수도 있다. 온전히 사람의 선택이다. 문제는 사람이 그 자유의지를 잘못 사용했다는 점이다. 그래서 범죄했다. 사람이 범죄한 까닭은 선악과가 있어서가 아니라 자유의지를 잘못 사용했기 때문이다. 선악과가 없었더라도 사람은 다른 사건으로 자유의지를 잘못 사용해서 범죄했을 것이 분명하다.

"겨우 선악과 열매 하나 따 먹었다고 그렇게 큰 죄인 취급을
하는가?"

이것도 자주 등장하는 질문이다. 사실은 선악과 열매 하나가 중요한 것이 아니다. 선악과를 따먹기 전, 왜 선악과를 먹었는지 그 이유가 더 중요하다. 마귀는 무엇이라고 했는가? '네가 이것을 먹으면 하나님처럼 된다'고 했다. *"너희가 그것을 먹는 날에는 너희 눈이 밝아져 **하나님과 같이 되어** 선악을 알 줄 하나님이 아심이니라 (창세기 3장 5절)."* 아담과 하와는 마귀의 말에 넘어지고 말았다. '그것을 먹으면 눈이 밝아져 네가 하나님처럼 된다.' 마귀의 이 말에 이끌려 하나님의 말씀을 거역하고 선악과를 따먹었다. 이것이 문제라는 말이다. 단지 선악과 열매 하나가 아니라 하나님처럼 되려는 탐욕이 문제이다. 이는 하나님께 대한 최고의 반역이고 최대의 불순종이다. 피조물이 창조주처럼 되려는 교만이라니, 이 얼마나 큰 범죄인가?

오늘날에도 우리는 아담이 저지른 것과 똑같은 죄를 범하고 산다. '내 마음대로 할 거야', '내가 내 마음대로 하는데 누가 뭐래?' 이것은 인간인 내가 하나님처럼 행세하고 살겠다는 말이다. 하나님이 아니고서야 어느 누가 자기 마음대로 할 수 있단 말인가? 인간의 불행은 어디서 오는가? 자기가 하나님이 되어서 자기 마음대로 하려는 데서 온다. 가정을 자기 마음대로 해보라. 내 인생이라고 자기 마음대로 살아보라. 망가지는 것은 시간문제다. 피조물인 우리는 창조주 하나님의 통치를 기쁘게 받아야 한다. 그것이 인간이 누릴 수 있는 최고의 복이다.

"나와는 상관없는 아담이 지은 죄가 왜 내 죄가 되는가?"

이것도 쉽게 이해하기 어려운 문제이다. 아담은 인류의 조상으로 우리는 모두 그의 피를 이어받았다. 우리는 결코 아담과 상관없는 존재가 아니다. 그래서 우리 역시 모두 죄인이다. 흔히 **많은 사람들은 이것을 대표성의 원리로 이해한다.** 아담과 하와는 모든 인류의 대표자이다. 그래서 그들이 지은 죄는 모든 인류가 지은 죄가 된다.

예를 들어보자. 우리나라 대통령은 개인이 아니다. 대통령이 자랑스러우면 나라 전체가 자랑스러운 것이다. 대통령이 수치스러우면 나라 전체가 수치스러운 것이다. 이완용이 나라를 팔아먹었기 때문에 원하든 원치 않든 이완용의 후손들 역시 나라를 팔아먹은 매국노라고 욕을 먹는다. 월드컵에서 우리나라 손흥민이 골을 넣으면 우리는 말한다. "우리가 골을 넣었다!" "와, 우리가 이겼다!" 이것이 대표성의 원리이다. 아담과 하와는 인류의 대표자이기에 그들이 범한 죄는 우리가 범한 죄가 된다. 실제로도 그 죄의 피가 우리 안에서 흐르고 있다. 이를 타고나는 죄, 즉 원죄라고 한다. 사람의 원래 마음 바탕은 더럽혀져 있다. 어린 아기를 보라. 어디서 배우지도 않았는데 자기 것을 고집한다. 이기적이다. 남의 것을 빼앗기도 한다. 우리에게는 아담의 죄, 악의 피가 흐르고 있는 것이 분명하다.

이것을 7문의 답에서는 아담과 하와가 타락함으로 사람의 본성이 심히 부패했다고 말한다. 그래서 모두가 다 죄악 가운데 태어나게 되었다고 한다.

이제는 8문을 함께 나누자.

8문 그렇다면 우리는 그토록 부패하여 선은 조금도 행할 수 없으며 온갖 악만 행하는 성향을 지니고 있습니까?

답 : 그렇습니다. 우리가 하나님의 성령으로 거듭나지 않는 한 참으로 그렇습니다.

7문에서 아담이 불순종함으로써 모든 사람은 죄악 중에 태어난다고 했다. 그렇다면 모든 사람은 조금의 선도 없이 악만 행하는 존재인가? 다시 말해 사람은 그런 절망적인 존재인가? 8문은 그것을 묻고 답은 그렇다고 말한다. 그러나 완전한 절망은 아니다. 단 하나의 길이 있다. 바로 성령으로 거듭나는 것이다.

아담과 하와의 죄는 우리의 혈관을 타고 흘러서 우리 존재에 깊은 영향을 미치게 되었다. 그래서 사람은 모두 죄인이다. 의인은 없으며 하나도 없다. "기록된 바 *의인은 없나니 하나도 없으며 깨닫는 자도 없고 하나님을 찾는 자도 없고 다 치우쳐 함께 무익하게 되고 선을 행하는 자는 없나니 하나도 없도다*(로마서 3장 10~12절)."

그러나 오해하면 안 된다. 조금의 선도 행할 수 없고 온갖 악만 저지르더라도 우리 안에 있는 하나님의 형상이 완전히 소멸된 것은 아니다. 하나님의 형상은 비록 더럽혀졌지만 일부는 남아 있다. 그래서 우리 안에는 양심이, 종교심이, 선에 대한 갈망이 여전히 존재한다. 문제는 이 모든 것이 죄성에 완전히 더럽혀져 있다는 것이다. 인간은 죄의 늪에 완전히 빠져 있다. 이것이 우리의 절망이다. 이것은 내가 힘써서 될 일이 아니다. 나의 의지로 해결될 문제가 아니다. 죄의 늪에 빠진 사람이 어떻게 자기 힘으로 빠져나올 수 있겠는가?

그러나 완전 절망은 아니다. 단 하나의 길이 있다. 8문의 답이 그것을 말해준다. 바로 하나님의 성령으로 거듭나는 방법이다. 성령의 능력으로 새롭게 태어나는 것(중생)이다. 더럽혀지고 부패한 사람의 본성을 바꿀 수 있는 길은 오직 성령으로 말미암은 거듭남밖에 없다.

거듭남이란 무엇인가?

요한복음 3장에는 니고데모의 이야기가 나온다. 어느 날 밤 니고데모가 예수님을 찾아왔다. 예수님은 그에게 물과 성령으로 거듭나지 아니하면 하나님 나라에 들어갈 수 없다고 했다. 물과 성령으로 거듭난다는 말은 무슨 의미일까? 물은 말씀을 가리킨다. "이는 곧 물로 씻어 말씀으로 깨끗하게 하사 거룩하게 하시고(에베소서 5장 26절)." '물로 씻고 말씀으로 깨끗하게 하사'는 물과 말씀이 같은 말이라는 의미이다. 그래서 말씀은 우리를 죄에서 깨끗이 씻어준다. 혼자 말씀만 읽고도 변화하여 새사람이 되기도 한다. 말씀이 우리를 죄에서 깨끗하게 씻어주는 모든 과정을 성령님이 가능케 해주신다.

그러므로 **거듭난다는 것은 성령의 역사로 말미암아 죄로 부패된 본성이 말씀의 물로 씻겨져서 새로운 피조물로 탄생되는 것이다**(고린도후서 5장 17절). 말씀은 십자가의 말씀이다. 이 모든 것을 주도하는 분은 하나님이시다. 이렇게 성령으로 거듭날 때에 원래 부패된 본성에서 탈출할 수 있다.

거듭남(중생)에 대해서 몇 가지 더 알아보자.

- 거듭난다는 것은 더럽혀진 죄의 본성이 새로워지는 것을 말한다.
- 거듭남은 말씀과 회개가 핵심이다.
- 이것은 사람의 의지나 노력이나 방법으로는 불가능하다.
- 모든 것을 주도하시는 분은 성령 하나님이시다.
- 그래서 우리는 다만 성령께서 역사하시기를 기도할 뿐이다.
- 거듭난다는 것은 물과 성령으로 다시 태어나는 영적 출생을 의미한다. 영적 생명은 영적으로 태어나야 한다. "육은 육이요 영은 영이다.(요한복음 3장 6절)."
- 거듭난 자는 "이제는 내가 사는 것이 아니요, 내 안에 그리스도께서 사시는" 삶을 산다(갈라디아서 2장 20절).

- 예수님을 인생 최고의 가치로 여기고 사는 자는 분명 거듭난 사람이다. 하나님, 예수님이 무조건 삶의 1순위라면 그는 거듭난 사람이다. 당신은 거듭났는가?
- 거듭남은 종착지가 아니라 출발지이다. 거듭남은 완성이 아니라 시작이고 그 후에는 성장이 있다. 거듭난 사람도 죄를 범한다. 그래서 성화를 향해 계속 달려가야 한다.
- 사람의 성향이 다 다르듯 거듭남의 과정도 사람마다 다르다. 베드로처럼 점진적으로 거듭남을 경험하는 사람이 있고, 바울처럼 일순간에 경험하는 사람도 있다.

모든 사람이 주 안에서 거듭나기를 바란다. 물과 성령, 말씀으로 성령의 능력으로 거듭나기를 바란다. 자신의 힘으로 되는 것이 아니다. 성령님의 전적인 역사다. 성령님이 역사하시기를 기도하라. 이미 거듭나신 분들은 완성된 것이 아니다. 이제 출발이다. 계속해서 성장에 힘쓰시기를 바란다. 성령 하나님께서 당신과 함께하기를 바란다.

지금까지 사람이 원래 악한 이유는 하나님이 그렇게 만드셔서가 아니라 최초의 인간, 아담과 하와가 하나님께 불순종했기 때문이라는 사실을 말씀드렸다. 우리 인간의 능력이나 방법으로는 그 타락한 본성을 해결할 수 없으며, 오직 성령님을 통해서 거듭나는 길밖에 다른 방법은 없다는 것을 말씀드렸다. 그리고 거듭남이 무엇인지도 말씀드렸다. 모두 소중한 내용이니 반드시 반복해 읽고 마음 판에 새겨두길 바란다.

믿음의 토대를 굳게 세우는 질문

1. 하나님께서 우리 사람을 하나님의 형상으로 창조하신 4가지 목적을 말해봅시다. 하나님을 사랑하고, 하나님께 영광을 돌리는 삶을 살기 위해 우리 신자들이 교회 안팎에서 할 일은 무엇이 있는지 말해봅시다.

2. 이번 하이델베르크 요리문답 강해를 통해 도움이 되었던 내용은 무엇인지 말해봅시다.

제6장

죄에 대한 하나님의 벌은 그 어떤 예외도 없다

지금까지 인간의 전적인 부패, 즉 우리는 태생이 죄인이며 본질적으로 죄성을 갖고 태어났다는 사실을 알아보았다. 그렇게 된 이유는 무엇인가? 혹시 하나님께서 사람을 그렇게 악한 상태로 창조하신 것이 아닌가? 하는 의문을 품을 수는 있지만, 실상은 그렇지 않으며 아담과 하와가 에덴 동산에서 선악과를 따먹고 하나님께 불순종했기 때문에 그때부터 사람의 본성이 부패했고 결국 그 누구도 하나님의 율법을 온전히 지킬 수 없게 되었다는 사실도 말씀드렸다.

그렇다면 여기서 자연스럽게 3가지 의문을 갖게 된다.

① 하나님이 우리에게 지키지도 못할 율법을 주시고 또 그것에 대해서 벌을 내리신다면 부당한 일이 아닌가?

② 모든 사람이 죄를 범했는데 어떻게 모든 사람을 벌할 수 있겠는가? 하나님도 어쩔 수 없이 그냥 지나치지 않으시겠는가?

③ 사랑과 자비의 하나님께서 어떻게 사람들을 지옥에 보낼 수 있겠는가?

이 3가지는 기독교 역사 이래로 수많은 사람들에 의해 계속 제기되어 온 질문이다. 당신은 어떤가? 당신도 이미 마음속에 이 질문을 품고 있었을지도 모르겠다.

이 세 가지 질문과 그에 대한 답이 바로 9문과 답, 10문과 답, 11문과 답이다. 먼저 9문과 답을 살펴보자.

9문과 답

9문 하나님께서 사람이 행할 수 없는 것을 그의 율법에서 요구하신다면 이것은 부당한 일이 아닙니까?

답 : 아닙니다. 하나님은 사람이 행할 수 있도록 창조하셨으나, 사람은 마귀의 꾐에 빠져 고의로 불순종하였고, 그 결과 자기 자신뿐 아니라 그의 모든 후손도 하나님의 그러한 선물들을 상실하게 되었습니다.

"하나님은 사람이 본성부터 부패하여 지키지 못할 걸 다 아시면서 율법을 주시고, 그것을 지키지 못했다고 형벌을 주신다면 그것은 부당한 일이 아닙니까?"라는 질문이다. 당신은 어떻게 생각하는가? 할 수 없는 일을 하라는 것은 하나님의 잘못이지 사람의 잘못이 아니지 않을까? 힘이 약한 어린아이에게 무거운 물건을 들라고 시키는 것과 마찬가지가 아닐까? 혹은 집에 기르는 강아지에게 사람의 말을 하라고 재촉하는 것과 같지 않은가? 이런 말이다. 하여튼 사람의 나쁜 속성 중 하나는 어떻게 해서든 책임을 하나님께 돌리려고 하는 것이다.

이에 대한 답은 명확하다. "아니다." 그 2가지 이유를 말하고 있다. 첫째는 하나님은 처음에는 사람을 선하게 창조하셨기 때문이다. 이는 앞에서 다룬 6문의 내용에 이미 나왔다. 둘째는 사람이 마귀의 꼬임에 빠져서 고의로 불순종했기 때문이다. 이 역시 7문의 내용을 반복하고 있다.

무슨 말인가? 원래 하나님은 사람을 선하고 아름답게 창조하셨다. 즉 처음에는 사람이 율법을 다 지킬 수 있었다는 뜻이다. 그런데 마귀의 유혹에 빠져 고의로 하나님께 불순종했고 그 영향이 모든 후손에게까지 미치게 되었다. 그래서 나중에는 율법을 지킬 수 없는 존재로 전락했다. 원래는 지킬 수 있었지만 죄를 범함으로 그럴 수 없는 존재가 되었다는 말이다. 그러므로 그렇게 된 것은 하나님이 아니라 전적으로 사람의 책임이다. 마귀가 유혹했다고 다 넘어지라는 법은 없다. 예수님은 여러 번 마귀의 시험을 받으셨지만 모두 물리치셨다. 하나님이 사람에게 축복으로 자유의지를 주셨는데 사람이 그 자유의지를 잘못 사용해서 범죄함으로 그렇게 되고 말았다. 모든 것이 죄를 범한 사람의 책임이다. 하나님은 사람을 잘 만드셨으나 우리가 범죄하여 우리 자신을 부패하고 무능한 인간이 되게 했다. 그러므로 우리는 하나님을 탓할 것이 아니라 자신의 죄를 탓하고, 하나님 앞에 머리를 조아리고 엎드려야 한다. "그런즉 우리가 무슨 말을 하리요 하나님께 불의가 있느냐 그럴 수 없느니라(로마서 9장 14절)."

9문의 답에서 우리가 주목할 부분은 이것이다. "그 결과 자기 자신뿐 아니라, 그의 모든 후손도 **하나님의 그러한 선물들을** 상실하게 되었다." '하나님의 그러한 선물들'은 무엇을 말하는가? 몇 가지를 생각해볼 수 있다. ① 사람을 하나님의 형상인 참된 의와 거룩함으로 창조하신 것, ② "선악과를 먹지 말라 먹는 날에는 반드시 죽으리라." 이 말 속에는 먹지 않으면 영생을 얻게 해주신다는 영생에 이르는 방법을 알려주신 것, 이 또한 엄청난 선물이다. ③ 각종 실과를 먹을 수 있게 해주신 것 등이다. 원래 하나님은 이 좋은 것들을 사람에게 모두 주셨다. 이 선물은 사람으로 살아가기에 꼭 필요한 것들이다. 하나님은 이토록 사람을 사랑하신다.

그런데 어떻게 되었는가? 인간이 범죄한 후로는 이 좋은 선물들을 다 상실하게 되었다고 말한다. ① 참된 의와 거룩함을 잃어버렸기에 하나님을 기쁘시게 할 수 없게 되었다. ② 선악과를 따먹었기에 영원한 죽음에 이르게 되었다. ③ 죄를 범했기에 각종 실과를 감사함으로 먹지 못하고, 이마에 땀을 흘려야 양식을 구할 수 있게 되었다.

아담 안에서 모든 인류는 한 혈통으로 묶여 있다. 그래서 아담이 범한 죄는 곧 나의 죄이며 인류의 범죄이다. 아담과 함께 후손들도 하나님이 주신 선물들을 다 잃고 비참한 인생을 살다가 결국에는 다 죽게 된 것이다. 인간의 죽음은 자연스러운 현상이 아니라 죄의 결과라는 사실을 잊어서는 안 된다.

10문과 답

10문 하나님께서는 그러한 불순종과 반역을 형벌하지 않고 지나치시겠습니까?

답 : 결코 그렇지 않습니다. 하나님께서는 원죄와 자범죄 모두에 대해 심히 진노하셔서 그 죄들을 이 세상에서 그리고 영원히 의로운 심판으로 형벌하실 것입니다. 하나님께서는 "누구든지 율법책에 기록된 대로 온갖 일을 항상 행하지 아니하는 자는 저주 아래 있는 자라"(갈 3:10)고 선언하셨습니다.

10문을 다시 보자. "하나님께서는 그러한 불순종과 반역을 형벌하지 않고 지나치시겠습니까?" 표현이 좀 이상하지만 '불순종과 반역을 형벌하지 않고 그냥 지나치지 않으시겠는가?'라는 말이다. 즉 "모든 사람이 죄를 범했는데 어떻게 모든 사람을 형벌할 수 있겠는가? 하나님도 어쩔 수 없이 그냥 지나치시지 않겠는가?" 모든 사람이 죄를 범했으면 하나님도 어찌하겠는가? 그렇게 많은 사람이 죄를 범했는데 차마 다 벌하시겠는가? 그냥 넘어가실 게 뻔하다. 그저 하나님께서 엄포를 놓으시는 것에 불과하지 않은가, 하는 물음이다.

답은 무엇인가? 하나님의 대답은 단호하시다. 결코 "그렇지 않다." 모든 사람이 죄를 범했다고 하여도 그 죄가 약화되지 않는다는 것이다. 전체가 다 죄를 범했어도 그 죄를 지나치지 않으신다는 것이다. 또한 하나님은 엄포를 놓는 하나님이 아니시다. 하나님의 말씀은 한 마디도 헛된 것이 없다. 성경 말씀 그대로다.

"인자를 천대까지 베풀며 악과 과실과 죄를 용서하리라 그러나 벌을 면제하지는 아니하고 아버지의 악행을 자손 삼사 대까지 **보응하리라**(출애굽기 34장 7절)."

"**하나님의** 진노가 불의로 진리를 막는 사람들의 모든 경건하지 않음과 불의에 대하여 하늘로부터 나타나나니(로마서 1장 18절)."

이 성경 말씀에서 하나님의 단호함이 얼마나 강하게 느껴지는가? 하나님은 벌을 면제하지 아니하시고 악행을 삼사대까지 보응하신다고 했다. 또한 불의에 대해서는 하나님의 진노가 나타난다고 했다. 무슨 뜻인가? 죄는 반드시 심판을 받는다는 말이다.

먼저 하나님께서는 원죄와 자범죄에 대해서 진노하신다고 했다. '진노하신다'는 말을 주목하라. 이는 죄에 대한 하나님의 마음이다. 진노하신다는 것은 심히 노하신다는 뜻이다. 죄에 대해서는 매우 엄격하시다는 의미이다.

원죄(原罪)는 무엇이고 자범죄(自犯罪)는 무엇인가? 원죄란 우리가 아담 안에서 아담과 함께 지은 죄를 말한다. 우리는 아담과 한 혈통으로 묶여 있기 때문에 아담이 저지른 죄는 곧 나의 범죄이며 온 인류의 범죄이다. 하나님은 우리를 그렇게 생각하신다. 그래서 모든 인간은 원죄를 갖고 있고 그 원죄에 대해서도 심판을 받는다. 그러므로 하나님의 형벌에서 면제되는 사람은 한 명도 없다.

자범죄란 아담 안에서 죄를 지은 사람이 또 스스로 짓는 죄를 말한다. 우리는 원죄를 가진 동시에 기회가 있을 때마다 자기 의지에 따라서 죄를 범한다. 이것이 자범죄다. 남을 증오하거나 간교하게 해친다. 도와주는 척하면서 남의 것을 착취한다. 겸손한 것 같으면서도 속에서는 오만이 꿈틀댄다. 겉은 경건해도 속은 더럽고 추하다. 더구나 생각으로 상상으로 짓는 죄는 또 얼마나 많은가? 이 모든 것이 자범죄이다. 우리는 모두 원죄를 갖고 있으면서도 자범죄를 지으면서 살아간다. 그러므로 모든 사람이 하나님의 진노 아래 있고 심판을 피하지 못한다.

10문의 답을 보면 하나님은 "그 죄들을 *이 세상에서 심판하시고 또 영원한 심판* 즉 최후의 심판으로 형벌할 것이라"고 하신다. 먼저 이 땅에서 심판하신 후 마지막 때에는 영원히 심판하신다는 말이다.

이 얼마나 정확한 사실인가? 우리는 지금도 심판받는다. 일시적인 심판, 현재적 심판이다. 죄를 짓고 느끼는 양심의 가책, 질병이나 사건 사고, 재난이나 자연재해 등이 하나님의 심판일 수 있다. 그러나 가장 두렵고 심각한 것은 마지막 때 받아야 하는 영원한 심판이다. 그 심판은 바로 영원히 지옥형에 처해지는 것이다. 너무나 치명적이기에 반드시 대비하지 않으면 안 되는 심판이다. 그래서 하나님께서는 마지막 심판을 대비하라고 그 예고편으로 현재적 심판을 주신다. 그러므로 우리는 살면서 어떤 징계를 받을 때마다 마지막 심판에 대한 경고로 받아들여야 한다.

그런데 이미 죄를 다 용서받고 구원을 받은 신자도 심판을 받는가? 그렇다. 죄를 지었다면 신자이든 비신자이든 상관없이 누구나 다 죄에 대한 징계를 받는다. 비가 주룩주룩 내리는데 신자라고 해서 비를 안 맞는 것은 아니듯이, 죄를 지은 곳에는 어디나 형벌이 뒤따른다. 다만 신자와 비신자의 차이는 있다. 신자는 이 세상에서는 징계를 받을지라도 마지막 때 받는 심판, 영원한 심판은 받지 않는다. 영원한 지옥형에는 처해지지 않는다는 말이다. 이것이 진정한 구원이다.

11문과 답

11문 그러나 하나님은 또한 자비하신 분이 아니십니까?

> **답 :** 하나님은 참으로 자비하신 분이나 동시에 의로우신 분입니다. 죄는 하나님의 지극히 높으신 엄위를 거슬러 짓는 것임이므로 하나님의 공의는 이 죄에 대해 최고의 형벌, 곧 몸과 영혼에 영원한 형벌을 내릴 것을 요구합니다.

"우리가 아는 하나님은 사랑과 자비의 하나님 아니신가? 그런 하나님께서 설마 사람을 심판하시겠는가? 하나님께서 어떻게 사람을 무서운 지옥에 보내실 수 있겠는가? 이미 이 세상에서 벌을 많이 내리셨으니까 마지막 때는 그냥 용서해주시지 않겠는가? 사람도 어지간하면 용서하는데 최후의 심판 때에는 하나님이 우리 모두를 용서하시지 않겠는가?" 11문은 이런 내용이다. 인간의 입장에서 할 수 있는 질문이다. 우리도 이런 질문을 하나님께 할 수 있다고 본다.

11문의 답은 결코 부드럽지 않다. 아주 엄격하다. 하나님은 자비로우시지만 동시에 의로우신 분임을 반드시 알아야 한다. 그래서 하나님은 당신의 의를 포기하면서까지 자비를 주장하지는 않으신다.

또한 자비가 아무리 중요해도 공의를 없애버리거나 무효화시킬 수는 없다. 오히려 자비와 공의는 같이 간다. 하나님 안에서는 자비와 공의가 양립되어 있다.

그래서 사랑의 상징인 예수님조차도 심판과 지옥을 분명히 말씀하신다. *"만일 네 손이나 네 발이 너를 범죄하게 하거든 찍어 내버리라 장애인이나 다리 저는 자로 영생에 들어가는 것이 두 손과 두 발을 가지고 **영원한 불**에 던져지는 것보다 나으니라* (마태복음 18장 8절)." 예수님은 지옥을 문자 그대로 정확하게 인식하고 우리에게 경고하신다. 하나님은 자비하시지만 마지막 때 반드시 죄를 심판하는 분이시다.

11문 답에서 '죄는 하나님의 지극히 높으신 엄위를 거슬러 짓는 것'에 주목하라. 이는 죄의 본질적인 요소에 대해 말하는 부분이다. 성경에서 말하는 죄는 횟수나 크기나 종류가 문제가 아니다. 중요한 것은 죄짓는 대상이 누구냐에 따라서 그 심각성이 달라진다는 사실이다. 그런 사례는 얼마든지 들 수 있다. 지나가던 사람의 뺨을 때린 것과 대통령의 뺨을 때린 행위는 다르다. 동생에게 욕지거리한 것과 아버지에게 욕한 것은 그 심각성이 엄청나게 달라진다.

그런데 우리가 짓는 모든 죄는 사실은 하나님께 저지르는 죄라는 점에 문제의 심각성이 있다. 여러분이 짓는 모든 죄, 사람에게 지었든지 어떤 다른 무엇에 지었든지 사실은 다 하나님께 지은 죄라는 것을 아는가? *"내가 **주께만 범죄하여** 주의 목전에 악을 행하였사오니* (시편 51편 4절)." 다윗이 뭐라고 말했는가? '내가 주께만 범죄하였다.' 자신이 지은 모든 죄는 하나님께 지은 죄라고 고백하고 있다. 다윗은 밧세바와 그의 남편 우리아에게 죄를 범했다. 그러나 그게 다 하나님께 지은 죄라고 말한다.

죄는 대상에 따라 그 심각성이 달라진다고 했다. 하나님은 지극히 높으시고 엄위하신(존엄하신) 분이기 때문에 하나님께 지은 죄는 가장 무겁고 심각하다. 이 세상에서 지은 모든 죄는 엄위하신 하나님께 지은 죄라는 사실을 잊지 말라. 그러므로 그 죄에 대한 형벌도 가장 무겁고 심각하다는 사실을 알아야 한다. 11문의 답은 이 무겁고 심각한 죄에 대해서는 최고의 형벌인 몸과 영혼에 대한 영원한 형벌, 영원한 지옥형을 내린다고 언급한다.

이대로라면 우리는 얼마나 불행하고 비참하며 처절한 죄인인가? 그런데 이것이 도리어 우리에게는 소망이 된다. 너무나 무겁고 추악한 우리 죄를 예수 그리스도께서 십자가에서 담당하시고 하나님의 공의를 만족시키셨다. 죄가 심각하면 심각할수록 하나님의 은혜는 우리에게 더더욱 절절하고 감사하다. 그래서 우리는 이 은혜의 감격으로 예수 믿고 하나님께 감사하며 살아서나 죽어서나 기쁜 마음으로 하나님을 찬양하고 하나님께 영광을 돌린다.

당신에게는 이런 감격이 있는가? 정상적인 신자라면 당연히 그럴 것이다. 이런 심각한 죄인을 구원해주신 하나님의 은혜가 피부에 와 닿는가? 성령님께서 그 은혜를 깨닫게 해주시길 바란다. 그래서 예수 믿는 은혜와 감동이 매일의 삶 속에 가득 차오르기를 바란다.

지금까지 죄와 형벌에 대해서 일반적으로 갖는 3가지 물음에 대한 답을 나누었다. 하나님은 원래 사람을 선하게 창조하셨으나 사람이 사탄의 유혹에 빠져서 범죄하였다. 그래서 모든 책임이 하나님이 아니라 사람에게 있다. 아무리 모든 사람이 죄를 범했어도 하나님의 심판은 결코 지나치지 않으신다는 사실, 하나님은 자비의 하나님이시지만 동시에 공의의 하나님이시기에 죄는 반드시 심판하시고 영원한 형벌을 내리신다는 사실을 잊지 말길 바란다.

제6장 죄에 대한 하나님의 벌은 그 어떤 예외도 없다

믿음의 토대를 굳게 세우는 질문

1. 하나님은 죄에 대해서 단호하시다고 했습니다. 그러므로 신
   자도 역시 죄를 지으면 그것에 대한 징계를 받습니다. 우리
   신자에게 주시는 하나님의 현세적(일시적) 징계는 무엇이 있는
   지 자신과 주변 사람의 경우를 생각해보면서 말해봅시다.

2. 하나님은 사랑이 많으시고 자비하시다고 했습니다. 당신은
   어떤 면에서 그렇다고 생각하십니까?

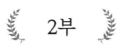

2부

우리의 구원

제7장

우리의 구원자

앞서 제3장에서 하이델베르크 요리문답은 크게 세 가지로 구성되어 있다고 했다.

1문~11문은 죄와 비참함에 대해서

12문~85문은 죄에서 어떻게 구원받았는지에 대해서

86문~129문은 구원받은 것에 대한 감사과 섬김에 대해서 다루고 있다.

다시 말해서 하이델베르크 요리문답은

제1부는 죄와 비참함(sin)

제2부는 예수님을 통한 죄에서의 구원(salvation)

제3부는 구원에 대한 감사와 섬김(service)으로 구성되어 있다고 하겠다.

이 장에서는 12문을 다룬다. 이제 제2부 '예수님을 통한 죄에서의 구원'이 시작된다고 하겠다. 1부에서는 죄와 비참함 그리고 죄에 대한 하나님의 형벌과 영원한 심판 등을 다루었다. 두렵고 심각한 주제이다 보니 교우들이 "하이델베르크 요리문답이 무섭다"라고 이야기하는 것을 들었다. 죄, 죄, 타락, 심판 이야기를 주로 하다 보니까 하이델베르크 요리문답의 초점이 죄와 심판에 있다고 오해할 수 있겠다는 생각이 들었다. 하지만 그렇지 않다. 하이델베르크 요리문답의 초점은 죄와 심판이 아닌 구원이라는 사실을 기억하라. 죄에 대한 물음과 답은 9개인 반면 구원에 대한 물음과 답은 무려 74개이다. 이제부터 구원에 대한 이야기가 계속될 것이다.

죄와 심판을 계속 강조하고 그 비참함과 두려움을 엄격하고 심각하게 다루는 이유는 명확하다. 우리 인간의 구원은 그만큼 중요하고, 예수 그리스도를 통한 새 생명의 길이 그만큼 절박하다는 사실을 깨닫게 하기 위해서다. 그 구원에 대한 감격과 감사가 얼마나 절절한지 알게 하기 위함이다. 어둠이 깊으면 깊을수록 아침이 더욱 기다려지며 더 감동적으로 다가오고, 아픔이 크면 클수록 치료와 극복의 길은 그만큼 더 짜릿하게 다가오는 것과 같다. 당신에게 '죄와 심판'이 그렇게 무섭게 여겨졌다면 이제부터는 예수님을 통한 구원의 역사가 남다른 감동으로 다가올 것이다. 그 감동과 감사를 결코 잊지 말라.

12문과 답

12문	하나님의 의로운 심판에 의해 우리는 이 세상에서 그리고 영원히 형벌을 받아 마땅한데, 어떻게 이 형벌을 피하고 다시 하나님의 은혜를 입을 수 있겠습니까?

> **답** : 하나님께서는 자신의 의가 만족되기를 원하십니다. 따라서 우리는 우리 스스로든 아니면 다른 이에 의해서든 죗값을 완전히 치러야 합니다.

12문의 질문은 우리가 죄에 빠졌기 때문에 마땅히 하나님의 의로운 심판을 받아야 한다고 인정한다. 그러면서 어떻게 형벌을 피하고 다시 하나님의 은혜를 입을 수 있는지 묻는다. 죄에 대한 심판은 당연하지만 그래도 혹시 심판을 면제받고 에덴 동산에서 누렸던 하나님의 은혜, 하나님이 주신 축복을 회복할 수 있는 길은 없는지, 즉 '어떻게 해야 죄와 심판에서 구원받을 수 있겠는가?' 하는 물음이다.

답은 이러하다. '없는 것은 아니다. 있다. 하나님의 의, 하나님의 공의를 만족시키면 된다. 그러기 위해서는 우리 스스로 하든지, 다른 누군가 하든지 죗값을 치르면 된다.' 하나님의 의는 단순명료하다. 죄는 당연히 그 값을 치러야 한다는 것이다. 죄는 그에 상응하는 형벌을 받아야 한다. 하나님은 완전히 의로우시고 완전히 거룩하신 분이다. 세상 천하 그 무엇도 하나님의 의를 바꿀 수는 없다. 하나님이 얼마나 의로우시냐면 우리의 죄를 벌하시려고 심지어 자기 아들을 십자가에 못박은 분이시다. 이것이 하나님의 의다.

구원은 무엇인가?

구원이란 포로가 자유인으로 구출 받듯이, 어떤 상태로부터 다른 상태로 바꾸어 놓는 것이다. 사람의 가장 큰 비참함은 어디에 있는가? 두 부분이 있다. 첫째는 죄에 빠져 있는 것이고, 둘째는 죄로 인한 형벌, 즉 몸과 영혼의 영원한 죽음에 있다. 그렇다면 **구원이란 무엇인가? 인간의 가장 큰 비참한 상태에서 해방되는 것이다. 다시 말해 첫째로는 죄에서 건짐 받는 것이요, 둘째로는 죄로 인한 영원한 죽음에서 완전히 구출되는 것이다. 구원은 상태가 바뀌는 것이다.** 죄의 상태에서 용서를 받아 죄가 제거된 상태로, 죄로 인한 영원한 죽음의 상태에서 영원한 생명을 누리는 상태로 바뀌는 것이다. 여기서 말하는 구원은 아주 본질적인 구원이다. 구원의 핵심을 말하는 것이다. 이 본질적인 구원이 이루어지면 인간사의 모든 문제는 저절로 해결된다. 뿌리가 해결되니까 나머지가 다 풀린다. 예수 잘 믿고 당신 안에 온전한 구원이 이루어지길 바란다. 이것이 우리가 예수 믿는 인생의 최고 큰 축복임은 두말할 필요가 없다.

구원은 어떻게 이루어지는가?

우리의 죄에 대한 완전하고 충분한 보상이 치러져 하나님의 의를 만족시켜야 구원이 가능해진다. 그러면 우리의 죄에 대한 완전한 보상은 어느 정도여야 할까? 하나님은 우리의 죄에 대한 형벌의 크기를 이렇게 말씀하셨다. 최고의 형벌 곧 '몸과 영혼에 대한 영원한 형벌'을 내리신다고 했다. 그렇다면 우리는 '우리의 몸과 영혼에 대한 영원한 형벌'과 동등한 보상 값을 치러야 한다. 그렇게만 할 수 있다면 곧바로 구원이 이루어진다.

그런데 문제가 있다. 우리 스스로 이 보상 값을 치러서 하나님의 의를 만족시킬 수 있는가? 없다. 그럼 다른 피조물이 그 값을 치를 수 있는가? 역시 없다. 그렇다면 어떻게 해야 하는가? 이 세 가지에 대해서는 13문, 14문, 15문에서 다루도록 하겠다.

13문과 답

13문 우리 스스로가 하나님의 의를 만족시킬 수 있습니까?

> **답 :** 결코 그렇지 않습니다. 오히려 우리는 날마다 우리의 죄책을 증가시킬 뿐입니다.

우리가 스스로 죄에 대한 보상 값을 치러서 하나님의 의를 만족시킬 수 있겠느냐는 물음이다. 답은 '결코 할 수 없다'고 말한다. 죄를 보상하기는커녕 도리어 우리는 날마다 더 죄를 늘리고 있을 뿐이다.

우리는 어떤가? 나름으로 자기 죄의 값을 보상하려고 꽤 노력한다고 할 수 있다. 대부분은 선하게 살려고 노력하고, 자기 나름의 의를 추구한다.

죄를 보상해서 하나님의 의를 만족시키는 방법은 두 가지이다. 우선 율법이 요구하는 대로 완전하게 사는 것이다. 다른 하나는 율법을 지키지 못한 데 대한 형벌을 받는 것이다. 하지만 우리는 이 두 가지 모두 행할 수 없다.

율법의 요구대로 완전한 삶을 살 수 있는가?

사람은 나름 선행을 하고 의로운 일을 행한다. 그래서 죄의 값을 치르려고 한다. 그러나 사실 인간은 선을 행할 수 있는 능력을 이미 상실해버렸다. 겉으로는 선행처럼 보이는 일들도 속을 들여다보면 거짓과 위선들로 가득 차 있다. 선을 행한다고 하지만 사실은 악을 행하기도

한다.

만에 하나 선을 행했을지라도 하나님의 의의 수준을 만족시키기에는 턱도 없이 부족하다. 우리는 미련스럽게도 하나님의 의의 수준이 어느 정도인지조차도 모른다. 그동안 우리가 지은 죄가 왜 문제가 되는가? 하나님 앞에 지은 죄이기 때문이다. 앞서서 아무리 작은 죄일지라도 죄는 지극히 높으신 하나님의 엄위를 거스르는 것이라고 했다. 그래서 그것에 대한 값은 영원한 형벌이라고 했다. 그렇다면 우리가 행하는 의가 영원한 형벌을 상쇄할 만한 정도일 수 있는가? 아예 불가능하다.

어떤 사람은 종교적인 행위로 죄를 보상하고자 한다. 어떤 사람은 금식을 하고 철야를 하고 작정기도를 하고 혹은 종교적인 큰 업적을 남겨서 그것은 공적으로 삼으려 한다. 어떤 사람은 고행을 하고 스스로 몸을 때리며 학대하여 죄를 보상하고자 한다. 그러나 다 부질없는 일이다. 그 무엇도 우리의 죄를 보상할 수 없으며 하나님의 의를 만족시킬 수 없다.

우리의 죄가 얼마나 큰지 실감케 하는 예수님의 비유가 있다. 마태복음 18장에는 일만 달란트 빚진 자의 이야기가 나온다. 일만 달란트는 지금 우리 돈으로 약 3조원이라고 한다. 빚쟁이가 이 빚을 갚을 길이 없으니까 주인이 이 빚을 다 탕감해주었다. 3조원은 우리의 상상을 초월하는 돈이다. 우리가 만일 3조원의 빚을 졌다고 생각해보자. 이것을 갚기란 애당초 불가능하다. 완벽한 절망이다.

이것은 우리의 죄를 상징한다. 3조원이라는 죄의 빚 앞에 우리가 행하는 선행, 의로운 일, 고행 등이 대체 무슨 의미가 있겠는가? 우리가 죄의 빚을 갚기란 불가능 그 자체이다. 그뿐만이 아니다. 우리가 날마다 짓는 죄는 계속 쌓여가고 있다. 내가 죄를 갚아가는 속도로는 나의 죄가 날마다 쌓여가는 속도를 결코 따라잡지 못한다. 우리의 죄는 기하급수적으로 늘고 있다고 봐야 한다. 우리 죄의 빚은 복리로 증가하고 있다, 그래서 우리는 스스로 죄의 값을 보상할 수도, 하나님의 의를 만족시킬 수도 없다.

율법을 못 지킨 형벌을 받을 수 있는가?

하나님의 의를 만족시키는 또 다른 방법으로는 율법을 지키지 못한 것에 대한 형벌을 받는 것이다. 나의 죄가 무한하듯이 내 죄에 대한 형벌도 무한하다. 그래서 나의 형벌은 몸과 영이 죽는 영원한 형벌이다. 그런데 하나님의 의를 만족시키기 위해서 단 한 번이라도 영원한 형벌을 받는다면 나는 거기서 헤어나올 수 없다. 영원한 형벌이기 때문이다. 그 순간 나의 존재 자체가 무의미해진다. 그러므로 내가 죗값을 보상하기 위해 형벌을 받는 것도 불가능하다.

결국 우리 스스로는 보상할 수 없다는 결론이 나온다. 그러므로 우리의 비참한 상태에서 구원을 받기 위해서는 반드시 다른 누군가가 보상해야만 한다.

14문과 답

14문 어떠한 피조물이라도 단지 피조물로서 우리를 대신하여 하나님의 의를 만족시킬 자가 있습니까?

답 : 하나도 없습니다. 첫째, 하나님께서는 인간의 죄책 때문에 다른 피조물을 형벌하기를 원치 않으십니다.

둘째, 어떠한 피조물이라도 단지 피조물로서는 죄에 대한 하나님의 영원한 진노의 짐을 감당할 수도 없고 다른 피조물을 거기에서 구원할 수도 없습니다.

앞서 우리 스스로의 힘으로는 하나님의 의를 만족시킬 수 없다고 했다. 혹시 이 세상에 있는 다른 피조물이 그럴 수는 있을까? 이런 물음이 바로 14문이며 그 답은 '하나도 없다'이다. 그 이유로는 첫째, 인간의 죄책을 다른 피조물이 대신하는 것을 하나님이 원치 않으시고 둘째, 어떤 피조물이라도 단지 피조물로서는 죄에 대한 하나님의 영원한 진노를 감당할 수 없다고 분명히 말한다.

피조물은 우리 죄를 대신할 수 없다

피조물이 인간의 죄를 보상할 수 없는 이유는 하나님이 피조물과 사람을 구별하시기 때문이다. 그래서 사람이 지은 죄를 다른 피조물이 대신할 수 없다고 하신다. 하나님은 사람이 지은 죄로 다른 피조물을 벌하지 아니하신다. 이것이 하나님 정의의 질서이다. 사람들이 받을 심판을 천사들이 대신 받을 수 없다. 죄에 대한 심판은 몸과 영혼에 대한 심판인데 천사는 몸이 없는 영적 존재이기 때문이다. 동물도 사람을 대신해서 죄를 보상하고 하나님의 공의를 만족시킬 수 없다. 동물은 몸은 있지만 영혼이 없기 때문에 사람 대신 심판을 받을 수 없다.

중요한 것은 사람의 죄에 대한 하나님의 형벌은 영원한 형벌이라는 사실이다. 피조물은 영원한 존재가 아니고 유한한 존재이다. 유한한 존재는 영원한 것을 감당할 수 없다. 그래서 이 세상 어떤 피조물도 사람 대신 하나님의 의를 만족시키지 못한다. 피조물에 불과한 존재가 그 어떤 형벌을 받는다고 해도 그것이 사람을 구원할 만큼 충분한 가치를 지닐 수는 없기 때문이다.

하와이에서는 지금도 화산 활동이 활발하게 일어나 붉은 마그마가 산에서 흘러내려 바다로 간다고 한다. 옛날 원주민들은 화산이 폭발하면 신들이 분노했다고 생각했다. 그래서 신의 분노를 가라앉히기 위해서 처녀를 펄펄 끓는 용암 구덩이 속으로 던졌다. 얼마나 어처구니없는 일인가? 어린 딸이 비명을 지르며 용암 구덩이 속으로 던져질 때 부모들은 눈물을 흘리며 '이제는 신들이 우리 잘못을 용서해주시겠지' 생각했다고 한다. 미신이나 세상 종교들은 거의 다 이렇다. 자신의 신앙적인 업적이나 공로가 신들을 만족시키고 자신을 구원해주리라 생각한다. 그러나 기독교 신앙은 전혀 그렇지 않다. 어떤 피조물로도 사람의 근본 문제를 해결할 수 없다.

그런데 기독교인 중에도 이런 생각으로 믿음 생활하는 사람들이 간혹 있다. 자신이 교회를 지어 바치면 그 공로로 죄를 용서받고 구원받을 수 있다고 생각한다. 교회를 위해 헌신하거나 큰 공로를 세우면 주일을 대충 지켜도 자신의 업적이 믿음 생활을 대치할 수 있다고 생각한다. 이는 엄청난 착각이다. 그 **어떤 대단한 종교적 행위를 하고 어떤 엄청난 공적을 쌓는다고 해도 그것이 우리의 죗값을 대신할 수는 없다.** 그것이 영원한 심판을 면제하고 하나님의 의를 만족시킬 수는 없다.

순서가 바뀌었다. 사실은 예수 그리스도께서 우리의 죄와 영원한 심판의 문제를 모두 해결해 주셨기 때문에 그에 대한 놀라운 감격과 감사로 우리는 주님을 위해 헌신하고 기쁨으로 충성을 다 하는 것이다. 주님을 위한 우리의 선한 행위는 구원의 조건이 아닌 구원의 결과이다. 혹은 구원의 증거이다. 교회를 위한 헌신과 충성은 참으로 좋은 일이다. 그러나 그로 인해 공로의식을 갖거나 다른 믿음 생활을 소홀히 해서는 절대 안 된다.

결론을 내린다. 어떤 피조물로도 우리의 죗값을 대신하거나 죄로 인한 하나님의 영원한 진노를 해결할 수 없다. 우리에게는 길이 없다. 그런데 정말 어떤 길도 없는가? 아니다. 길이 있다. 길이 있기에 우리가 지금 예수를 믿는 것이다. 그것이 바로 15문의 물음과 답이다.

15문과 답

15문 그렇다면 우리는 어떤 중보자와 구원자를 찾아야 합니까?

답 : 참 인간이고 의로우신 분이나 동시에 참 하나님이고 모든 피조물 보다 능력이 뛰어나신 분입니다.

우리 스스로의 힘으로는 안 된다. 인간의 본성에는 죄성이 있기 때문이다. 구원자는 참 인간이지만 참으로 의로우신 분이어야 한다. 피조물도 안 되는 이유를 앞에서 설명했다. 그래서 어떤 피조물보다 능력이 뛰어나신 하나님이셔야만 한다. 이것이 15문의 답이다. 참 인간이고 참 하나님이신 분이 우리의 중보자요 구원자가 되어야 한다. 이에 대한 자세한 내용은 16문에 나오므로 거기에서 다루겠다.

믿음의 토대를 굳게 세우는 질문

1. 마태복음 18장에 일만 달란트의 비유가 나옵니다. 이를테면 우리의 죄의 크기는 일만 달란트입니다. 대략 3조원 정도 된 다고 하겠습니다. 우리가 그것을 갚기란 불가능합니다. 더구 나 죄를 갚는 속도보다 죄를 짓는 속도는 복리로 늘어나고 있 습니다. 요즘 현대인들이 짓는 죄에는 어떤 것들이 있습니까?

2. 우리의 구원은 우리의 죄에 대해서 완전하고 충분한 보상이 치러져서 하나님의 의를 만족시킬 때에 가능하다고 했습니다. 그래서 사람들은 자기 나름으로 보상을 하려고 노력합니다. 교회를 위해 무슨 큰 공적을 세운다든지, 고행을 한다든지 혹은 금식 작정 기도를 합니다. 물론 그런다고 자신의 죗 값을 해결할 수는 없습니다. 당신도 당신의 죄에 대해서 보상 을 하기 위해서 나름의 노력을 한 적이 있을 것입니다. 그 경 험을 말해봅시다.

제8장

참 인간이고 참 하나님이신 우리의 중보자

인간은 죗값으로 하나님의 영원한 형벌을 받아야 마땅하다. 이 형벌을 해결할 길은 없는가? 앞서 우리 스스로는 아무리 힘써도 하나님의 의를 만족시킬 수 없다고 했다. 그리고 다른 어떤 피조물로도 하나님의 심판을 피할 수 없다고 했다.

8장에서는 7장에 이어서 '그렇다면 우리의 중보자, 구원자는 왜 참 인간이어야 하는 동시에 참 하나님이 되어야 하는가? 그리고 이두 가지를 만족시키시는 분은 누구인가?' 이것을 다룬다. 우리가 익히 많이 들었던 이야기이지만 여기서는 더욱 세밀하고 구체적으로 살펴보도록 하자.

16문과 답

> **답 :** 하나님의 의는 죄지은 인간이 죗값을 치르기를 요구하나, 누구든지 죄인인 사람으로서는 다른 사람을 위해 값을 치를 수 없기 때문입니다.

16문의 물음은 두 가지이다. 중보자 구원자는 왜 참 인간이어야하는가? 중보자 구원자는 왜 의로우셔야 하는가? 첫 번째 물음에 대한 답은 '죄지은 인간이 죗값을 치르는 것이 하나님의 의'이고, 두 번째 답은 '죄인인 사람으로서는 다른 사람의 죗값을 치를 수 없다'이다. 이를 더 자세히 살펴보자.

중보자 구원자는 반드시 사람이어야 한다

왜 사람이어야 하는가? 간단하다. 사람이 죄를 범했기 때문이다. 선악과를 먹지 말라고 금하신 하나님께 불순종하고 선악과를 따 먹은 존재는 사람이다. 사람이 죄를 지었으니 사람이 죗값을 치러야 한다. 이것이 하나님의 공의다. 죄를 범한 인간의 본성과 동일한 본성이 죄에 대해 보상해야 하는 것이 하나님의 공의다. 사람에 대한 죄는 사람이 치러야 한다. 그래서 중보자는 반드시 사람이어야 한다. *"사망이 **한 사람**으로 말미암았으니 죽은 자의 부활도 **한 사람**으로 말미암는도다 (고린도전서 15장 21절)."* 죄로 인한 죽음이 사람으로부터 왔기 때문에, 죽음에서 생명을 얻는 것도 사람으로 말미암는다.

그리고 또 하나의 이유는 중보자는 죽을 수 있어야 하기 때문이다. 영원한 형벌의 죗값을 치르려면 반드시 죽어야 한다. 사람의 영원한 죽음을 보상하는 방법은 죽음뿐이다. 누군가는 죽어야 하는데 하나님은 죽을 수 없으시다. 하나님은 죽을 수 없는 존재이시다. 사람만이 죽을 수 있다. 성경은 다음과 같이 선언하고 있다. "*선악을 알게 하는 나무의 열매는 먹지 말라 네가 먹는 날에는* **반드시 죽으리라** *하시니라 (창세기 2장 17절)*." 죄는 죽음이라는 말이다. 그 죄를 해결하려면 죽어야만 한다. 그런데 죽을 수 있는 존재는 사람이다. 그래서 중보자는 참 사람이어야만 한다.

중보자는 의로워야 한다

중보자는 죄가 없어야 한다. 남의 죄 문제를 해결하려면 죄 없는 의로운 사람이어야 한다. 자기가 갚아야 할 빚이 많은데 어떻게 남의 빚을 탕감해줄 수 있겠는가? 같이 배를 타고 가다가 망망대해에서 파선하여 빠져 죽을 지경인 사람이 어떻게 다른 사람을 건져낼 수 있겠는가? 물에 빠져서 허우적거리는 사람이 어떻게 다른 사람을 살린다고 할 수 있겠는가? 중보자에게 죄가 있다면 그도 하나님의 진노를 피할 수 없다. 그런데 어떻게 그가 다른 이들의 형벌을 면해준다고 하겠는가?

그래서 우리를 구원하기에 합당한 중보자는 원죄뿐 아니라 자범죄의 흔적도 없는 완전무결한 사람이어야 한다. 원죄도 자범죄도 없어야 한다. 그런 사람이 누가 있는가? 있다. 하나님께서는 이미 그런 분을 예비해두셨다. 사도신경에서 예수님은 남자를 모르는 처녀의 몸에서 성령으로 잉태되었다고 말씀한다. 예수님은 사람의 몸에서 태어났으면서 왜 그렇게 복잡한 과정을 겪어야 했는가? 예수님이 사람의 씨로 말미암지 않고 성령의 씨로 잉태한 이유를 알겠는가? 중요한 이유가 있다. **예수님은 중보자로서 성령으로 태어나지 않으면 안 되셨기 때문이다. 아담의 피를 물려받으면 원죄를 갖게 되기 때문에 중보자로서 사명을 담당할 수 없다.** 예수님은 성령으로 잉태되셨기에 아담에서부터 흐르는 사람의 죄의 피를 물려받지 않았다. 그래서 예수님은 원죄가 없으시다. *"보라 처녀가 잉태하여 아들을 낳을 것이요 그의 이름은 임마누엘이라 하리라 하셨으니 이를 번역한즉 하나님이 우리와 함께 계시다 함이라* (마태복음 1장 23절)." 동정녀 탄생, 성령 잉태, 이 모든 것은 무죄한 구세주를 보내시기 위해 하나님께서 오래전부터 계획하신 섭리이다.

예수님은 원죄만 없으신 것이 아니라 살면서 짓는 자범죄도 없으시다. 예수님을 가장 가까이에서 접한 베드로는 예수님께 대해 이렇게 말한다. *"그는 죄를 범하지 아니하시고 그 **입에 거짓도 없으시며*** (베드로전서 2장 22절)." 예수님은 자범죄도 없으시다. 살면서 어떤 죄도 범하지 않으셨다. 그래서 우리의 구원자 중보자가 되실 수 있는 것이다.

17문과 답

> **답 :** 그의 신성의 능력으로 하나님의 진노의 짐을 그의 인성에 짊어지시
> 며 또한 의와 생명을 획득하여 우리에게 돌려주시기 위함입니다.

17문의 물음은 '중보자는 왜 참 하나님이셔야 하는가?'인데 답은
두 가지이다. 그의 신성의 능력으로 하나님의 진노의 짐을 그의 인성
에 짊어지시기 위함이고, 의와 생명을 획득하여 우리에게 돌려주시
기 위함이다.

중보자는 왜 참 하나님이셔야 하는가?

그의 신성의 능력으로 하나님의 진노의 짐을 그의 인성에
짊어지시기 위함이다

말이 약간 어렵지만 가능한 한 쉽게 풀어보자. 하나님의 진노의
짐은 우리의 죗값에 대한 짐이다. 다시 말해서 그것은 영원한 형벌이
다. 영원한 형벌의 짐을 유한한 인성을 가진 사람이 감당할 수 없다.
영원한 것은 영원한 것이 담당해야 한다. 죄와 그 죄에 대한 형벌은
형평이 맞아야 한다. 영원한 형벌의 짐은 영원한 존재만이 짊어질 수
있다. 그래서 중보자는 영원하신 하나님이셔야만 한다. 영원하신 하
나님만이 그의 신성의 능력으로 인성이 짊어져야 할 영원한 형벌을
짊어질 수 있기 때문이다.

쉽게 말하면 이렇다. **하나님의 진노의 짐은 영원한데 유한한 사람으로서는 그것을 감당할 수 없고, 영원하신 하나님만이 담당할 수 있으니, 중보자는 영원하신 참 하나님이셔야 한다.**

의와 생명을 획득하여 우리에게 돌려주시기 위함이다

여기서 말하는 의와 생명은 의롭다 함을 얻고 영원한 생명을 얻는 것을 의미한다. 그러므로 의와 생명은 중보자가 영원한 죗값을 치름으로써 얻는 가장 귀한 것이다. 우리는 예수를 믿고 반드시 의와 생명을 얻어야 한다. 의와 생명을 얻는다면 그것이 바로 영생이고 그것이 구원이고 예수 믿는 최고의 축복이다.

그런데 만일 중보자가 영원한 죗값을 치르고 그냥 죽어버린다면 그가 획득한 의와 생명을 우리에게 줄 수가 없다. 그러므로 중보자는 반드시 죽음에서 부활해 살아나야 한다. 그리고 우리 곁에 계셔서 우리를 하나님 앞으로 인도해야 한다. "그리스도께서도 단번에 죄를 위하여 죽으사 의인으로서 불의한 자를 대신하셨으니 이는 **우리를 하나님 앞으로 인도하려 하심이라** 육체로는 죽임을 당하시고 영으로는 살리심을 받으셨으니(베드로전서 3장 18절)."

죽음에서 부활할 수 있는 분이 누구신가? 죽음에서 살아날 수 있는 분은 하나님뿐이다. 그래서 중보자는 참 하나님이셔야 한다. 예수님은 중보자로서 자기 목숨을 버리기도 하시고 또 얻기도 하신다. 예수님은 말씀하신다. "**내가 내 목숨을 버리는 것은 그것을 내가 다시 얻기 위함이니** 이로 말미암아 아버지께서 나를 사랑하시느니라(요한복음 10장 17절)."

중보자는 세상의 시작부터 마지막까지 모든 세대의 모든 죄의 짐을 담당해야 한다

그러기 위해서는 시간 안에 갇힌 존재여서는 안 되고 시간을 초월한 존재여야 한다. 시간을 초월한 존재는 누구인가? 오직 하나님뿐이시다. 그러므로 중보자는 참 하나님이셔야 한다.

우리는 간혹 이런 의문을 품는다. '2천년 전에 돌아가신 예수님의 십자가가 지금의 내게 무슨 효력이 있을까? 예수님의 십자가는 한낱 과거의 일이 아닌가? 그 옛날 죽으신 예수님의 십자가가 지금 현재의 내 죄를 사하실 수 있을까? 무려 2천년이라는 시간 간격이 있는데 가능할까? 지금 우리가 있는 곳과는 엄청나게 먼 곳에서 일어난 사건이 아닌가?' 답은 분명하다. 사해질 수 있다. **십자가에서 예수님은 시간과 공간을 초월하여 죗값을 치를 수 있는 초월자 참 하나님으로서 돌아가셨기 때문이다.**

예수님은 과거와 현재와 미래 그리고 어느 곳에 있는 사람이든지 모든 사람의 죗값을 치를 수 있는 시간의 초월자, 공간의 초월자, 참 하나님으로서 십자가에서 돌아가신 것이다. 그래서 누구든지 예수님을 믿으면 시간과 공간을 초월해서 구원의 역사가 일어난다.

18문과 답

18문 그러나 누가 참 하나님이시며 동시에 참 인간이고 의로우신 그 중보자입니까?

답 : 우리 주 예수 그리스도 즉 하나님께서 나와서 우리에게 지혜와 의로움과 거룩함과 구속함이 되신 분입니다.

지금까지는 어떤 중보자가 필요한지 살펴보았다. 이제 그다음에 주목할 질문은 이 중보자가 누구냐는 것이다.

앞에서 우리의 중보자는 참 하나님이신 동시에 참 인간이시고 또 완전히 의로우신 분이셔야 한다고 했다. 이 세 가지 조건을 완전히 만족시켜야 비로소 우리의 중보자가 될 수 있다고 했다. 이 세 가지 조건을 모두 만족시키는 중보자가 있는가? 딱 한 분 계신다. 그분이 바로 우리 주 예수 그리스도라고 답하고 있다. 그래서 우리는 그분을 유일한 구원자, 유일한 중보자, 유일한 다리라고 말한다.

예수님은 참 하나님이시고 참 인간이시며 완전히 의로우신 분이다. 하나님은 예수님이 세례를 받으실 때 예수님이 하나님이시라고 말씀하셨다. *"성령이 비둘기 같은 형체로 그의 위에 강림하시더니 하늘로부터 소리가 나기를 너는 **내 사랑하는 아들이라** 내가 너를 기뻐하노라 하시니라 (누가복음 3장 22절).*" '내 사랑하는 아들'이라는 하나님의 말씀은 예수님도 하나님이시라는 뜻이다.

예수님도 자신이 하나님이라는 사실을 직접 말씀하셨다. *"예수께*

서 이르시되 하나님이 너희 아버지였으면 너희가 나를 사랑하였으리니 이는 **내가 하나님께로부터 나와서 왔음이라** 나는 스스로 온 것이 아니요 아버지께서 나를 보내신 것이니라(요한복음 8장 42절)." '내가 하나님께로부터 나왔다'는 말은 예수님이 하나님이시라는 뜻이다.

바울도 예수님을 하나님이시라고 증언하고 있다. "그는 **보이지 아니하는 하나님의 형상**이시요 **모든 피조물보다 먼저 나신 이**시니 만물이 그에게서 창조되되 하늘과 땅에서 보이는 것들과 보이지 않는 것들과 혹은 왕권들이나 주권들이나 통치자들이나 권세들이나 만물이 다 그로 말미암고 그를 위하여 창조되었고 또한 그가 **만물보다 먼저 계시고 만물이 그 안에 함께 섰느니라**(골로새서 1장 15~17절)."

그뿐 아니라 예수님은 죽은 나사로를 살리시고, 물 위로도 걸으시고, 바람과 바다도 잔잔케 하는 수많은 기적을 베푸셨다. 이 모든 일은 그분이 하나님이라는 사실을 증언한다.

동시에 예수님은 완전한 사람이시다. 그는 육신으로는 다윗의 혈통에서 나셨다. "그의 아들에 관하여 말하면 육신으로는 **다윗의 혈통에서 나셨고**(로마서 1장 3절)."

그리고 아브라함의 자손이 되셨다. 그의 어머니 마리아의 몸에서 육으로 태어나셨고 육신의 아버지 요셉의 가정에서 자라셨다. 예수님은 육을 가지고 계셨기에 피곤하셨고 배고프셨고 눈물을 흘리셨다. 완전한 사람이기에 사람이 가지고 있는 한계를 겪으며 사셨다. 동시에 예수님은 죄가 없으신, 완전히 의로운 삶을 사셨다.

어떻게 한 인격 안에서 완전한 사람이면서 동시에 완전한 하나님이 거할 수 있을까? 이를 과학적, 합리적으로 이해하려고 하다가 생긴 것이 바로 이단이다. 역사적으로 기독교의 이단은 예수님의 신성과 인성, 어느 하나를 등한히 할 때 발생한다. 예수님은 완전한 하나님이시며 완전한 사람이시라는 사실이야말로 정통 기독교 교리이다. 정리하면 이렇게 말할 수 있다. **"하나님이시기에 가능하다. 하나님의 신비하신 능력 가운데 가능하다."** 이것은 우리의 생각과 논리로는 감히 이해할 수 없는 하나님의 신묘막측(神妙莫測)한 비밀이고 신비이다. 우리는 우리의 사고를 초월해서 역사하시는 하나님이심을 믿는다. 우리의 사고와 과학적 논리를 초월하시기에 진정 우리가 믿을 수 있는 믿음의 대상이며 우리가 의지할 수 있는 전능하신 하나님이시다. 이것은 전적으로 **믿음의 영역**이다. 믿는 자는 이해하고 하나님의 신비에 감탄하며 그래서 감사하고 감격한다.

예수님은 소크라테스, 공자, 석가모니 같은 4대 성인 중 한 사람이 아니다. 예수님이 4대 성인 중 한 명에 불과하다면 우리는 오늘부터 예수님을 믿을 필요가 없다. 예수님은 참 하나님이시고 참 사람이시다. 그래서 우리를 구원할 유일한 중보자 구세주가 되신다. 다른 길은 없다. **"다른 이로써는 구원을 받을 수 없나니** 천하 사람 중에 구원을 받을 만한 다른 이름을 우리에게 주신 일이 없음이라 하였더라(사도행전 4장 12절)."

18문 물음의 답을 주목해보자. "우리 주 예수 그리스도 즉 하나님께서 나와서 우리에게 지혜와 의로움과 거룩함과 구속함이 되신 분입니다." 이 답은 고린도전서 1장 30절을 인용했다. "너희는 하나님으로부터 나서 그리스도 예수 안에 있고 **예수는 하나님으로부터 나와서** 우리에게 **지혜와 의로움과 거룩함과 구원함**이 되셨으니."

하나님께로부터 나오신 예수님은 하나님과 우리 사이의 중보자가 되셔서 우리에게 지혜와 의로움과 거룩함과 구원함을 주신다. 이 네 가지는 하나님의 자녀인 신자가 믿음 안에서 살아갈 때 가장 필요한 요소들이다. 예수님은 지혜의 원천이시다. 사람을 위한 구원의 모든 과정을 이루시는 하나님의 신비하고 오묘하신 지혜의 최고봉이다. 그러한 중보자 예수님께서 친히 우리에게 오셔서 지혜의 교사가 되어주신다. 또한 우리를 의롭다 하시고 거룩하게 하신다. 그리고 가장 중요한 구속자가 되어주신다.

19문과 답

19문 당신은 이것을 어디에서 압니까?

답 : 거룩한 복음에서 압니다. 하나님께서 이 복음을 처음에 낙원에서 친히 계시하셨고, 후에는 족장들과 선지자들을 통해 선포하셨으며 또한 율법의 제사들과 다른 의식들로써 예표하셨고 마지막에는 그의 독생자를 통해 완성하셨습니다.

'속죄와 구원에 관련된 모든 것을 어디서 알 수 있는가?'라는 질문이다. 답은 복음에서 안다고 했다. 복음은 기쁜 소식, 구원의 원리를 말한다. 복음은 성경에 있다. 그러므로 성경 말씀을 통해서 알 수 있다는 뜻이다. 우선 하나님은 이것을 에덴 동산에서 나타내셨다. 하나님이 뱀에게 하신 말씀이다. *"내가 너로 여자와 원수가 되게 하고 네*

후손도 여자의 후손과 원수가 되게 하리니 **여자의 후손은 네 머리를 상하게 할 것이요** 너는 그의 발꿈치를 상하게 할 것이니라 하시고(창세기 3장 15절)."

'여자의 후손은 네 머리를 상하게 할 것'은 예수 그리스도께서 오셔서 사탄을 물리친다는 말이다. 그 후에 족장과 선지자들이 복음을 선포하게 하셨다.

에녹은 중보자의 오심과 심판에 대해서 말했다.

"아담의 칠대 손 에녹이 **이 사람들에 대하여도** 예언하여 이르되 보라 주께서 그 수만의 거룩한 자와 함께 임하셨나니 이는 뭇 사람을 **심판하사** 모든 경건하지 않은 자가 경건하지 않게 행한 모든 경건하지 않은 일과 또 경건하지 않은 죄인들이 주를 거슬러 한 모든 완악한 말로 말미암아 그들을 정죄하려 하심이라 하였느니라(유다서 1장 14~15절)."

노아는 구속자의 의로움에 대해서 말했다.

"그가 또한 영으로 가서 옥에 있는 영들에게 선포하시니라 그들은 전에 노아의 날 방주를 준비할 동안 하나님이 오래 참고 기다리실 때에 복종하지 아니하던 자들이라 방주에서 물로 말미암아 구원을 얻은 자가 몇 명뿐이니 겨우 여덟 명이라. **물은 예수 그리스도께서 부활하심으로 말미암아 이제 너희를 구원하는 표**니 곧 세례라 이는 육체의 더러운 것을 제하여 버림이 아니요 하나님을 향한 선한 양심의 간구니라(베드로전서 3장 19~21절)."

아브라함은 하나님께로부터 메시야가 오실 것을 약속받았다.

"또 네 씨로 말미암아 **천하 만민이 복을 받으리니** 이는 네가 나의 말을 준행하였음이니라 하셨다 하니라 (창세기 22장 18절)."

선지자 이사야를 통해서 메시아를 예언했다.

"그가 찔림은 우리의 허물 때문이요 그가 상함은 **우리의 죄악 때문이라** 그가 징계를 받으므로 우리는 평화를 누리고 그가 채찍에 맞으므로 우리는 나음을 받았도다. 우리는 다 양 같아서 그릇 행하여 각기 제 길로 갔거늘 여호와께서는 **우리 모두의 죄악을 그에게 담당시키셨도다** (이사야 53장 5~6절)."

또한 유월절 등 희생과 제사의식을 통해 미리 알려주셨다. 결정적으로는 예수 그리스도께서 오심으로 완성되었다고 하겠다. 이 모든 것이 복음이며 성경에 기록되어 있다.

믿음의 토대를 굳게 세우는 질문

1. 우리의 중보자는 왜 참 사람이고 참 하나님이어야 하는지 아
   는 대로 말해봅시다.

2. 예수님은 완전한 하나님이시고 완전한 사람이십니다. 이는
   우리가 도저히 이해할 수 없는 하나님의 신비입니다. 우리는
   그것을 믿음으로 받아들여야 합니다. 지금까지 신앙생활하면
   서 경험했던 이해하기 어려운 일들, 그러나 감사했던 일들은
   무엇입니까?

제9장

참된 믿음이란?

　우리를 구원할 중보자는 왜 참 인간이고 왜 참 하나님이셔야 하는가? 참 하나님이시며 참 인간인 분은 누구신가? 참 하나님이신 동시에 참 인간이시고 완전히 의로우신 중보자는 딱 한 분, 우리가 믿는 예수 그리스도이시다. 그래서 우리는 그분은 유일한 구원자라고 말한다.

　그렇다면 이제 우리가 생각해볼 것은 그 중보자 예수 그리스도와 우리가 어떻게 연결되는가? 혹은 그 중보자 예수 그리스도가 이루어 놓은 구원을 우리가 어떻게 누릴 수 있는가? 하는 구원과 믿음의 문제이다. 20문과 21문에서 그것을 가르치고 있다.

20문과 답

그러면 아담 안에서 모든 사람이 멸망한 것처럼 그리스도를 통하여 모든 사람이 구원을 받습니까?

답 : 아닙니다. 참된 믿음으로 그리스도에게 연합되어 그 모든 은덕(恩德)을 받아들이는 사람들만 구원을 받습니다.

20문의 물음은 이것이다. "아담 한 사람으로 인해서 모든 인류가 죄 가운데 거하고 멸망을 받은 것처럼 제2의 아담이신 예수 그리스도를 통하면 어쨌든 모든 인류가 구원을 받지 않겠는가?"

바울의 서신에도 이런 말씀이 있다. "**아담 안에서** 모든 사람이 죽은 것같이 **그리스도 안에서 모든 사람이 삶을 얻으리라** 그러나 각각 자기 차례대로 되리니 먼저는 첫 열매인 그리스도요 다음에는 그가 강림하실 때에 **그리스도에게 속한 자요** (고린도전서 15장 22~23절)."

"아담 안에서 모든 사람이 죽은 것같이 그리스도 안에서 모든 사람이 삶을 얻으리라." 22절의 이 말씀을 어쨌든 모든 사람이 다 구원받는다는 만인 구원설로 오해하기 쉽다. 그러나 그렇지 않다. 예수님께서 온 인류를 위해서 구원을 이루어 놓았기 때문에 모든 사람이 다 구원을 받는다고 하는 만인구원설은 성경과는 맞지 않는다.

22절에 나오는 '모든 사람'은 사실 '**그리스도에게 속한 모든 사람**', '**그리스도와 연합된 모든 사람**'을 말한다. 23절 마지막 부분을 보면 알 수 있다. "그러나 각각 자기 차례대로 되리니 먼저는 첫 열매인 그리스도요 다음에는 그가 강림하실 때에 **그리스도에게 속한 자요.**" 그리스도에 속한 자가 구원을 받는다는 말이다. 그러니까 모든 사람이란 '그리스도에게 속한 모든 사람'을 가리킨다. 그리스도께서 중보자로서 그에게 속한 모든 사람을 구원하신다는 말이다.

이 질문이 바로 20문이다. "누구나 다 구원 받지 않는가? 만인구원설이 맞지 않는가?" 그 답은 분명하다. "아닙니다. 모든 사람이 다 구원받는 것이 아니라. 참된 믿음으로 그리스도에게 연합되어 그 모든 은덕(恩德)을 받아들이는 사람들만 구원을 받습니다."

예수님이 모든 사람을 위해 십자가에 달려 돌아가셨다고 해서 저절로 누구나 다 구원 받는가? 아니다. 만일 그렇다면 예수님을 배척하고 핍박한 사람도 다 구원 받게 되고, 기독교 신앙을 업신여기거나 하나님의 교회를 조롱하고 부인하는 나쁜 사람까지도 구원에 이른다는 말이 된다. 그렇게 된다면 세상은 더욱더 악해질 대로 악해질 것이고, 선도 의도 진리도 무의미해질 것이다. 하나님의 공의와 질서에도 절대 맞지 않는다. 그렇게 된다면 우리가 특별히 예수를 믿을 필요도 없고 심지어 복음을 전할 필요도 없다. 교회가 존재할 이유도 사라지게 된다.

모든 사람이 구원을 받는 것은 아니다. 오직 예수를 믿는 사람만 구원을 받는다고 성경은 말한다. **하나님께서 이루어 놓으신 구원을 내 것으로 얻을 수 있는 통로는 오직 믿음이다.** "*아들을 믿는 자에게는 영생이 있고 아들에게 순종하지 아니하는 자는 영생을 보지 못하고 도리어 하나님의 진노가 그 위에 머물러 있느니라 (요한복음 3장 36절).*" 누구나 다 영생을 얻는 것이 아니라 '아들을 믿는 자'가 영생을 얻는 은혜를 누린다.

그렇다면 20문의 답은 무엇이라고 말하는가? 20문의 답을 다시 보자. "참된 믿음으로 그리스도에게 연합되어 그 모든 은덕(恩德)을 받아들이는 사람들만 구원을 받습니다."

누가 구원을 얻는가? 우선 참된 믿음으로 그리스도에게 연합된 자이다. 그리스도와 연합된 자란 앞서 말한 대로 '그리스도에게 속한 자'를 말한다. 다시 말하면 '그리스도에게 붙어 있는 자' 혹은 '그리스도에게 접붙여진 자'를 의미한다.

'접붙여졌다'라는 말을 주목할 필요가 있다. 접붙이면 놀라운 일이 벌어진다. 고욤나무가 한 그루 있다. 이 작은 고욤나무에 감나무를 접붙이면 거기에서 크고 탐스러운 감이 열린다. 고욤나무 뿌리에서 올라오는 양분을 감나무가 자기의 것으로 받아들여서 전에는 상상할 수 없었던 탐스럽고 먹음직스러운 감이 열리는 것이다.

이처럼 '그리스도에게 연합되어'의 '연합되었다'는 단순히 함께 손을 잡는다는 의미가 아니라, **그리스도에게 '접붙여져서' 생명이 연결된 상태를 뜻한다.** 즉 그리스도와 생명이 연결되어 새로운 삶을 사는 것을 말한다. **그리스도와 접붙여져 그분의 생명이 내 안에 들어오니까 나는 완전히 새로운 삶을 살 수 있다.** 자연히 죄가 싫어지고, 죄를 이길 힘이 생기며 하나님의 뜻을 사모하게 되고, 하나님께 영광 돌리는 삶을 살게 된다. 내가 그리스도에게 접붙여졌다는 것은 영원하신 삼위일체 하나님과 연합하게 되는 것이고 영원한 생명에 연결되는 것이다.

그다음으로는 '그 모든 은덕을 받아들이는 사람들만 구원을 받는다'고 했다. 그 모든 은덕은 그리스도가 주시는 놀라운 은혜이다. 그리스도에게 접붙여지면 그리스도께서 주실 수 있는 모든 은혜를 받을 수 있다. 구원의 은혜를 비롯하여 죄사함과 의롭다 하심의 은혜, 영원한 생명과 거룩함과 영화롭게 됨의 은혜, 이 모든 은혜를 내게 주신다. 만일 내가 그 은혜를 거절하면 나는 구원과 상관없게 된다. 그러나 연합된 자, 접붙임을 받은 자는 당연히 그 은혜를 받아들인다. 그 모든 은덕을 믿음으로 감사함으로 내 것으로 적용하고 받아들일 때 구원이 내게 임한다. 20문의 답에서 중요한 것은 '**연합**'과 '**받아들임**'이다. 즉 **그리스도와의 연합과 그리스도가 주시는 모든 은혜를 받아들이는 것이다. 이것을 가능하게 하는 것이 참된 믿음이다.** 믿음이 있을 때 그렇게 할 수 있다. 바로 그때 구원이 임한다.

21문과 답

21문 참된 믿음이란 무엇입니까?

> **답 :** 참된 믿음은 하나님께서 그의 말씀에서 우리에게 계시하신 모든 것이 진리라고 여기는 확실한 지식이며, 동시에 성령께서 복음으로써 내 마음속에 일으키신 굳은 신뢰입니다. 곧 순전히 은혜로, 오직 그리스도의 공로 때문에 하나님께서 죄사함과 영원한 의로움과 구원을 다른 사람뿐 아니라 나에게도 주심을 믿는 것입니다.

참된 믿음이 있어야 구원을 받는다는데 과연 '참된 믿음이란 무엇인가?' 무엇이 참된 믿음인지를 아는 것이 무엇보다 중요하다. 평생 예수를 믿었는데도 잘못 믿어서 구원을 얻지 못한다면 그보다 비참하고 통탄스러운 일이 어디 있겠는가? 그렇다면 구원받는 믿음, 즉 참된 믿음이란 무엇인가?참된 믿음을 말하기 전에 우선 참된 믿음이 아닌 것, 즉 구원에 이르는 믿음이 아닌 것부터 살펴보자. 신자들 중에는 참된 믿음이 아닌 것을 참된 믿음으로 착각하고 평생을 잘못 믿는 사람들이 너무나 많기 때문이다.

지식적 믿음

역사적 믿음이라고도 한다. 왜냐하면 역사적 사실을 인정하는 데서 끝나기 때문이다. '나는 세종대왕이 역사적으로 생존했다는 것을 믿는다.' '나는 이순신 장군이 참으로 위대한 군인이었음을 믿는다'와 같다. 하나님이 행하신 수많은 사역을 역사적 사실로 인정은 하지만 거기서 그칠 뿐 구원을 갈망하거나 간절히 사모하지 않는다. 단지 지식으로서 알 뿐이다. 어떤 사실에 동의하는 선에 머무른다. 주변을 둘러보면 이런 사람들이 수도 없이 많다. 그들은 대개 이렇게 말한다. "나는 교회는 안 나가지만 하나님이 천지 만물을 창조했다는 사실을 믿는다." "나는 예수님이 좋은 말씀을 전해주신 분이라는 사실을 믿는다." "나는 교회는 안 다니지만 하나님의 살아계심을 인정한다." 그러면서 자신은 믿음을 가지고 있다고 착각한다.

그러나 성경을 보면 귀신들도 하나님을 알고 믿고 떤다고 했다(야고보서 2장 19절 참고). 어떤 지식과 진리에 대한 단순 동의는 결코 우리에게 구원을 주지 못한다. 그저 아는 것, 지식만으로는 구원과 연결될 수 없다. 교회에 다니는 신자 중에도 이런 사람들이 매우 많다. 그러나 이런 지식적 믿음으로서는 구원 받을 수 없다.

단지 지적으로 동의할 뿐 아니라 하나님이 행하신 여러 사실을 내 삶에 적용하고, 살아 계신 하나님을 신뢰하며 그분과 인격적인 만남을 갖고 사는 것. 이것이 중요하다.

현세적 믿음

하나님을 자신의 현실적인 문제를 해결해주는 분으로만 생각하고 믿는 믿음이다. 소위 기복 신앙이다. 물론 우리의 믿음 생활에는 기복적인 요소가 있을 수밖에 없다. 하나님은 우리의 문제를 해결해주고 아픔을 치유해주는 좋으신 분이다. 그러나 예수님을 믿는 이유가 그게 전부라면 분명 잘못된 신앙이다. 지나치게 그런 데 치우쳐 있는 것도 잘못된 신앙이다. 교회를 다니는 목적이 현실의 문제 해결뿐이라면 무당이나 점집을 찾는 것과 뭐가 다른가? 그런 사람들에게 하나님은 오직 복덕 방망이일 뿐이다.

우리는 교회에 나와서 자녀, 사업, 직장, 입시, 시험 등 인간 삶의 모든 문제를 위해서 기도한다. 당연히 그래야 한다. 그러나 그보다 더 중요한 것을 놓치면 안 된다. **하나님과의 진실된 인격적인 만남이다. 하나님의 뜻을 찾고 그 뜻에 순종하는 삶을 사는 것이다.** 가장 중요한 것은 죄와 죽음에서 벗어나 구원과 영원한 삶을 사는 것이다.

맹목적 믿음

석가모니든 공자든 알라든, 무엇이든 믿기만 하면 된다고 생각한다. 누구든 무엇이든 상관없이 진지하게, 독실하게, 진실하게 믿으면 그로 인해 구원 받는다고 생각한다. 교회에 나와서 예수를 믿는 것도 그 정도 차원에 불과할 뿐이다. 믿음의 대상이 중요한 것이 아니라 자기 믿음 자체가 중요하다. '지성이면 감천' 식의 믿음이라고 하겠다. 험한 세상을 살다 보면 종교 하나쯤은 갖고 있으면 좋다고 여기는 정도의 믿음이다. 교회 다니는 신자 중에도 이런 사람들이 있다.

하지만 이것은 매우 큰 착각이다. 믿음의 핵심은 내 믿음의 진지함이 아니라 믿음의 대상이 누구냐에 달려 있다. 내가 과연 믿을 만한 분을 믿고 있는가? 이것이 관건이다. 우리가 믿음을 갖는 이유는 구원을 받기 위함이다. 죄와 사망에서 나를 구원할 분이 누구인지를 우리는 찾고 있다. 십자가에서 우리의 영원한 죄를 짊어진 분이 예수님 말고 누가 있는가? 만일 그런 분이 있다면 그분을 믿어도 된다.

기적의 믿음

무슨 환상이나 기적 혹은 신비한 체험에 근거해서 믿음을 갖는 경우이다. 물론 어떤 기적이나 영적 체험은 우리 믿음에 도움을 줄 수 있다. 그러나 그것이 믿음 생활의 중심이 되거나 믿음의 전부가 되어서는 결코 안 된다. 또한 그것에 빠져서도 안 된다. 분명한 사실은 환상이나 기적, 신비한 체험을 했다고 해서 그 사람이 구원을 받는 것은 아니다. 그런 것에 근거한 믿음은 우리에게 구원을 줄 수 없다. **우리에게 구원을 주는 믿음은 하나님의 말씀에 근거한 믿음이다**. 하나님의 말씀에 근거하지 않는 신앙은 항상 위험천만하다.

"그날에 많은 사람이 나더러 이르되 주여 주여 우리가 주의 이름으로 선지자 노릇하며 **주의 이름으로 귀신을 쫓아내며** 주의 이름으로 많은 권능을 행하지 아니하였나이까 하리니 그때에 **내가 그들에게 밝히 말하되 내가 너희를 도무지 알지 못하니** 불법을 행하는 자들아 내게서 떠나가라 하리라 (마태복음 7장 22~23절)."

기적을 행한다고 구원 받는 것은 결코 아니다. 기적을 행하고 신비한 체험을 한다고 해도 올바른 믿음, 진정한 믿음이 있는지가 중요하다. 누구든지 말씀에 근거한 참다운 믿음을 가져야 구원에 이른다.

그렇다면 구원을 받는 믿음, 참된 믿음이란 무엇인가? 21문의 답을 다시 보자.

> 답 : 참된 믿음은 하나님께서 그의 말씀에서 우리에게 계시하신 모든 것이 진리라고 여기는 확실한 지식이며, 동시에 성령께서 복음으로써 내 마음속에 일으키신 굳은 신뢰입니다. 곧 순전히 은혜로, 오직 그리스도의 공로 때문에 하나님께서 죄사함과 영원한 의로움과 구원을 다른 사람뿐 아니라 나에게도 주심을 믿는 것입니다.

핵심 두 단어는 '**확실한 지식**'과 '**굳은 신뢰**'다. 이것이 바로 참된 믿음이다. **믿음은 지식이고 신뢰이다.** '확실한 지식'은 무엇에 대한 지식인가? 하나님께서 성경에서 우리에게 알려주신 모든 것을 진리라고 확실히 알고 받아들이고 믿는 것에 대한 지식이다. 중요한 것은 성경에서 알려주신 모든 것, 즉 성경 전체를 진리로 알고 받아들이는 믿음이다. '이 부분은 내가 이해할 수 있으니 진리이고, 저 부분은 내가 이해할 수 없으니 진리가 아니다'가 아니다. '이 말씀은 내 생활에 적용할 수 있으니까 진리이고, 저 말씀을 내 생활에 적용할 수 없으니까 진리가 아니다'가 아니다. 이것은 확실한 지식이 아니다. '하나님께서 성경에서 우리에게 계시하신 모든 것이 진리이다.' 이렇게 알고 확신하며 받아들이는 것이 참된 믿음이다. **성경 전체를 확실히 진리로 아는 지식', 이것이 믿음이다.**

　그런데 놓쳐서는 안 되는 것이 있다. 여기서 말하는 지식은 인격적인 관계에서 아는 지식이다. 단순히 건조하게 지적으로 아는 것을 의미하지 않는다. 성경에서 '안다'는 말은 단지 어떤 사실을 아는 데서 그치지 않는다. *"영생은 곧 유일하신 참 하나님과 그가 보내신 자 예수 그리스도를 아는 것이니이다*(요한복음 17장 3절)."

　여기서 예수 그리스도를 안다는 말은 인격적으로 아는 것이다. 일례로 A라는 사람이 있다고 하자. 내가 A에 관한 어떤 정보를 통해 알거나 혹은 누구에게 들어서 알거나 제3자로서 그를 객관적 사실로 알 수 있다. 그러나 내가 A와 사랑하고 결혼해서 한 집에 같이 살면서 그를 아는 것은 결혼하기 전의 상황과는 전혀 다르다. 우리가 성경을 아는 것은 바로 후자를 의미한다. 성경에서 안다는 말은 경험해서 인격적인 관계 속에서 아는 것이다. 그러니까 여기서 말하는 지식은 **하나님과 인격적인 관계 속에서 하나님을 신뢰하는 가운데 성경을 아는 지식이다.**

　그래서 **하나님을 신뢰하는 것과 성경을 아는 지식은 따로 분리해서 생각할 수 없다.** 항상 동시적이다. 같이 간다. 동전의 양면과 같다. 하나님을 신뢰해야 성경을 안다. 그리고 성경을 알게 될 때 하나님을 신뢰하게 된다.

　그래서 *21문* 답은 이렇게 말한다. *"동시에 성령께서 복음으로써*

내 마음속에 일으키신 굳은 신뢰입니다." 동시에 굳은 신뢰라고 말한다. 그러므로 **참된 믿음이란? 성경에 대한 확실한 지식과 동시에 하나님께 대한 굳은 신뢰라고 할 수 있다.** 굳은 신뢰는 성령께서 복음을 통해서 우리에게 주신 신뢰이다.

그리고 참된 믿음을 다시 설명한다. *"곧 순전히 은혜로, 오직 그리스도의 공로 때문에 하나님께서 죄 사함과 영원한 의로움과 구원을 다른 사람뿐 아니라 나에게도 주심을 믿는 것입니다."* 하나님의 은혜로, 그리스도의 십자가의 공로로, 죄사함과 구원을 나와 더불어 모든 사람에게 주심을 믿는 것, 이것이 바로 참된 믿음이다.

참된 믿음이란 무엇인가?

1. **그리스도와 연합되는 것이다. 연합되는 것은 그리스도와 접붙여지는 것을 말한다.** 포도나무에 가지가 접붙여지는 것이다. 그리스도와 접붙여지면 그리스도의 생명이 내 안에 들어오고 나는 영원한 생명에 연결된다.

2. **그리스도가 주시는 모든 은혜를 받아들이고 내 삶에 적용하는 것이다.** 그리스도가 주시는 은혜가 아무리 놀랍고 커도 내가 받지 않으면 아무 소용이 없다. 하나님이 주시는 모든 은혜를 받아들이고 감사하고 감격하는 것이 믿음이다.

3. **성경 전체가 진리인 것을 받아들이고 확실히 알고 믿는 것이다.** 그 지식은 하나님과의 인격적 만남과 신뢰 속에서 아는 지식이다.

4. **하나님께 대한 굳건한 신뢰다.** 이것은 성령께서 복음을 통해서 우리에게 주신다.

5. **나의 전 존재를 삼위일체 하나님께 맡기고 의지하는 것이다.** 믿음이라는 헬라어 '피스티스'는 '어떤 것에 자기를 내어주고 맡기고 의지한다'는 뜻이 있다.

6. **믿음은 내가 경험하는 것이다.** 성경 66권을 다 외워도 지옥에 갈 수 있다. 예수 그리스도께서 달리신 십자가는 나를 위한 십자가라고 고백하고 내 삶 속에 적용할 때 비로소 구원이 일어난다.

지금까지 참된 믿음, 구원에 이르는 믿음에 대해서 같이 문답을 나누었다. 잘못된 믿음은 어떤 믿음이고, 참된 믿음은 어떤 믿음인지 깨달아 올바른 믿음 생활을 영위하여 구원받고, 이 땅에서, 하나님의 나라에서 행복한 삶과 영생 복락을 모두 누리기를 바란다.

믿음의 토대를 굳게 세우는 질문

1. 참된 믿음의 사람은 그리스도와 연합된 자라고 했습니다. 즉 그리스도에게 속한 자, 그리스도에게 붙어 있는 자, 그리스도에게 접붙여진 자를 의미합니다. 포도나무에 가지가 붙어 있는 것을 말합니다. 우리가 주님께 붙어 있을 때 어떤 일이 벌어지는지 말해봅시다.

2. 잘못된 믿음 4가지를 말했습니다. 아는 대로 설명해봅시다. 마지막에는 참된 믿음이 무엇인지 6가지를 말했습니다. 그것도 다시 살펴봅시다.

사도신경에 관하여

제10장

믿음의 기준이 되는 사도신경(使徒信經)

예수 그리스도가 이루신 구원을 우리가 누리려면 참된 믿음을 가져야 한다. 그렇다면 참된 믿음, 구원에 이르는 믿음이란 무엇인가? '믿음은 그리스도와의 연합이다. 믿음은 성경 말씀 전체를 알고 받아들이는 것이다. 굳건한 신뢰다. 맡기는 것이다. 경험하는 것이다.' 이상이 앞서 20문 21문에서 다루었던 내용이다.

이제 22문과 23문에서는 우리가 믿는 믿음의 내용은 무엇인지, 즉 믿음의 대상이 무엇인지를 살펴보겠다. 다시 말하면 우리가 무엇을 믿을 것인가에 대한 내용이다.

22문과 23문을 함께 보자.

22문 그러면 그리스도인은 무엇을 믿어야 합니까?

> **답 :** 복음에 약속된 모든 것을 믿어야 합니다. 이 복음은 보편적이고 의심할 여지 없는 우리의 기독교 신앙의 조항들인 사도신경이 요약하여 가르쳐줍니다.

답 : I . 1. 전능하신 성부 하나님, 천지의 창조주를 나는 믿사오며

Ⅱ. 2. 그의 독생자 우리 주 예수 그리스도를 또한 믿사오니

3. 그분은 성령으로 잉태되사, 동정녀 마리아에게서 나셨으며,

4. 본디오 빌라도 아래서 고난을 받으사, 십자가에 못박히시고 죽으시고 장사되셨고, 음부에 내려가셨으며,

5. 사흘날에 죽은 자들 가운데서 부활하셨고,

6. 하늘에 오르셨고, 전능하신 성부 하나님 우편에 앉아 계시며,

7. 거기로부터 살아 있는 자들과 죽은 자들을 심판하러 오실 것입니다.

Ⅲ. 8. 성령을 나는 믿사오며,

9. 거룩한 보편적 교회와 성도의 교제와

10. 죄사함과

11. 육신의 부활과

12. 영원한 생명을 믿사옵나이다. 아멘.

22문의 물음은 이렇다. "그렇다면 신자는 무엇을 믿어야 합니까?" 그에 대한 답은 "복음에 약속된 모든 것을 믿어야 합니다"이다. '복음에 약속된 모든 것'이란 '성경에 약속된 모든 것'을 말한다. 그러므로 성경에 약속된 모든 것을 믿어야 한다는 뜻이다.

성경은 한마디로 복음이다. 성경의 전체 주제가 복음이다. 성경은 복음 즉 구원의 기쁜 소식을 전하기 위해 존재한다. 성경은 철학이나 교훈, 사상이나 이념을 위한 책이 아니다. 성경은 복음의 핵심 인물인 한 분에 관한 이야기이다. 신약도 구약도 단 한 분에 대한 이야기이다. 그분이 바로 예수 그리스도시다. 그래서 성경을 수없이 읽었는

데도 예수 그리스도를 발견하지 못한다면 성경을 헛읽은 것이다. 예수님은 말씀하신다. "너희가 성경에서 영생을 얻는 줄 생각하고 성경을 연구하거니와 이 성경이 곧 **내게 대하여 증언하는 것**이니라(요한복음 5장 39절)."

구약을 읽든지 신약을 읽든지 항상 그리스도 중심으로 읽어야 한다. 일례로 하나님께서 뱀을 저주하신 말씀이 있다. "내가 너로 여자와 원수가 되게 하고 **네 후손도 여자의 후손과 원수가 되게 하리니** 여자의 후손은 네 머리를 상하게 할 것이요 너는 그의 발꿈치를 상하게 할 것이니라 하시고(창세기 3장 15절)."

여기서 여자의 후손은 누구이고 뱀의 후손은 누구인가? 여자의 후손은 분명 그리스도를 말하는 것이고 뱀의 후손은 사탄 마귀를 가리킨다. 즉 예수 그리스도께서 십자가를 짊어지심으로 사탄 마귀의 권세를 깨고 인류를 죄악에서 구원하실 사건을 미리 말씀하신 것이다. 성경을 읽을 때 이를 읽지 못하면 성경을 바로 읽은 것이 아니다.

구약에 나오는 모든 제사 제도 또한 예수님의 십자가와 죄사함의 사건을 예표하고 있다. 그러니까 우리에게는 재미없고 답답하고 지루해도, 사실은 우리를 향하신 죄의 용서와 복음의 시각에서 본다면 나름 큰 감동과 은혜를 주는 말씀이다. 예언서도 마찬가지이다. 이사야서를 비롯한 모든 예언서가 앞으로 오실 구원자 메시아를 지향하고 있고, 그런 관점으로 본다면 예언서의 진정한 의미를 알 수 있다. 이처럼 **구약에서 신약까지 성경 전체는 복음서라고 할 수 있고 그 중심은 예수 그리스도라고 하겠다.**

이렇게 **성경 전체가 말하는 복음의 내용과 구원의 진리를 요약한**

것이 바로 사도신경이다. 그러므로 우리가 믿어야 할 믿음의 내용은 사도신경이다. 우리는 사도신경만 믿으면 된다. 사도신경만 믿으면 성경 전체를 다 믿는 것이다. 우리에게 복음의 내용이 요약된 사도신경이 있다는 사실이 얼마나 감사한가! 사도신경을 전해준 믿음의 선조들에게 참으로 감사드려야 한다. 사도신경에는 믿음의 약도가 모두 그려져 있다. 그 약도를 따라만 가면 우리는 영광의 구원에 이른다.

사도신경(使徒信經 The Apostle's Creed)이란 무엇인가?

사도신경의 의미

사도(使徒)란 무엇이고 신경(信經)이란 무슨 뜻인가? 사도는 예수님을 직접 본 제자를 말한다. 즉 예수님의 열두 제자를 가리킨다. 바울도 사도이지만 열두 제자에는 속하지 않는다.

'신경(Creed)'이란 '믿음을 정리해서 기록한 문서'라고 할 수 있다. 다른 말로는 신조(信條)인데 우리가 믿는 내용'이라는 뜻이다. 그러므로 사도신경이란 사도들의 신조, 혹은 사도들이 전해준 신앙고백이다.

사도신경의 유래

사도들이 만들어서 전해주었다, 초대교회에서 만들었다 등 여러 설이 있지만 간단히 단정하기는 어렵다. 사도신경도 여러 가지 역사적 과정을 겪었다. 종교개혁자 마르틴 루터는 특정인이 사도신경을 작성한 것이 아니라, 마치 꿀벌들이 갖가지 꽃들로부터 꿀을 모아 오듯이 사도들의 성경적 가르침이 전해져 오면서 오묘하게 요약된 역사적 산물이라고 했다.

사도신경의 유래를 이렇게 정리해보자. **우선 예수님의 12사도들이 성경의 핵심 내용을 초대교회에 입에서 입으로 전해주었고, 그것을 초대교회가 주후 100년경에 신앙고백의 형태로 정리해 세례 문답에 사용했다. 이후 다른 세대에게 전해지고, 이것이 수백 년의 세월을 거치며 여러 이단들에 대처하면서 걸러지고 정제되고 보완되어, 8세기경에 오늘날 사도신경의 형태로 만들어져 공식적으로 사용되었다.**

사도신경의 활용 역사

사도신경은 기독교 역사에서 모든 신조와 신앙고백의 주춧돌 역할을 해왔다. 루터는 1529년 세례문답 교재 즉 대소요리문답를 작성할 때 기초자료로 사도신경을 사용했다. 요한 칼빈은 사도신경을 중심으로 기독교 강요의 구조를 작성하고 그의 신학적 사고의 기본 틀로 사용했다.

오늘날의 모든 조직신학 역시 이 사도신경을 기반으로 모든 신학적 주제를 해석하여 현대 신앙인들에게 올바른 기독교 신앙을 전해주려는 작업이라고 하겠다. 그리고 모든 교회의 예배에서 이 사도신경을 고백함으로써 믿음의 내용을 확고히 하고 신앙의 중심이 빗나가거나 왜곡되지 않도록 하고 있다. 사도신경이 교회의 중심을 잡아주고 있는 셈이다.

사도신경의 권위

사도신경은 다음과 같은 점에서 그 중요성과 권위가 다른 신앙고백들보다 월등하다.

① 내용 거의 전부가 성경 자체의 언어를 그대로 사용한다.

② 만들어진 시기가 가장 오래되었다. 사도신경은 12사도들과 그들의 제자들, 이후 교회에 의해 전해져 오늘에까지 이르게 되었다.

③ 다른 여러 신조들의 모체이다. 다른 신조들은 사도신경을 토대로 이단들의 왜곡된 교리와 거짓 주장들을 반박하기 위해서 작성되었으며, 사도신경의 의미를 더욱 명료하고 충실하게 해명한다(니케아 신조, 아타나시우스 신조, 에베소 신조, 칼케톤 신조 등).

사도신경 등 요약된 신앙고백이 작성된 이유

① 장년을 비롯한 젊은이들까지 모든 성도가 기독교 신앙의 주요 핵심을 잘 기억하도록 하기 위함이다.

② 모든 신자가 신앙고백의 요약을 수시로 접하게 함으로써 그들의 믿음을 강화하여 어떤 박해에도 능히 대적하기 위함이다.

③ 신자들의 신앙을 왜곡하는 이단과 불신자들과는 이런 점에서 명확히 다르다는 사실을 알게 하기 위함이다.

④ 짧고 간결하게 모든 사람이 이해할 수 있는 영구한 신앙 규범을 마련하여 어떤 성경 해석과 신학적 내용도 올바르게 판단할 수 있어서, 받아들일 것과 배척할 것을 구분하기 위함이다.

⑤ 믿음의 후세들에게 요약된 신앙의 내용을 전수하고 보전하기 위함이다.

사도신경의 기능

① 교회 성도들이 신앙의 기초를 세우고 뿌리를 내리는 데 매우 유익하다. 사도신경만 잘 공부해도 믿음을 굳건히 세워나갈 수 있다. 사도신경은 간결하면서도 꼭 알아야 하는 기본 내용을 모두 포함한다. 특히 믿음이 약한 자들과 초신자들에게 큰 도움이 된다.

사도신경의 내용을 보면 모든 문장의 주어는 '나'이고 동사는 '믿는다'이다. 우리 말에는 명확히 나타나지 않지만 영어 사도신경을 보면 'I believe in'으로 분명하게 드러난다. 이처럼 사도신경은 나의 신앙고백이다.

② 여러 이단과 사이비 교리에 대처하는 데 결정적인 도움이 된다. 이단과 사이비를 분별하는 표준이 바로 사도신경이다. 사도신경에 비추어 보면 이단의 가르침이 잘못되었음을 쉽게 판별할 수 있다. 사도신경을 하나라도 가감하면 이단일 가능성이 크다고 하겠다.

③ 초대교회 때부터 세례자 교육용으로 사용되어 왔다. 세례를 받을 자들에게 믿음의 핵심 내용으로 사도신경을 가르치고, 사도신경을 자신의 믿음으로 고백하는 사람만 세례를 받을 수 있었다. 사도신경을 고백하지 않는 사람은 믿음의 사람이라고 할 수 없기 때문이다.

④ 후손에게 물려주어야 할 기독교 신앙의 가장 중요한 유산이다. 오늘날 우리는 믿음의 선조들로부터 사도신경을 물려받아 믿음 생활의 편리와 놀라운 축복을 누리고 있다. 주기도문, 십계명과 더불어서 사도신경은 기독교인들이 알고 있어야 할 가장 중요한 신앙생활의 가르침이다. 사도신경은 신앙의 핵심이다. 주기도문은 기도의 핵심이다. 십계명은 윤리의 핵심이다. 우리도 이 세 가지를 믿음의 가장 중요한 유산으로 자녀들에게 가르치고 후손들에게 물려주어야 한다.

⑤ 교회가 하나 됨을 강조하고 고백하게 된다. 사도신경은 교회 공동체의 신앙 일체성을 보존하기 위한 공동 고백이다. 모든 교우가 공예배 때마다 같은 내용의 신앙을 똑같이 입으로 고백하면서 모두가 하나임을 선포한다.

사도신경을 생활 속에서 활용하기

누군가는 주기도문이 교회에서 가장 핍박 받는다고 했다. 그런 의미에서 사도신경도 마찬가지라고 하겠다. 아무런 감동 없이, 별다른 깨우침 없이, 예배 때마다 주문을 외듯 무의식적으로 반복하기 때문이다.

사도신경을 활용해 믿음 생활에 힘을 얻는 2가지 방법을 제시한다.

① **내가 암송하는 사도신경의 내용을 하나 하나 되새기면서 현재 나의 생활의 모든 아픔과 어려움, 갈등을 극복한다.** 일례로 "전능하사 천지를 만드신 하나님 아버지를 내가 믿사오며"이 내용을 떠올리면서 '나는 지금 전능하신 하나님, 천지를 만드신 하나님을 믿고 있다고 고백하고 있지 않은가? 내가 이 문제를 갖고 떨 것이 무엇이며 불안할 것이 무엇인가? 하나님은 천지를 만드신 나의 아버지이신데, 그 아버지가 그분 뜻대로 모든 것을 알아서 해결해 주실 텐데… 두려워하지 말고 너무 걱정하지 말고, 담대하게 전능하신 하나님께 모든 것을 전적으로 맡기자.' 그러면서 편안한 마음으로 기도하는 것이다.

어떤 문제나 어려움에 맞닥뜨리면 사도신경을 처음부터 마지막까지 암송하면서 그 문제에 대응할 수 있는 적절한 내용을 떠올리고, 그 내용을 가지고 여러 난관을 헤쳐나가는 것이다. **죽음을 앞두고 있**

다면 맨 마지막에 "몸이 다시 사는 것과 영원히 사는 것을 믿사옵나이다." 이 부분을 계속 외치면서 죽음의 두려움을 이겨내면 된다. 이 부분을 암송하면서 임종을 맞을 수도 있다. 인생의 어떤 문제이든 사도신경에서 그 답을 찾아보면 명확한 해결책이 나온다. 이는 신자만이 누릴 수 있는 엄청난 복이다. 사도신경을 주신 하나님의 놀라운 은혜와 축복이다.

② **무슨 일을 선택하고 결정할 때 사도신경을 믿음의 표준으로 삼는다.** 가족이나 직장 동료 혹은 친구들과의 관계에서 불의한 일을 제안 받았을 때 이 일이 과연 천지를 창조하신 하나님을 믿는 사람이 할 일인지, 성령님을 마음 속에 모신 자가 해도 될 일인지 생각해 보라. 그리고 사도신경의 기준에 어긋나면 하지 말아야 한다.

사도신경은 집 지을 때 사용하는 다림줄과 같다. 다림줄을 사용하면 집이 바로 세워졌는지 기울었는지 금방 점검할 수 있다. 나의 인생, 나의 믿음 생활이 정말 올바른 길로 향하는지 사도신경을 통해서 수시로 살펴볼 수 있다. 사도신경을 무작정 외우지만 말고 이렇게 믿음 생활에 적용하고 활용하면 놀라운 유익을 얻을 것이다.

우리 믿음의 대상, 믿음의 내용인 사도신경에 대해 살펴보았다. 이제는 사도신경을 가볍게 지나치지 말라. 사도신경의 중요성을 새롭게 인식하고, 그 의미를 늘 생각하고 묵상하면서 사도신경을 통해 주시는 하나님의 놀라운 은혜와 복을 누리기를 바란다.

믿음의 토대를 굳게 세우는 질문

1. 사도신경의 의미, 유래, 기능 등을 아는 대로 말해봅시다.

2. 사도신경을 일상생활에서 어떻게 활용해야 합니까?

제11장

우리가 믿는 삼위일체 하나님

사도신경은 우리가 무엇을 믿어야 하는지, 그 믿음의 내용을 말해준다. 우리가 쉽게 예수를 믿는 방법이 있다. 사도신경만 굳게 믿으면 된다. 사도신경은 교회가 오랜 역사를 거치면서 만들어 놓은 가장 완전한 신앙고백이며, 신앙의 가장 중요한 핵심 내용이 다 들어 있기 때문이다. 그러니 그저 형식적으로 암송하지 말고 내용 한 부분 한 부분을 그대로 믿어야 한다. 그러면 그 믿음이 우리 인생을 바꾸고, 우리 마음에 평안과 기쁨과 삶의 능력을 가져다줄 것이다.

사도신경의 12개 조항을 하나하나 마음판에 새기고 그대로 믿으면 된다. 대부분의 신자는 사도신경을 잘 암송한다. 그러나 백 번 천 번을 암송해도 그 말씀을 하나하나 믿지 않으면 아무 소용이 없다. 우리의 주 성령 하나님께서 믿을 수 있는 신실한 마음을 주시길 바란다. 이제부터 사도신경에 대한 해설을 이어갈 것이다. 24문의 문과 답을 살펴보자.

> 답 : 세 부분으로 나누어집니다.
>   첫째, 성부 하나님과 우리의 창조,
>   둘째, 성자 하나님과 우리의 구속,
>   셋째, 성령 하나님과 우리의 성화에 관한 것입니다.

사도신경은 12개의 조항으로 구성되어 있다. 그래서인지 예수님의 열두 제자가 한 항목씩 고백했다고 주장하는 사람도 있지만 근거는 희박하다. 사도신경은 크게 3부분으로 나눌 수 있는데 1조항은 성부 하나님께 대한 고백, 2~7조항은 성자 예수님께 대한 고백, 8~12조항은 성령 하나님께 대한 고백으로 되어 있다.

24물음의 답은 이렇게 말한다. "*첫째, 성부 하나님과 우리의 창조, 둘째, 성자 하나님과 우리의 구속, 셋째, 성령 하나님과 우리의 성화에 관한 것입니다.*" 말하자면 사도신경은 성부, 성자, 성령, 삼위일체 하나님에 대한 우리의 고백이다. 이 장에서는 우리에게는 좀 생소할지도 모르는 삼위일체 하나님께 대하여 말씀을 다루도록 하겠다.

삼위일체 하나님이 행하신 일

삼위일체 하나님을 논리적, 이성적으로 정확하게 설명하기는 참으로 어렵다. 어쩌면 불가능한 일이다. 그러나 그분이 행하신 일을 살펴보면 삼위일체 하나님을 좀더 쉽게 알고 고백할 수 있고 어느 정도는 이해도 할 수 있다. 설명하기는 어렵지만 무엇인지 깨달을 수는 있다.

24문의 질문과 답을 다시 보자. *"이 조항들은 어떻게 나누어집니까?" "세 부분으로 나누어집니다. 첫째, 성부 하나님과 우리의 창조, 둘째, 성자 하나님과 우리의 구속, 셋째, 성령 하나님과 우리의 성화에 관한 것입니다."*

원래 사도신경은 세례식과 깊은 관련이 있다. 세례 받을 사람이 삼위일체 하나님의 인격과 사역을 인정하고 고백해야 세례를 받을 수 있었다. 무엇을 고백하고 믿는가? 3가지다. 첫째는 성부 하나님께서 천지 만물을 창조하시고 우리 사람을 만드셨다는 사실을 믿고 고백하는 것이다. 둘째는 성자 하나님께서 우리를 구원하시기 위해서 동정녀 마리아에게서 태어나시고 십자가에서 죽으시고 부활하시고 승천하신 것을 믿고 고백하는 것이다. 셋째는 성령 하나님께서 우리를 거룩하게 하시고 온전케 하심을 믿고 고백하는 것이다.

여기서 삼위일체 하나님의 사역을 알 수 있다. 성부 하나님은 창조의 사역을 이루어가신다. 성자 하나님은 구원의 사역을 이루어가시고, 성령 하나님은 성화의 사역을 이루어가신다.

이러한 하나님의 사역은 우리의 삶과 밀접한 관련이 있다. 삼위일체는 결코 추상적인 이론이 아니라 우리의 현실에 대한 엄연한 사실이다. 우리는 성부 하나님께서 창조하셨기에 지금 이 땅에 존재한다. 그리고 성자 하나님께서 구원하셨기에 죄에서 용서받고 사망에서 건짐받았다. 또한 성령 하나님께서 우리를 거룩하게 하시고 온전케 하셔서 하나님의 큰 은혜를 누리며 살고 있다. 이처럼 우리는 성부 성자 성령의 삼위일체 하나님의 은혜로 오늘을 사는 것이다.

중요한 것은 이 삼위일체 하나님의 사역이 공동사역이라는 점이다. 성부 하나님이 창조를 하셨지만 성부 하나님만 하신 일은 아니다. 물론 성부께서 주도적으로 하셨지만 다른 두 분도 함께하셨다. 구원도 성화도 마찬가지다. 주도적으로 하신 분이 계시지만 삼위 하나님은 언제나 함께 일체로서 일하신다. 세 분의 사역은 구별되지만 세 분은 언제나 하나 되셔서 함께 일하신다.

일례로 창조 사역을 살펴보자. 성자 하나님은 창세 전에 계셔서 하나님과 함께 창조하신다. "만물이 그로 말미암아 지은 바 되었으니 지은 것이 하나도 그가 없이는 된 것이 없느니라 (요한복음 1장 3절)." 여기서 그는 성자 하나님을 가리킨다.

"땅이 혼돈하고 공허하며 흑암이 깊음 위에 있고 하나님의 영은 수면 위에 운행하시니라 (창세기 1장 2절)." 하나님의 영 성령 하나님이 창조의 일에 동참하신 것을 말씀한다. 한 분이 주도적으로 일하시지만 다른 두 분도 그 자리에 함께 일하심을 알려준다.

성경에 나타난 삼위일체

삼위일체라는 말은 성경에 없다고 했다. 그런데 우리는 왜 삼위일체라는 말을 사용하는가? 하나님이 우리의 구원을 위해 하신 일들을 성경에서 살펴보면 우리가 믿는 하나님을 삼위일체로 설명해야 인간의 언어로 하나님을 가장 잘 이해할 수 있는 방법이 되기 때문이다. 그러니까 삼위일체는 신학자나 철학자들의 사고의 산물이 아니라 성경에서 계시된 사실이다.

25문 "오직 한 분 하나님만 계시는데 당신은 왜 삼위, 곧 성부 성자 성령을 말합니까?"

답 : "왜냐하면 하나님께서 자신을 그의 말씀에서 그렇게 계시하셨기 때문입니다. 곧 이 구별된 삼위는 한 분이시오 참되고 영원하신 하나님이십니다."

왜 삼위를 말하는지 묻고, 하나님이 성경에 그렇게 계시하셨기 때문이라고 답한다. 성경에 보면 하나님을 삼위일체 하나님으로 이해할 수밖에 없는 구절들이 수도 없이 나온다. 몇 가지를 살펴보자.

① 창세기에는 사람을 창조하신 하나님에 대하여 이렇게 말씀한다. *"하나님이 이르시되 우리의 형상을 따라 우리의 모양대로 우리가 사람을 만들고…(창세기 1장 26절)."* 여기서 하나님은 한 분이신데 우리라는 복수를 사용하고 있다. 그래서 이 '우리'는 삼위일체 하나님을 가리킨다고 해석한다.

② 성부 하나님은 성자 예수님을 이 땅에 보내실 때 성령의 능력으로 잉태되어 태어나게 하셨다. 그러므로 예수님의 탄생은 성부 성자 성령의 사역이다.

③ 예수님이 세례 받으실 때 성부 성자 성령 삼위 하나님이 동시

에 나타나셨다.

"예수께서 세례를 받으시고 곧 물에서 올라오실새 하늘이 열리고 하나님의 성령이 비둘기같이 내려 자기 위에 임하심을 보시더니 하늘로부터 소리가 있어 말씀하시되 이는 내 사랑하는 아들이요 내 기뻐하는 자라 하시니라(마태복음 3장 16~17절)."

④ 예수님이 승천하실 때 하신 말씀에 삼위일체 하나님이 뚜렷하게 나타난다. "그러므로 너희는 가서 모든 민족을 제자로 삼아 아버지와 아들과 성령의 이름으로 세례를 베풀고(마태복음 28장 19절)." 성부 성자 성령 세 인격 즉 복수인데 이름으로 세례를 베풀라 할 때의 '이름'은 단수다. 영어 성경을 확인하면 알 수 있다. "in the name of the Father and of the Son and of the Holy Spirit."

삼위일체의 의미

우리는 삼위일체(三位一體)라는 말을 자주 접한다. 그런데 삼위일체란 도대체 무엇인가? 글자 그대로 삼위가 있으면서 한 몸이라는 말이지만 의미는 그렇게 간단하지 않다. 이 말은 하나님께서 3위, 즉 세 분으로 계시는데 그분은 한 분이라는 뜻이다. 하나님은 세 분이신데 한 분 하나님이시라니, 도대체 이해가 안 되고 이치에도 맞지 않는다.

삼위일체라는 단어는 성경에 나오지 않는다. 그러나 성경에 나오는 하나님을 가장 잘 설명할 수 있는 말이다. 삼위일체라는 말을 가장 처음 사용한 사람은 초대 기독교회의 교부이며 신학자였던 터툴

리안(A.D 155~240)이라고 한다.

기독교의 하나님은 성부 성자 성령, 삼위(3Persons, 세 위격, 세 인격, 세 신격, 세 분)**로 존재하지만 본질**(essence)**은 한 분 하나님이시라는 고백이 삼위일체 교리이다.** 즉 하나님은 삼위로 존재하시지만 본질은 하나이시다. 다음은 삼위일체가 가장 명확하게 드러난 성경 구절이다. *"주 예수 그리스도의 은혜와 하나님의 사랑과 성령의 교통하심이 너희 무리와 함께 있을지어다(고린도후서 13장 13절)."*

케빈 드영(Kevin De Young)은 삼위일체 하나님을 이렇게 설명했다. **"하나님은 한 분이시다. 아버지 하나님은 하나님이시다. 아들 예수님은 하나님이시다. 성령님은 하나님이시다. 아버지는 아들이 아니고, 아들은 성령이 아니며, 성령은 아버지가 아니다."**

즉 성부 성자 성령 모두 완전한 하나님이시다. 그래서 한 하나님이시다. 그러나 동시에 성부 성자 성령은 각각 다르다. 그래서 셋으로 존재한다. 이를 그림으로 그리면 이렇다.

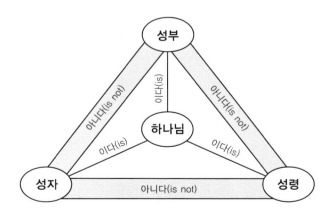

하나님은 세 인격을 가지고 계시지만 한 하나님이시다. 성부 성자 성령 삼위는 각각 독립적이며 동등하여 우열을 가릴 수 없다. 또한 서로 교통과 연합 속에서 하나를 이루신다.

정리하면 이렇다. ① **하나님은 영원히 서로 구별되고 독립적인 성부 성자 성령, 세 분(삼위)으로 존재하신다. ② 성부 성자 성령 세 분은 각각 완전하신 하나님이시다. 그래서 성부 하나님, 성자 하나님, 성령 하나님이 되신다. ③ 성부 성자 성령 세 분은 각각 하나님으로서 신적 본체가 동일하시다. 그래서 한 하나님이시다. ④ 성부 성자 성령은 서로 종속되지 않고 완전히 동등하다.**

성부 하나님, 성자 하나님, 성령 하나님은 세 분인 동시에 한 하나님, 한 분이시라는 말이다. 셋이면서 하나, 참으로 이해하기 어려운 교리이다. 한마디로 하나님의 신비이다. 그래서 교회에서 이것을 논리적으로 설명하거나 가르치지 않았다. 이는 믿음의 영역이지 이해의 영역이 아니기 때문이다. 마치 예수님이 사람인 동시에 하나님이시라는 사실과 같다.

잘못된 삼위일체

사람들은 삼위일체를 이해하고 설명하기 위해 자연현상을 사용하거나 어떤 비유를 들기도 했다. 그러나 이런 시도들은 모두 부질없는 일이다. 하나님은 우리 눈에 보이는 자연 세계나 비유로도 완전히 설명할 수 없는 분이시기 때문이다. 그래서 하나님이시다. 자연현상이

나 어떤 비유를 가지고 삼위일체를 설명하다가는 자칫 이단에 빠지기 쉽다.

　신자도 알게 모르게 삼위일체 하나님을 오해할 때가 많다. 교회에서도 이를 대수롭지 않게 여기며 잘못 가르치기도 한다. 그러나 틀린 가르침은 반드시 짚고 넘어가야 한다.

　① 어떤 사람은 성부 성자 성령 삼위일체 하나님을 물에 비유해서 설명한다. 물은 얼면 얼음이 되고 얼음은 녹으면 다시 물이 되며 물을 끓이면 수증기가 된다. 물이 고체, 액체, 기체로 바뀌듯 하나님도 성부 성자 성령으로 나타난다고 한다. 그러나 이 주장의 문제점은 셋 다 물의 본질 원소($H2O$)로 동일하며 단지 형태만 바뀐 것이다. 서로 다른 독립된 인격인 성부 성자 성령을 설명하지 못한다.

　② 어떤 사람은 사람의 역할에 비유한다. 한 남자가 가정에서는 아버지, 회사에서는 직원, 아내에게는 남편의 역할을 하듯이 하나님이 각각 세 가지 역할을 하신다고 설명한다. 그러나 이 비유는 앞에서 말한 물의 비유와 비슷한 문제점을 가진다.

　④ 어떤 사람은 나무의 비유를 언급한다. 나무에 뿌리가 있고 줄기가 있고 열매가 있듯 성부 하나님은 뿌리이고 성자 하나님은 줄기이며 성령 하나님은 열매라고 한다. 그리고 이 모두는 한 그루 나무이다.

　⑤ 가장 많이 사용하는 비유로 태양이 있다. 태양 본체가 있고 열이 있고 빛이 있듯이 성부 하나님 본체가 있고, 빛은 성자, 열은 성령이라고 설명한다.

삼위일체가 어려우니까 조금이라도 쉽게 이해해보고자 이처럼 다양한 비유를 들어 설명하는 것이다.

그러나 이들 대부분은 양태론이다. 신자들이 삼위일체 하나님에 대해 가장 많이 범하는 잘못된 가르침으로, 형태 즉 외형만 바뀐 것을 말한다. 양태론은 한 분 하나님이 세 가지 양태로 나타났다고 설명하는 주장이다. 양태론은 기독교의 이단이며 정확한 삼위일체가 아니다. 삼위가 있는 것 같지만 사실은 아니다. 일체만 있다고 하겠다.

이처럼 인간 세계에 존재하는 그 어떤 것을 가지고 삼위일체를 설명해도 다 틀렸다. 무슨 말인가? 인간의 언어와 인간의 비유로는 하나님을 설명할 수 없다는 뜻이다. 하나님은 우리와는 차원이 다른 분이시다. 인간의 비유나 설명으로 설명되는 분이 아니시다. 그래서 논리적으로 명확하지 않아서 좀 답답해도 그냥 믿고 받아들여야 한다. 억지로 설명하려 할 필요가 없다. 억지로 설명하려 하다가는 자칫 이단이 된다.

삼위일체에 대한 신자의 태도

이 세상에 있는 우상이나 다른 신들은 사람이 만들었기 때문에 사람이 설명할 수 있다. 그러나 우리가 믿는 하나님은 진정한 하나님이시기 때문에 우리의 생각을 뛰어넘으신다. 그래서 우리는 정확히 다 알 수 없다. 하나님이 알려주시면 알 수 있고 알려주시는 만큼만 알 수 있다. 그래서 어거스틴은 이렇게 말했다. "대양의 물을 숟가락으로 퍼내는 것이 삼위일체 교리에 대해서 다 아는 것보다 쉽다."

"하나님은 세 분이시지만 동시에 한 분이시다." 간단하지만 어려운 명제이다. 인간의 머리로 합리적인 시도를 하려다가는 끝없는 혼란 속에 빠진다. 그래서 루터는 심지어 삼위일체를 너무 깊이 연구하면 목이 부러진다고 했다. 그러나 평범한 교인들은 말씀에 나타난 삼위일체 하나님을 말씀대로 굳게 믿고 그것으로 인해서 큰 은혜를 누리며 산다. **삼위일체는 이해의 문제가 아니라 신뢰의 문제이다. 분석의 일이 아니라 경배의 일이다. 하나님은 우리가 다 모르지만 신뢰할 수 있는 부분이 훨씬 더 많아서 그저 믿고 신뢰하며 살아간다.** 하나님은 광대무변(廣大無邊)하신 신비(神祕)이시다. 인간은 죽었다가 깨어나도 하나님을 다 알 수 없다. 궁금한 것을 끝까지 궁금한 대로 간직할 줄 아는 것도 믿음이다. 하나님을 신뢰할 부분이 크니까 궁금한 대로 믿는 것이다. 그러므로 **삼위일체에 대한 우리의 태도는 분석하지 말고 경배해야 한다는 것이다.**

매일 매일 성부 성자 성령 삼위일체 하나님을 만나시고, 그 삼위일체 하나님을 통해 인생의 큰 변화와 깨우침을 얻는 소중한 기회를 얻길 바란다.

믿음의 토대를 굳게 세우는 질문

1. 성경에 나오는 삼위일체의 예를 아는 대로 말해봅시다.

2. 삼위일체가 무엇인지 아는 대로 설명해봅시다.

3. 삼위일체에 대한 우리의 태도는 어떠해야 합니까?

성부 하나님과
우리의 창조에 관하여

제12장

창조주이신 하나님을 믿사오며

12장부터는 사도신경의 내용들을 하나하나 다루고자 한다. 먼저 26문과 답을 살펴보자.

> **26문** "전능하신 성부 하나님, 천지의 창조주를 나는 믿사오며"라고 고백할 때에 당신은 무엇을 믿습니까?

답 : 우리 주 예수 그리스도의 영원하신 아버지께서 아무것도 없는 중에서 하늘과 땅과 그 가운데 있는 모든 것을 창조하셨고, 또한 그의 영원한 작정과 섭리로써 이 모든 것을 여전히 보존하고 다스리심을 믿으며 이 하나님께서 그의 아들 그리스도 때문에 나의 하나님과 나의 아버지가 되심을 나는 믿습니다.

그분을 전적으로 신뢰하기에 그가 나의 몸과 영혼에 필요한 모든 것을 채워주시며 이 눈물 골짜기 같은 세상에서 당하게 하시는 어떤 악도 합력하여 선을 이루게 하실 것을 나는 조금도 의심치 않습니다.

그는 전능하신 하나님이시기에 그리하실 수 있고 신실하신 아버지이시기에 그리하기를 원하십니다.

우리가 암송하는 사도신경 중 '전능하사 천지를 만드신 하나님 아버지를 내가 믿사오며'라는 고백은 즉 '우리가 무엇을 믿느냐'는 질문이다. 그 답은 다섯 가지를 믿는다고 말하고 있다.

첫째는 성부 하나님은 천지를 창조하셨음을 믿고,

둘째는 창조하신 모든 것을 보존하고 다스리심을 믿고,

셋째는 이 하나님이 나의 하나님과 나의 아버지 되심을 믿고,

넷째는 나의 필요한 모든 것을 채워주심을 믿고,

다섯째는 어떤 악과 어려움을 당해도 결국은 합력하여 선을 이루게 하심을 믿는다는 말이다. 그리고 그 이유는 하나님은 전능하시고 신실하신 분이시기 때문이다.

우리는 무엇을 믿어야 하는가?

사도신경을 문자 그대로 믿는 것이 중요하다. 사도신경은 우리가 믿음 생활을 잘하기 위한 믿음의 핵심 내용을 담고 있다고 말했다. 그래서 사도신경에 나오는 내용들은 '아멘 아멘'하면서 반드시 믿고 받아들여야만 한다. 오래전부터 내려오는 기독교 신앙의 전통이며 가장 귀중한 믿음의 유산이기 때문이다.

우리는 26문의 답도 굳건히 믿어야 한다. 창조주 하나님이심을 믿고, 보존과 다스리심을 믿고, 아버지 되심을 믿고, 필요를 채워주심을 믿고, 합력하여 선을 이루실 것을 믿고, 전능하심과 신실하심을 굳게 믿어야 한다.

그야말로 믿음이 중요하다. 믿으면 은혜를 받고 믿음의 큰 복을 누린다. 이 세상에는 믿을 것이 참 많다. 부모를 믿고 자녀를 믿고 스승을 회사를 또는 특정 제품을 믿기도 한다. 우리는 알게 모르게 수많은 것을 믿고 산다. 믿음 없이 우리는 살아갈 수 없다. 비행기를 믿고 조종사를 믿으니까 아무 걱정 없이 비행기를 타고 여행을 떠난다. 선생님을 믿으니까 가르침을 받고 공부하고 배우려 한다.

그러나 이 모든 믿음 중에서 하나님을 믿는 믿음만큼 중요한 것은 없다. 하나님을 믿는 것은 우리의 인생과 운명과 미래를 결정짓기 때문이다. 하나님을 믿는 순간, 내 인생과 관련된 모든 일에 새로운 차원의 경지가 펼쳐진다.

그런데 믿는다고 할 때 우리가 실수하면 안 되는 것이 있다.

'내가 믿사오며'(I believe in)의 의미

사도신경 원문에는 '내가 믿사오며'라는 말이 3번 나온다. 즉 성부 하나님, 성자 하나님, 성령 하나님을 '나는 믿는다'라는 고백이다. 이를 영어로 말하면 'I believe in God'이다. 'I believe God'과 'I believe in God'은 전혀 다르다. 'I believe God'은 '하나님은 계신다' 즉 '하나님의 존재 사실'을 인정하는 말이다. 반면 'I believe in God'은 하나님을 믿음의 대상으로 삼고 믿는다는 뜻이다. 즉 하나님의 존재를 믿을 뿐 아니라 하나님을 신뢰하고 의지하며 그 믿음을 내 인생에 적용하고 그 믿음으로 사는 것을 말한다. 'believe'는 '구체적인 정보가 사실이라고 믿는 것'이고 'believe in'은 '특정 대상에 대한 지지나 신뢰, 동의'를 의미한다. in은 '안에'라는 뜻이 아닌가? '안에 들어

가서 믿는 것' 즉 단순히 '믿는 것'을 의미하지 않고 '인격적인 만남 속에서 신뢰하고 의지하고 믿고 교제하는 것'이라는 뜻이다.

'I believe God.' 하나님의 존재를 믿는 것, 단지 하나님이 살아계신다는 사실을 믿는 것은 참 믿음이 아니다. 이를 제대로 이해해야 한다. 하나님의 존재를 믿는 것을 믿음으로 착각하면 안 된다. 우리 주변을 보면 교회에 나오지 않지만 하나님의 존재를 믿는 사람들이 무척 많다. "나는 교회는 안 다니지만 하나님이 살아계심을 믿어." 이들이 구원받은 참 믿음의 사람일까? 전혀 아니다. 심지어 귀신들도 하나님을 믿는다고 했다. *네가 하나님은 한 분이신 줄을 믿느냐 잘하는도다 귀신들도 믿고 떠느니라 (야고보서 2장 9절).* 그런 사람을 믿음의 사람이라고 할 수 없다. **참된 믿음은 그분을 믿고 그분을 의지하며 그분과 매일의 삶 속에 교통하며 함께 살아가는 것을 말한다.**

하나님의 창조를 믿어야 한다

26문의 답은 이렇게 말한다. "우리 주 예수 그리스도의 영원하신 아버지께서 아무것도 없는 중에서 하늘과 땅과 그 가운데 있는 모든 것을 창조하셨고"

여기서 주목할 부분은 '우리 주 예수 그리스도의 영원하신 아버지께서 창조하셨다'는 말이다. 그냥 하나님 아버지께서 창조하셨다고 하면 되는데 왜 우리 주 예수 그리스도라는 말을 앞에 덧붙였을까? 우리를 죄에서 구원해 주신 성자 예수님을 모르고서는 하나님이 천지만물을 창조하신 것을 온전히 알 수 없다는 뜻이다. 다시 말해서 예수 그리스도를 믿고 고백하는 사람만이 하나님의 창조를 온전히 믿을 수 있음을 강조하기 위함이다. 사실 불신자는 창조주가 누구인지 알 수 없다. 예수님을 모르는데 창조주를 안다고 하는 것은 착각이다. 제2의 창조인 죄에서의 구원을 경험한 사람만이 하나님의 첫 번째 창조를 이해할 수 있다. 성자 예수님을 통해 구원받은 자만 성부 하나님의 창조를 알고 믿을 수 있다는 말이다.

그렇다면 과연 하나님께서 세상을 창조하셨는가? 우리가 그 사실을 어떻게 알 수 있는가? 하나님께서 천지를 창조하셨을 때 우리는 그 자리에 있을 수도 없었다. 그러니 정확히 알 수는 없다. 우리는 흔히 상식적으로, 논리적으로, 철학적으로 하나님의 천지 창조를 인정하기도 한다. 그러나 아무리 과학적으로 설명한들, 인정하려 하지 않는 사람은 여전히 인정하지 않는다. 지금도 여전히 창조와 진화의 논쟁은 끝없는 평행선을 달리고 있다.

그래서 성경은 과학을 말하지 않는다. 성경은 창조도 믿음의 문제라고 말한다.

"**믿음으로** 모든 세계가 하나님의 말씀으로 지어진 줄을 우리가 아나니 보이는 것은 나타난 것으로 말미암아 된 것이 아니니라(히브리서 11장 3절)."

하나님의 천지 창조는 믿음으로 알 수 있다. 믿음이 있으면 천지 창조를 인정한다. 그러나 믿음이 없으면 아무리 설명해도 받아들이지 못한다.

하나님의 천지 창조는 성경에 무수히 기록되어 있다. 우리는 하나님 계시의 책인 성경을 믿는다. 성경의 첫 문장은 이렇게 장엄하게 시작한다. "태초에 하나님이 천지를 창조하시니라(창세기 1장 1절)." 이 구절은 성경 전체를 대표한다. 성경은 하나님의 천지 창조를 전제로 기록한 책이라고 할 수 있다. 그래서 성경은 하나님의 창조를 수없이 증언한다. "여호와의 말씀으로 하늘이 지음이 되었으며 그 만상을 그의 입 기운으로 이루었도다 *(시편 33편 6절).*" "그가 말씀하시매 이루어졌으며 명령하시매 견고히 섰도다 *(시편 33편 9절).*"

하나님이 천지 만물을 창조하신 목적은 무엇인가?

① 천지 창조의 가장 궁극적인 목적은 하나님의 영광과 찬송이다. "여호와의 지으심을 받고 그가 다스리시는 모든 곳에 있는 너희여 여호와를 **송축하라** 내 영혼아 여호와를 **송축하라** *(시편 103편 22절).*"

② 창조하시고 다스리시고 보존하시면서 그의 놀라운 역사들을 계속 드러내고자 함이다. "너희는 눈을 높이 들어 누가 이 모든 것을 창조하였나 보라 *(이사야 40장 26절).*"

③ 하나님의 택함 받은 우리 신자들의 행복과 구원을 위해 만물이 도구로 쓰임 받도록 하기 위함이다. "주의 손으로 만드신 것을 다스리게 하시고 만물을 **그의 발 아래** 두셨으니 *(시편 8편 6절).*"

결국 하나님은 자신을 위해서 사람을 창조하셨고 사람을 위해서 만물을 창조하셨다. 그리고 만물은 사람을 섬기도록 하고, 사람은 하나님을 섬기도록 하신 것이다.

창조하신 모든 것을 보존하고 다스리심을 믿어야 한다

26문의 답이다. "또한 그의 영원한 작정과 섭리로써 이 모든 것을 여전히 보존하고 다스리심을 믿으며."

하나님은 천지를 창조하셨을 뿐만 아니라 그 모든 것을 보존하시고 다스리신다. 창조하시고 그냥 방치하지 않으신다. 하나님은 다스리시고 지키시고 보호하시며 보존하시는 분이시다. 어떤 예술가가 자신이 만든 작품을 아무렇게나 방치하고 함부로 다루겠는가? 하다 못해 어린아이도 자신이 만든 공작물에 함부로 손을 대면 울고불고 난리를 친다. 소중한 자기 작품이기 때문이다. 아이도 그렇거늘 하물며 하나님은 어떠시겠는가? 당신의 형상으로 만들어 당신을 닮은 우리를 얼마나 사랑하시며 돌보시겠는가?

어느 개척교회 목사님의 자녀가 여섯 명이다. 누가 물었다고 한다. "어려운 살림살이에 어떻게 이 많은 자녀를 키우십니까?" 그분의 대답은 이렇다 "자녀의 생명을 주신 분이 하나님이신데 그 생명 잘 자라도록 하나님께서 책임지고 먹이시지 않겠습니까?" 쉽게 하는 말 같지만 참으로 의미 있는 말이다. 지금도 그 개척교회의 많은 자녀들은 아무 어려움 없이 잘 자란다고 한다. 우리를 주신 분은 하나님이시다. 우리의 인생과 미래를 보존하실 분도 하나님이심을 굳게 믿자.

*"또 너희가 내 이름으로 말미암아 모든 사람에게 미움을 받을 것이나 너희 **머리털 하나**도 상하지 아니하리라 (누가복음 21장 17~18절)."*
나 자신조차 내 머리털이 떨어지는 것을 모르는데 하나님은 하찮은 내 머리털까지도 소중히 여기실 정도로 나를 보호하고 돌보신다는 말이다. '머리털 하나도'라는 이 말은 나에 대한 하나님의 사랑과 관심이 어느 정도인지 보여준다. 보잘것없는 내 머리털 하나도 소중히 여기시는 하나님이시라면 다른 것은 말할 필요도 없을 것이다.

이 하나님이 나의 하나님과 나의 아버지 되심을 믿어야 한다

26문의 답이다. "이 하나님께서 그의 아들 그리스도 때문에 나의 하나님과 나의 아버지가 되심을 나는 믿습니다."

"전능하사 천지를 만드신 하나님 아버지를 내가 믿사오며." 우리는 하나님을 믿는데 어떤 하나님을 믿는가? 전능하신 하나님과 창조주 되시는 하나님 그리고 우리의 아버지이신 하나님이시다. 성부 하나님에 대해 이 세 가지만 믿으면 된다. 그중에서 우리의 아버지 되시는 하나님을 주목하자.

"온 세상의 창조주 되시는 하나님이 나의 아버지 되신다." 이 얼마나 놀랍고 대단한 일인가. 믿어지지 않는 이 일이 엄연한 실제이고 현실임을 알길 바란다. 신자인 우리는 얼마나 대단한 존재인가? 우리의 위상과 존재는 감히 우리의 상상을 초월한다. 우리는 자신의 지위가 얼마나 대단한지 제대로 모른 채 살고 있다. 우리는 늘 상투적으로 '하나님 아버지'를 부르지만 정말로 하나님의 아들딸 됨의 권세를 얼마나 누리며 사는가? 육신의 아버지만도 든든한데 전능하신 아버지 창조주 아버지임을 굳게 믿으면 인생에 얼마나 대단한 힘과 도움이 되겠는가? 이 엄청난 특권을 놓치지 말기를 바란다.

아버지라는 말은 '근원자(originate)'라는 말에서 나왔다. 아버지는 나를 존재케 하는 원천이 되시기 때문이다. 하나님은 나를 이 세상에 존재하게 하신 원천 중의 원천이시다. 나를 만드신 분이시다. 나를 창조하신 분이시다. 내 육신의 아버지를 주신 분도 하나님이시고 그 유전자를 주신 분도 하나님이시며 그를 통해서 사람으로 태어나도록 모든 과정을 이루신 분도 하나님이시다. 그러니 하나님은 나의 참 아버지이시다. 이 사실을 굳게 믿으라. 내 아버지는 전능자이시다. 온 세상을 창조하신 온 세상의 주인이시다. 그리고 자기 생명을 주실 만큼 나를 사랑하는 분이시다. 굳게 믿자. 그런 믿음을 달라고 성령님께 기도하자.

그런데 불신자들도 하나님께서 만드셨는데 그들은 왜 하나님을 아버지라고 부르지 않는가? 그들이 하나님을 잃어버렸기 때문이다. 하나님을 떠나버렸기 때문이다. 우리는 하나님 품으로 다시 돌아왔다. 분명한 사실은 우리의 참 아버지는 하나님이시라는 것이다. '믿음이 좋다, 믿음이 강하다, 믿음이 성숙하다'는 사실을 어떻게 알 수 있는가? 우리가 얼마나 하나님이 내 아버지 되심을 깊이 인식하고 고백하고 자녀로서 능력 있는 삶을 누리는 데 달려 있다. 우리의 아버지 되시는 하나님은 우리의 모든 필요를 채워주신다. 모든 일이 합력하여 선을 이루게 하신다.

나의 모든 필요를 채워주심을 믿어야 한다

26문의 답이다. "그분을 전적으로 신뢰하기에 그가 나의 몸과 영혼에 필요한 모든 것을 채워주시며."

앞서 창조주 하나님은 나의 참 아버지 되신다고 했다. 아버지의 역할 중 가장 중요한 것은 자녀의 필요를 채워주는 일이다. 분명한 사실은 하나님 아버지도 우리의 필요를 채워주신다. 아버지는 왜 아버지이신가? 나를 너무도 잘 아시기 때문이다. 하나님도 우리를 너무나 잘 아신다. 우리의 부족한 것과 모자란 것을 아시고 우리의 필요를 채워주신다.

예수님의 말씀을 굳게 믿고 걱정하지 말고 두려워하지 말라. 이다. "그러므로 내가 너희에게 이르노니 목숨을 위하여 무엇을 먹을까 무엇을 마실까 몸을 위하여 무엇을 입을까 **염려하지 말라** 목숨이 음식보다 중하지 아니하며 몸이 의복보다 중하지 아니하냐? 공중의 새를 보라 심지도 않고 거두지도 않고 창고에 모아들이지도 아니하되 너희 하늘 아버지께서 기르시나니 너희는 이것들보다 귀하지 아니하냐(마태복음 6장 25~26절)."

공중의 새도 기르시는 하나님 아버지께서 그 새보다 몇천 배 몇만 배 귀한 자녀들을 다 잘 살게 하지 않으시겠는가? 믿음을 가지라는 말이다. 천지를 만드신 하나님 아버지를 내가 믿사오며—이렇게 믿음을 고백할 때에 우리의 모든 필요를 반드시 채워주시는 하나님이심을 굳건히 믿기를 바란다.

어떤 악과 어려움을 당해도 결국은 합력하여 선을 이루게 하심을 믿어야 한다

26문의 답이다. "이 눈물 골짜기 같은 세상에서 당하게 하시는 어떤 악도 **합력하여 선**을 이루게 하실 것을 나는 조금도 의심치 않습니다."

이 세상은 눈물의 골짜기이다. 우리 인생살이에는 눈물이 끊일 날이 없다. 내가 잘못해서 눈물을 흘린다면 할 말이 없을 것이다. 그런데 부당하게 악에게 사탄에게 억울하게 고통당할 때가 있다. 그런 때는 하나님은 어디 계신지, 하나님의 의와 선은 어디 갔는지 정말 힘들고 괴롭다. 성경에 보면 수많은 인물들이 이와 같은 눈물의 골짜기를 지났다. 대표적인 사람이 의인 욥이다. 욥은 믿음의 사람인데도 극단의 많은 고통을 겪었다. 요셉의 고난은 말할 필요도 없다. 다윗도 얼마나 부당한 시련을 많이 겪었는가? 그런 때에 당신은 어떻게 하는가? 하나님을 욕하고 하나님을 부인하겠는가? 안 된다. 그런 때에도 우리 신자의 할 일은 창조주 하나님 아버지가 만사를 다스리심을 굳게 믿고 끝까지 믿음의 길을 견지하라는 말이다. 그러면 반드시 반드시 하나님께서는 모든 만사를 합력하여 선으로 이루실 줄을 믿으라는 말이다. 어떻게 믿으라고 했는가? 조금도 의심치 말고 믿으라고 했다. 얼마나 강력한 격려인가? 합력하여 선을 이루시는 하나님의 섭리를 굳건히 믿자.

"우리가 알거니와 하나님을 사랑하는 자 곧 그의 뜻대로 부르심을 입은 자들에게는 모든 것이 합력하여 선을 이루느니라 (로마서 8장 28절)."

이 장에서는 창조주 하나님을 믿는 믿음에 대해서 말씀드렸다. 창조주 하나님께 대한 굳건한 다섯 가지 믿음을 갖기를 바란다. 그 믿음으로 인생을 두려움 없이 편안하게 걱정 없이 마음껏 펼쳐가길 바란다.

믿음의 토대를 굳게 세우는 질문

1. '전능하사 천지를 만드신 하나님 아버지를 내가 믿사오며"라고 고백할 때에 '우리가 무엇을 믿느냐' 하는 26문의 질문에 답은 다섯 가지를 믿는다고 말하고 있습니다. 다섯 가지가 무엇인지 자신의 말로 설명해봅시다.

2. 창조주 되시는 하나님 아버지를 믿는 것은 나의 필요한 모든 것을 채워주시는 하나님을 믿는 것이라고 했습니다. 믿음 생활하면서 그런 경험 혹은 간증이 있으면 말해봅시다.

제13장

하나님의 섭리란 무엇인가?

앞서 하나님의 창조에 대해 이야기했다. 하나님의 창조과 섭리는 떼려야 뗄 수 없는 관계이다. 온 세상 천지 만물을 창조하신 하나님은 당연히 하늘과 땅의 모든 만물을 섭리하시고 다스리신다. 창조물을 다스리시고 섭리하시는 것은 하나님의 뜻이고 하나님의 사랑이다. 27문과 답을 살펴보자.

27문 하나님의 섭리란 무엇입니까?

답 : 섭리란 하나님의 전능하고 언제 어디서나 미치는 능력으로 하나님께서 마치 자신의 손으로 하듯이, 하늘과 땅과 모든 피조물을 여전히 보존하고 다스리시는 것입니다. 그리하여 잎새와 풀, 비와 가뭄, 풍년과 흉년, 먹을 것과 마실 것, 건강과 질병, 부와 가난, 참으로 이 모든 것이 우연이 아니라 아버지와 같은 그의 손길로 우리에게 임합니다.

하나님의 섭리에 대해서

　하나님의 섭리(攝理)란 무엇인가? 국어사전에는 '세상과 우주 만물을 다스리는 하나님의 뜻'이라고 나와 있다. 쉽게 말하면 모든 세상만사가 전적으로 하나님의 손길에 의해 움직이고 있다는 뜻이다. 하나님은 온 세상을 창조하셨다. 세상을 창조하신 하나님은 세상을 그대로 내버려두거나 방관하시는 분이 결코 아니며, 창조하신 우주 만물을 전적으로 통치하시고 다스리시고 보존하신다는 말이다.

　27문의 답은 길지만 핵심은 이것이다. **"하늘과 땅과 모든 피조물을 여전히 보존하시고 다스리시는 것."** 이것이 하나님이 섭리하신다는 뜻이다. "하늘과 땅과 모든 피조물을 여전히 보존하시고 다스리시는 것"의 '모든 피조물을'은 무슨 말인가? 이 세상의 모든 일은 하나님의 손 안에 있다는 뜻이다. 하나님의 손길이 닿지 않는 곳이 없고 하나님의 통치에서 제외되는 것이 하나도 없다는 의미이다. 우리 눈에 보이는 모든 것, 하나님의 창조물, 어느 것 하나도 예외없이 전부 하나님의 통치 아래 있다는 말이다.

　두 단어에 주목하자. '보존하심'과 '다스리심'이다.

하나님은 하늘과 땅의 모든 피조물을 보존하신다

　*"마치 자신의 손으로 하듯이 하늘과 땅의 모든 피조물을 여전히 보존하신다"*고 하신다. 보존하신다는 말은 붙잡고 보호하신다는 뜻이다. 그런데 그냥이 아니라 '마치 자신의 손으로 하듯이' 보호하신다. 이 말을 보면 상상이 되지 않는가? 피조물에 대한 하나님의 따뜻

한 애정이 물씬 느껴진다. 손은 사랑을 상징한다. 하나님은 따뜻한 사랑의 손으로 피조물을 보호하고 돌보신다는 뜻이다.

어떻게 보존하신다고 했는가? "하나님의 전능하고 언제 어디서나 미치는 능력으로"라고 했다. 즉 언제 어디서나, 시간과 공간을 초월하여 보호하시고 다스리신다는 말이다. 하나님은 전능하시기에 그것이 가능하다. 하나님의 섭리는 시공을 초월하여 피조 세계 전 영역에 영향을 미친다. 단 일 초도 하나님의 손안에서 떨어져 나간 적이 없고, 어떤 자리도 하나님의 손 밖에 있을 수 없다. 하나님께서는 창조로부터 지금까지 모든 만물을 붙잡고 계신다.

"여호와께서 너를 실족하지 아니하게 하시며 너를 지키시는 이가 졸지 아니하시리로다 이스라엘을 지키시는 이는 졸지도 아니하시고 주무시지도 아니하시리로다(시편 121편 3~4절)."

하나님은 졸지도, 주무시지도 아니하신다. 하나님의 보호하심과 붙드심에는 한순간의 멈춤도 없다.

만일 해와 달이 그 궤도에서 조금이라도 벗어난다면 어떻게 될까? 지구 멸망을 가져올 것이다. 그런데 기가 막히게도 그 궤도는 조금도 요동하지 않고 정상적으로 움직이고 있다. 하나님의 손이 강하게 붙들고 있기 때문이다. 우리는 이를 굳게 믿는다.

하나님은 하늘과 땅의 모든 피조물을 다스리신다

이 땅에 존재하는 모든 것은 하나님의 다스림에서 예외되지 않는다. 크게는 우주 만물과 인간의 모든 역사와 사건과 나라와 민족의 흥망성쇠에서, 작게는 개인과 가정과 단체와 한 포기의 풀과 나무를 다스리신다.

요리문답은 이를 이렇게 말한다. "그리하여 잎새와 풀, 비와 가뭄, 풍년과 흉년, 먹을 것과 마실 것, 건강과 질병, 부와 가난, 참으로 이 모든 것이 우연이 아니라 아버지와 같은 그의 손길로 우리에게 임합니다." 그렇다. 작은 잎새와 풀도 하나님이 다스리신다. 비가 내리고 가뭄이 들고, 풍년과 흉년, 한 사람의 건강과 질병, 부하거나 가난해지는 것, 모두 하나님이 하시는 일이다.

홍수, 지진, 화산 폭발도 하나님이 하시는 일이다. 날씨가 38, 39도로 무더운 것도, 코로나19의 발생도 하나님이 하시는 일이다. 모든 것은 하나님의 주권, 하나님의 섭리 가운데 있다. 그래서 욥은 이렇게 말한다. "주신 이도 여호와시요 거두신 이도 여호와시오니 여호와의 이름이 찬송을 받으실지니이다 하고 (욥기 1장 21절)." 주시는 분도 하나님이요 거두시는 분도 하나님이시다. "여호와는 죽이기도 하시고 살리기도 하시며 스올에 내리게도 하시고 거기에서 올리기도 하시는도다 여호와는 가난하게도 하시고 부하게도 하시며 낮추기도 하시고 높이기도 하시는도다 (사무엘상 2장 6~7절)." 높이시는 분도 낮추시는 분도, 죽이시는 분도 살리시는 분도 하나님이시다.

우리는 흔히 작은 일은 우리가 하고, 큰일은 하나님이 하신다고 생각한다. 그러나 그렇지 않다. 작은 일이든 큰일이든 모두 하나님이 하신다. 하찮은 일이든 중대한 일이든, 좋은 일이든 나쁜 일이든, 다 하나님이 하신다. 하나님께는 작은 일도 작지 않고 큰일도 크지 않다. 하다못해 강아지가 아픈 것도 하나님의 섭리 가운데 있다. 강아지가 아픈 것이 어떤 큰일로 쓰임 받을지는 아무도 모르기 때문이다.

하나님의 뜻이 아니면 참새 한 마리도 떨어지지 않는다고 했다. "참 새 두 마리가 한 앗사리온에 팔리지 않느냐 그러나 너희 아버지께서 허락하지 아니하시면 그 하나도 땅에 떨어지지 아니하리라 (마태복음 10장 29절)."

세상에 우연은 없다. 그런데도 우리는 우연이란 말을 대수롭지 않게 자주 사용한다. "나는 우연히 그 집에 들르게 되었어." "오늘 우연히 선생님을 만났지." "그날 재수 없어서 사고를 당했어." 분명한 사실은 우리 신자에게는 우연이란 없다는 것이다. 무엇이든 하나님의 계획이 있고 뜻이 있다. 이 세상에 일어나는 일은 작든 크든 모두 의미가 있다. 다 하나님의 섭리가 작용한다는 말이다. 이제부터는 우리의 입에서 우연이란 말을 완전히 없애야 한다. 우연이나 재수, 행운이나 운세 같은 말은 결코 우리 신자가 사용할 언어가 아니다. 모든 것은 하나님이 하신다. 하다못해 복권에 당첨되어도 행운의 여신이 나를 도와주었다고 말해서는 안 된다. 농담으로라도 재수가 좋아서 좋은 성적을 받았다든지 운이 좋아서 좋은 직장에 취직했다고 말하면 안 된다. 그런 말은 하나님께 대한 모독에 가깝다. 매일 운세를 보는 사람, '손 없는 날'을 골라 이사하는 사람, 사주팔자에 매달리는 사람은 하나님을 모욕하는 사람이다.

하나님은 천지 만물을 만들어 놓기만 하고 모른 척 손을 떼고 방관하는 분이 아니시다. 이 땅에 태어나서부터 지금까지 우리에게 일어난 모든 사건 중 하나님의 관심 밖에서 일어난 일은 단 하나도 없다. 신자의 삶 전체는 하나님의 통치와 간섭으로 이루어진다. 작든 크든 모든 일은 하나님의 장중 안에서 일어난다. 살다가 최악의 상황으로 떨어져도 하나님의 장중 안임을 굳게 믿으라. 이 얼마나 큰 보장인가? 우리를 향하신 하나님의 섭리이다. 이 하나님의 섭리가 있기에 오늘도 우리는 어지럽고 험악한 세상에서 조금도 좌절하지 않고 기쁨과 희망으로 살아간다.

하나님의 섭리에 대한 의문과 해결

하나님의 섭리에 대해서 옛날부터 제기되어 온 문제가 두 가지 있다.

우선 하나는 이것이다. '세상만사가 하나님의 섭리로 움직이고 모든 일을 하나님께서 다 통치하시고 다스리신다면 사람의 할 일은 아무것도 없지 않는가?' 하나님이 다 하신다면 사람은 허수아비나 일종의 꼭두각시 같은 존재가 아니냐는 의문이다.

그러나 놀랍게도 성경을 보면 하나님의 섭리와 인간의 자유가 결코 모순되지 않음을 알 수 있다. 세상만사는 하나님의 섭리 가운데 이루어진다. 그런데도 성경의 모든 등장인물은 꼭두각시가 아니라 자유롭게 자기 의지대로 자신만의 길을 간다. 그 결과는 무엇인가? 사람이 자유롭게 행한 모든 일이 결국은 합력하여 하나님의 뜻(선)을 이루는 것을 볼 수 있다. **사람은 자기 하고 싶은 대로 자유롭게 행한다. 그러나 그것이 하나님의 뜻과 상충되지는 않는다. 왜냐하면 놀랍게도 하나님은 그 모든 일을 통해서 합력하여 하나님의 섭리(선)을 이**

루어가시기 때문이다. 사람이 하나님의 뜻에 맞는 일을 하면 당연히 하나님의 뜻이 이루어진다. 그러나 사람이 하나님의 뜻과 맞지 않는 일을 할지라도 하나님은 그 일을 합력하여 선을 이루셔서 하나님의 섭리를 세워간다는 말이다.

대표적인 사례가 요셉의 이야기이다. 요셉의 형들은 인간의 이기심 때문에 동생을 애굽 상인들에게 팔아버린다. 그러나 결국 어떻게 되는가? 그 일로 인해서 요셉의 형제들은 굶주림에서 벗어날 수 있었고 모두 구원을 얻는 놀라운 역사를 이루어갔다.

"당신들은 나를 해하려 하였으나 하나님은 그것을 선으로 바꾸사 오늘과 같이 많은 백성의 생명을 구원하게 하시려 하셨나니 (창세기 50장 20절)."

이것이 바로 하나님이 하시는 일이다. 요셉의 형들은 하나님의 꼭두각시가 아니었다. 요셉 이야기에 등장하는 보디발 장군의 부인도, 술 맡은 관원장도 허수아비나 꼭두각시가 아니라 자기가 하고 싶은 대로 행한다. 그러나 결국 그 모든 일이 합력하여 하나님의 섭리와 뜻이 이루어졌다.

그러므로 **우리는 만사가 하나님의 섭리로 이루어지더라도, 가만히 있지 않고 자기가 할 일을 해야 한다. 중요한 것은 내가 하는 일을 통해 하나님의 역사와 섭리가 이루어진다는 사실이다.** 나쁜 일을 하면 나쁜 대로 하나님의 섭리에 쓰임 받고 좋은 일을 하면 좋은 대로 하나님의 섭리에 쓰임 받는다. 그러니 자신의 할 일을 충실히 하는 것이 얼마나 중요한가?

하나님의 섭리에 대해 제기된 또 하나의 문제는 이것이다. "하나님은 모든 일을 다 이루시는데 왜 우리에게 고난을 주시는가?" 왜 코로나19를 주셔서 수많은 사람이 죽고 온 세상이 고통당하도록 놔두시는가? 의인이 고난 받는 이유는 무엇인가? 하나님은 왜 지진과 쓰나미 혹은 태풍으로 무수한 사람이 죽도록 하시는가? 왜 예수 잘 믿는 자들이 무수한 핍박을 받고 순교당하는 것을 그냥 보기만 하시는가? 하나님은 전능하시고 세상만사를 다스리신다면서 그렇게 내버려두시는 이유는 무엇인가? 당신은 어떻게 생각하는가?

참으로 설명하기 어려운 문제 중의 하나이다. 어떤 설명을 해도 속 시원치 않을 것이다. 뭐라고 답을 해도 여전히 이해되지 않는 점은 있을 것이다. 영적인 문제는 인간의 언어로, 합리적인 설명으로는 당연히 해결되지 않는 부분이 있기 때문이다.

그러나 중요한 것은 이런 의문에 휘말려서 믿음을 잃어버리면 절대 안 된다는 것이다. 사탄 마귀의 아주 중요한 전략 중 하나는 바로 이런 의문들을 통해서 우리의 믿음을 흔들어버리는 것이다. 이는 사탄의 유혹임을 항상 잊지 말고, 하나님의 섭리와 경륜과 역사를 조금도 의심하지 말아야 한다.

하나님은 온 천지 만물과 사람을 다스리시고 보존하시고 돌보신다. 이것은 철칙이다. 이러한 하나님의 섭리와 뜻은 조금도 변함이 없다. 이것은 요동함이 없는 우리의 굳건한 믿음이다. 그럼에도 불구하고 여러분의 영적 이해를 돕기 위해서 이러한 의문에 대해서 몇 가지 답을 제시해 보겠다.

현재 당하는 고난은 장차 받을 영광에 비하면 아무것도 아니기
때문이다

믿음의 사람이 부당하게 고난을 받고 어려운 일을 당하고 때로는 핍박을 받고 순교하는 것을 내버려두는 이유는 현재 당하는 고난은 장차 받을 영광에 비하면 아무것도 아니기 때문이다. 믿음의 사람들에게 장차 받을 더 큰 영광을 얻도록 하기 위함이다.

세상 만사를 세상의 렌즈가 아니라 하나님의 렌즈로 바라보는
노력과 훈련을 해야 한다

그러면 주님께서 깨달음을 주신다. 설명하기는 어렵지만 영적 이해를 넓혀주시리라고 확신한다. 세상의 렌즈로 세상을 보면 온갖 불만투성이이다. 그러나 믿음의 렌즈로 세상을 보면 세상을 움직이는 하나님의 신비한 손이 보인다. 하나님의 시각으로 세상을 바라보라, 현실의 시각으로 세상을 바라보면 불신자들과 다를 것이 무엇인가? 기도하면서 하나님의 렌즈로 세상을 바라보면 성령께서 깨달음을 주실 것이다.

하나님은 큰 그림을 그리신다

우리는 하나님이 하시는 일을 다 알 수 없다. 모든 것은 하나님의 신비다. 중요한 것은 하나님은 큰 그림을 그리신다는 사실이다. 하나님은 천년을 하루같이, 하루를 천년같이 일하시는 분이다. 코앞만 보지 말고 더 넓게 더 크게 하나님의 역사를 보고 섭리를 바라보아야 한다. 심지어 이 세상뿐만 아니라 이 세상 이후의 세계, 하나님의 나라 그리고 영원까지 바라보아야 한다. 하나님은 그러한 넓고 큰 계획과 섭리 가운데 모든 일을 이루어가신다. 그래서 나쁜 일이 항상 나쁜 일이 아니고, 좋은 일이 항상 좋은 일이 아니다. 오랜 세월이 지난 후에 보면 하나님이 하시는 일을 이해하게 될 날도 오리라 생각한다. 하나님은 선함과 악함, 모든 불합리와 죄와 연약함까지도 당신 섭리의 도구로 사용하셔서 다 합력하여 하나님의 선을 이루어가신다.

그러면 이제 28문과 그 답을 같이 보자.

28문 하나님께서 모든 것을 창조하시고 섭리로서 여전히 보존하심을 아는 것이 우리에게 어떤 유익을 줍니까?

답 : 우리는 어떤 역경에서도 인내하고, 형통할 때에 감사하며, 또한 장래 일에 대해서도 우리의 신실하신 하나님 아버지를 굳게 신뢰하여 어떠한 피조물이라도 우리를 하나님의 사랑에서 끊을 수 없으리라 확신합니다. 모든 피조물이 완전히 하나님의 손안에 있으므로 그의 뜻을 거슬러 일어나거나 되는 일은 하나도 없습니다.

하나님이 모든 것을 섭리하시고 보존하심을 알고 믿으면 우리에게 어떤 유익이 있느냐는 물음이다. 답은 5가지로 말하고 있다.

하나님의 섭리를 믿으면 엄청난 유익이 있다. 하나님의 섭리를 믿고 사는 사람과 하나님의 섭리와 상관없이 사는 사람의 삶의 질은 하늘과 땅 차이이다. 대단히 중요한 일이다. 그것을 하나하나 살펴보자.

하나님의 섭리가 우리에게 주는 5가지 유익

어떤 역경에서도 인내할 수 있다

우리에게 어려움과 역경이 닥쳤을 때 그것을 참고 이길 수 있는 가장 큰 힘은 무엇인가? 그 고난이 하나님의 선하신 뜻 가운데 일어나는 일이라고 확신한다면 얼마든지 견뎌낼 수 있다. 그러나 우연히, 재수가 없어서 혹은 부당하게 당한다는 생각이 들면 그 역경을 견뎌내기란 참으로 힘들다. 자신의 운명을 탓하고 신세를 원망하며 현실에 대한 불평과 저주를 퍼부을 것이다.

요셉은 어땠는가? 형들에게 미움받고 노예로 팔리고 모함에 걸려서 억울하게 감옥에 갇혀 13년을 보냈는데 그 일로 분노하거나 억울해하거나 누구를 미워하거나 원망하지 않았다. 그럴 수 있는 이유는 무엇인가? 요셉은 항상 그 모든 일이 하나님의 선하신 섭리 가운데 있음을 굳게 믿었기 때문이다.

심지어 욥은 극단의 어려움을 당하고 있는 중에도 하나님께 대한 신뢰를 버리지 않았다. 자녀가 다 죽고 재산을 다 잃는 고통을 당하는 중에도 그 모든 일이 선하신 뜻 가운데 이루어지는 일임을 확신했기에 끝까지 하나님께 매달렸던 것이다. 욥은 고통 중에 이렇게 말한다. *"그가 나를 죽이시리니 내가 희망이 없노라 그러나 그의 앞에서 내 행위를 아뢰리라 (욥기 13장 15절)."* 현대인의 성경에는 이렇게 나와 있다. *"비록 하나님이 나를 죽이실지라도 나는 그를 신뢰할 것이다……."* 이렇게 고백할 수 있는 이유는 무엇인가? 하나님의 선하신 섭리를 굳게 믿었기 때문이다. 당신은 어떤가? 역경 중에 쉽게 쓰러지는가? 과연 하나님의 선하신 섭리를 믿고 있는지 자신을 한번 살펴보길 바란다.

형통 중에 감사할 수 있다

모든 일은 하나님의 섭리 가운데서 이루어졌다. 모든 일은 하나님께서 하신 것이다. 이렇게 생각하면 우리는 형통할 때 반드시 먼저 하나님께 감사하게 된다. 그러나 자신이 모든 일을 했다고 생각하면 절대로 감사하지 않는다. 그런데 어떤가? 정말 나 자신이 모든 일을 해냈는가? 결코 아니다. 때가 맞은 것도 하나님이 하신 일이다. 좋은 사람을 만난 것도, 할 수 있는 능력과 건강을 주신 것도 하나님께서 하신 일이다. 내가 잘나고 똑똑해서 성공했다고 주장하는 것만큼 어리석은 일은 없다. 세상만사의 실상을 모르는 것이다. 모든 일을 가능케 하시는 원천은 하나님이시다.

장래 일에 대해서도 하나님을 굳게 신뢰한다

우리는 앞으로 일어날 일에 대해서 얼마나 염려 근심 두려움이 많은가? 그러나 하나님의 선한 섭리를 믿는다면 미래도 걱정하지 않을 수 있다. 하나님은 우리의 장래 일을 모르게 하셨다. '그 일은 나에게 속한 것이니 나만 믿어라'고 말씀하신다. 우리는 하나님이 하시는 일을 믿고 가야 한다. *"사람이 장래 일을 알지 못하나니 장래 일을 가르칠 자가 누구이랴*(전도서 8장 7절)"

그 무엇도 우리를 하나님의 사랑에서 끊을 수 없음을 확신한다

우리의 삶은 하나님의 선하신 섭리 가운데 항상 그 틀 안에서 펼쳐진다. 우리는 하나님의 손에 잡힌 자들이다. 우리의 인생은 언제나 하나님의 장중에 있다. 그 어떤 것도 우리를 하나님의 사랑에서 빼앗을 수 없다. *"내가 확신하노니 사망이나 생명이나 천사들이나 권세자들이나 현재 일이나 장래 일이나 능력이나 높음이나 깊음이나 다른 어떤 피조물이라도 우리를 우리 주 그리스도 예수 안에 있는 하나님의 사랑에서 끊을 수 없으리라(로마서 8장 38~39절)."*

우리가 하나님을 거슬러 살지 않게 된다

모든 일은 하나님의 손안에 있다. 그러므로 하나님의 뜻을 거슬러서 무엇을 하려 해도 되는 일은 없다. 우리는 하나님의 뜻에 순종하지 않으면 안 된다. 그렇지 않으면 우리의 삶에 희망은 없기 때문이다.

마지막으로 말씀드린다. 우리는 단 하나만 하면 된다. 끝까지 하나님의 손을 붙잡고 가기를 바란다. 세상만사는 하나님의 손안에 있다. 어린아이는 부모가 어디로 가는지 묻지도 않고 그냥 부모의 손을 붙잡고 따라간다. 우리도 하나님이 하시는 일을 잘 모르더라도 그냥 하나님의 손만 붙잡고 그분을 따라가면 그것이 최상의 길이다.

"내가 이같이 우매 무지함으로 주 앞에 짐승이오나 내가 항상 주와 함께하니 주께서 내 오른손을 붙드셨나이다(시편 73편 22~23절)."

믿음의 토대를 굳게 세우는 질문

1. 하나님의 섭리가 아니라 운세, 우연, 재수, 사주팔자 등을 믿고 살았던 적이 있다면 그 경험은 무엇입니까?

2. 하나님의 섭리를 믿고 살면 우리에게 큰 유익이 5가지 있습니다. 무엇입니까?

성자 하나님과
우리의 구원에 관하여

제14장

유일한 구주이신 예수님

12장~13장에서는 성부 하나님에 대한 말씀을 나누었다. 14장부터 24장은 성자 하나님에 대한 내용이다. 14장은 성자 하나님과 구속에 대한 내용이다. 성자 하나님께 대한 사도신경 첫 부분을 보자. "그 외아들 우리 주 예수 그리스도를 믿사오니." 이 고백에는 '예수', '그리스도', '그의 외아들(독생자)', '우리 주'라는 4가지 호칭이 들어 있다. 요리문답에서는 이것을 29문에서 34문까지 하나하나 다루고 있다. 여기서는 예수에 대한 해설, 29문과 30문을 살펴보자. 먼저 29문의 문과 답이다.

29문 왜 하나님의 아들을 예수, 곧 구주(救主)라 부릅니까?

답 : 그가 우리를 우리 죄에서 구원하시기 때문이고 또 그분 외에는 어디에서도 구원을 찾아서는 안 되며 발견할 수도 없기 때문입니다.

29문은 성자 하나님을 왜 예수 혹은 구주라고 부르는지 묻고, 그가 우리를 죄에서 구원하시기 때문이고 오직 유일한 구원자이시기 때문이라고 답한다.

모든 문제의 뿌리는 죄다

아담과 하와는 가장 아름답고 완벽한 에덴 동산에서 살았다. 그러나 그들이 하나님의 말씀을 거역하고 불순종했을 때 아름답고 평화롭던 에덴 동산의 행복은 깨져버렸다. 죄가 들어오자 부부 사이에 금이 가고 서로 책임을 떠넘겼다. 땅도 저주받았고 자연 만물도 탄식했다. 결국 가장 중요한 인간과 하나님과의 관계도 부서졌다. 결국 생명이신 하나님을 떠난 인간은 죽음에 이르게 되었다. 이 모든 불행의 원흉은 죄다.

우리는 흔히 사회와 세상의 문제를 자기 나름으로 진단한다. 경제가 어떻고 정치가 잘못되어 있고, 분단된 나라가 문제이며, 온갖 비리와 사람들의 심성이 왜곡되었다고 비판한다. 인구감소, 환경오염, 극단적 좌우 이념, 진보와 보수의 분열, 세대 차이, 빈부 격차 등이 문제라며 주장을 펼치기도 한다. 이야기를 들어보면 다들 일리 있고 그럴듯하다. 그러나 예수 믿는 우리는 그렇게 진단하지 않는다. 모든 문제의 근원적인 뿌리는 죄에 있다고 분명히 말한다.

본질적인 문제는 단 하나, 죄다. 아담부터 내려온 죄 때문이다. 부부 사이가 나쁜 것도, 온갖 질병을 겪는 것도, 삶이 투쟁과 다툼으로 얼룩지는 것도, 좋아야 할 인간관계가 힘들고 불편한 것도 사실은 죄 때문이다. 문제의 뿌리에 뿌리를 캐고 들어가면 결국 죄에 다다른다. 우리는 죄라는 말을 매우 듣기 싫어한다. 그러나 그것이 사실인데 어쩌겠는가. 죄를 외면한다고 죄가 해결되거나 없어지는가? 병을 외면한다고 그 병이 사라지는가? 정확히 말하면 아담이 죄를 범한 이후부터 새 하늘과 새 땅이 이루어지기까지 인간의 모든 문제의 핵심은 죄에 있다. 이 사실을 인정해야 한다.

아서 고든이라는 크리스천 작가가 있다. 그는 심한 우울증으로 삶의 의욕을 잃고 고통을 당하고 있었다. 매일 쓰는 글조차 도저히 쓸수 없는 방황의 나날이 계속되었다. 이렇게 사느니 차라리 죽는 게 낫다고 생각했다. 그러던 어느 날 그는 친한 의사를 찾아가 자신의 병세에 관해 상세히 이야기했다. 그러자 의사가 고든에게 물었다.

"자네가 그동안 하고 싶었던 일, 가장 좋아하는 일이 무엇인가?"

"나는 해변을 거닐며 파도 소리를 듣는 것을 가장 좋아하지."

그러자 의사는 "내가 하라는 대로 따르겠나?" 말하며 처방전을 주었다. 아무런 희망도 없던 아서 고든은 친구 의사의 처방전을 가지고 집으로 돌아왔다.

다음날 아침 그는 해변으로 나갔다. 해변을 거닐면서 처방전을 살펴보았다. 첫 번째 아홉 시라고 적인 처방전을 펼쳤다. 거기에 이렇게 쓰여 있었다. '자네가 좋아하는 파도 소리, 갈매기 소리에 귀를 기울이게나.' 별 의미가 없는 것 같았지만 따르기로 마음 먹었기 때문에 귀를 기울였다. 열두 시가 되었다. 열두 시라고 적힌 두 번째 처방전을 펼쳤다. '지금까지 살면서 가장 행복했던 기억들을 떠올려보게

나.' 그는 바닷가에 앉아서 그동안 살아오면서 행복했던 순간들을 하나하나 떠올렸다. 그러다 보니 인생이 항상 슬프진 않다는 사실을 깨닫게 되었다. 오후 세 시가 되었다. 세 시라고 적힌 처방전을 꺼내 읽었다. '자네 인생의 의미와 목적이 무엇인지, 글을 쓰는 목적과 동기가 어디에 있는지 생각해보게나.' 그는 깊이 생각에 잠겼다. '나는 왜 글을 쓰는지, 글을 쓰는 목적은 무엇인지, 나는 지금 무엇을 위해서 살고 있는지'를 살펴보았다. 그러면서 깨달았다. 나는 신자라고 하면서도 하나님의 영광을 위해서가 아니라, 자신의 헛된 이름을 위해서, 자기 욕심을 채우기 위해서 몸부림쳐왔다는 사실을 말이다. 그 순간 자신의 추한 모습이 떠오르면서 왈칵 울음이 터져 나왔다.

저녁 여섯 시가 되었다. 네 번째 처방전을 펼쳤다. '이제 죄를 하나님께 자백할 시간이네. 자네가 자백할 죄를 모래사장 위에 적어보게나.' 그는 멈출 수 없는 눈물을 억누르면서 절규했다. "하나님! 저의 죄를 용서해 주시옵소서! 지금까지 저는 하나님의 이름을 빙자해서 하나님의 영광이 아니라 나의 영광과 출세와 야심을 위해서 살아왔습니다." 그러고는 지난날의 모든 죄를 낱낱이 기록했다. 눈물이 비 오듯 흘러내렸다. 그런데 파도가 밀려와서는 그의 죄 목록을 다 지워버렸다. 깨끗하게 지워졌다. 그 순간 고든은 확신했다. '예수님! 당신의 십자가 보혈이 나의 죄를 이렇게 말끔히 씻어주셨군요!' 사죄의 감격과 구원의 기쁨이 그의 온몸을 휘감았다. 그는 저녁 늦게까지 하나님을 찬양하며 감사하면서 집으로 돌아왔다. 다음 날이 되자 밝은 태양과 더불어 새로운 인생을 다시 시작했다. 죄가 해결되자 모든 문제가 다 해결되었다.

우리의 문제도 전적으로 죄에 있다는 사실을 놓치지 말라. 왜 마음이 늘 편치 않은가? 무슨 일이 잘 안 풀리고 꼬이는가? 왜 대인관계가 원만하지 않은가? 가정불화의 원인은 무엇인가? 사업이 잘 안 되는 이유는 무엇인가? 물론 주변환경과 경기침체 등의 원인도 있겠지만 사실은 이 모든 것이 나의 죄 때문은 아닌지 자신을 돌이켜보길 바란다. 죄가 원흉이다. 내가 먼저 죄를 회개하고 하나님 앞에 바로 설 때 모든 문제가 순식간에 해결되는 것을 볼 수 있다.

예수님은 인간 문제의 핵심을 아셨다

이 땅에 오신 예수님이 맨 처음 외친 말씀은 죄를 회개하라는 명령이었다. "*이때부터 예수께서 비로소 전파하여 이르시되 **회개하라** 천국이 가까이 왔느니라 하시더라 (마태복음 4장 17절).*" 예수님은 죄를 해결하는 것이 인간의 최우선 과제임을 아셨다. 예수님은 수많은 병자들을 고쳐주셨다. 그러나 병 고치는 것보다 더 우선적이고 중요한 일은 죄를 해결하는 것이다. 그래서 예수님은 병을 고쳐준 후에 이제는 다시 죄를 짓지 말라고 말씀하신다. 모든 문제의 원인은 죄임을 아셨기 때문이다. "*……보라 네가 나았으니 더 심한 것이 생기지 않게 **다시는 죄를 범하지 말라** 하시니 (요한복음 5장 14절).*"

베데스다 연못에서 물이 움직이기만을 기다려온, 무려 38년 된 병자가 있었다. 예수님은 누워 있는 그를 보시고 불쌍히 여겨 "네 자리를 들고 걸어가라"는 명령으로 그의 병을 고쳐주셨다. 그러고 나서 나중에 예수님께서 병을 고쳐주신 그에게 무엇이라고 말씀하셨는지 아는가? "더 심한 것이 생기지 않게 다시는 죄를 범하지 말라." 무슨 뜻일까? 병의 원인이 죄임을 예수님은 알고 계셨기에 병들지 않으려면 죄를 짓지 말라고 말씀하신 것이다.

마가복음 2장에는 중풍병자를 치료하신 예수님의 기적이 나온다. 수많은 사람들이 예수님께 몰려들었다. 그중에는 중풍병자를 들것에 매고 온 네 친구가 있었다. 예수님을 만날 수 없으니까 비상수단으로 지붕에 올라가 심지어 지붕을 뚫고 줄에 병자를 달아 내렸다. 그 모습을 보신 예수님은 깜짝 놀라셨으리라. 그들이 어째서 지붕까지 뚫는 모험을 감행했겠는가? 단 한 가지 이유 때문이다. 중풍병을 치료 받기 위함이다. 모든 사람의 관심은 온통 병 치료에 쏠려 있었다. 그러나 예수님의 관심은 달랐다. 예수님은 중풍병자에게 이렇게 말씀하신다. "작은 자야 네 죄 사함을 받았느니라."

사람들은 문제의 껍데기를 보지만 예수님은 문제의 본질을 보신다. 문제의 본질은 중풍병이 아니라 죄 사함이다. 문제의 뿌리는 죄다. 죄를 해결하면 중풍병은 저절로 낫는다. 이어서 예수님은 이렇게 말씀하셨다. "일어나 네 상을 가지고 집으로 가라." 중풍병자는 즉시 일어나 상을 가지고 모든 사람 앞에서 나갔다. 모든 문제의 핵심은 죄다. 예수님도 그 사실을 누구보다 잘 아셨다.

죄에서의 구원

구원이라는 말을 다양하게 사용할 수 있다. 질병에서의 구원, 포로된 상태에서의 구원 혹은 가난과 억압, 전쟁, 비인간화, 요즘 같으면 온갖 중독, 불안, 고독, 염려 등에서의 구원을 말할 수 있다. 그러나 진정한 구원은 죄에서의 구원이다. 세상 모든 문제의 뿌리는 죄에 있기 때문이다. 죄를 해결하면 모든 문제를 해결한다. 그래서 예수님은 죄를 해결하기 위해 이 땅에 오셨다. 즉 죄에서 우리를 구원하기 위해 오셨다.

예수라는 이름은 무슨 뜻인가?

예수는 '자기 백성을 죄에서 구원할 자'라는 의미를 지닌 이름이다. 예수님은 그의 이름에 사명이 담겨 있는 것이다. 예수라는 이름은 사람이 지은 것이 아니라 천사가 알려준 이름이다. 잉태한 마리아로 인해 걱정하는 요셉에게 천사가 나타나 마리아의 잉태는 성령으로 된 것이니 두려워 말라고 한다. 그러면서 이렇게 말씀한다. "*아들을 낳으리니 이름을 예수라 하라 이는 그가 자기 백성을 그들의 죄에서 구원할 자이심이라 하니라 (마태복음 1장 21절).*" 천사는 마리아에게도 이름을 알려준다. "*보라 네가 잉태하여 아들을 낳으리니 그 이름을 예수라 하라 (누가복음 1장 31절).*" 천사가 가르쳐준 이름 예수는 그의 사명을 나타낸다. '자기 백성을 죄에서 구원할 자.' 예수님은 온 인류를 죄에서 구원하기 위해 이 세상에 오셨다.

예수라는 이름은 헬라어이고 히브리어로는 '여호수아'이다. 구약에는 두 명의 여호수아가 등장한다. 한 사람은 모세의 후계자로서 이스라엘 백성을 가나안 땅으로 인도했다. 다른 한 사람은 바벨론 포로 이후에 대제사장으로서 성전을 지었다. 둘 다 백성을 애굽 혹은 바벨론의 노예에서 건져낸, 구원의 사명을 감당한 사람이다. 그러나 이들의 구원은 세상적이고 일시적이다. 반면 예수님의 구원은 본질적이고 영원하다. 예수님은 우리를 죄와 그 세력에서 구원하신다. 이런 점에서 예수라는 이름은 하나님의 뜻을 이루는 영광된 이름이다. 그래서 그분은 우리의 구주(救主)가 되신다.

예수님은 우리의 유일한 구주이시다

29문의 답을 주목하자. "또 그분 외에는 어디에서도 구원을 찾아서는 안 되며 발견할 수도 없기 때문입니다." 무엇을 강조하는가? 죄를 해결할 구원자는 오직 한 분 예수뿐이라는 말이다. 그러므로 예수님은 우리의 유일한 구주(救主) 되신다. 우리는 다른 누구에게서도 구원자를 찾을 수 없으며 다른 어디에서도 구원자를 찾아서도 안 된다.

예수님은 우리의 유일한 희망이다. 우리 문제의 본질을 아시고 그것을 해결하기 위해 이 세상에 오셨기 때문이다. 첫째 아담이 죄를 지어서 모든 문제가 발생했다. 그러나 예수님은 둘째 아담으로 오셔서 죄 문제를 해결하셨다. 죄를 해결하셨을 뿐만 아니라 완전히 해결하셨다. 그래서 첫째 아담과 둘째 아담 외에 다른 아담은 없다. 예수님만이 죄를 사하실 수 있다. 예수님은 우리의 유일한 구주이시다. 유일한 구주요 완전한 구주이시다.

*"예수께서 이르시되 내가 곧 길이요 진리요 생명이니 **나로 말미암**

지 않고는 아버지께로 올 자가 없느니라 (요한복음 14장 6절). " 예수님만
이 길이요 진리요 생명이다. 다른 길은 없다. 다른 길을 찾아서는 안
된다.

"다른 이로써는 구원을 받을 수 없나니 천하 사람 중에 구원을 받
을 만한 **다른 이름을 우리에게 주신 일이 없음이라** 하였더라 (사도행전
4장 12절). "

"나 곧 나는 여호와라 **나 외에 구원자가 없느니라** (이사야 43장 11절). "

그런데도 여전히 수많은 사람들은 다른 것에서 구원을 찾는다. 심
지어 신자들 중에도 이런 경우가 흔히 있다. 그래서 다음에 나오는
30문은 이 문제를 다룬다.

우리는 다른 무엇에서 구원을 찾는가?

30문	그렇다면 자신의 구원과 복을 소위 성인(聖人)에게서 혹은 자기 자신이나 다른 데서 찾는 사람들도 유일한 구주이신 예수를 믿는 것입니까?

> **답 :** 아닙니다. 그들은 유일한 구주이신 예수를 말로는 자랑하지만 행위로는 부인합니다. 예수가 완전한 구주가 아니든지, 아니면 참된 믿음으로 이 구주를 영접한 자들이 그들의 구원에 필요한 모든 것을 그에게서 찾든지, 둘 중의 하나만 사실입니다.

30문의 물음과 답을 이해하기는 쉽지 않을 것이다. 그러나 문제
를 풀어가다 보면 '그렇구나' 하고 깨달을 수 있다. 30문은 로마 가

톨릭교회를 염두에 둔 질문이라는 사실을 알아야 한다.

예수님은 우리의 유일한 구주이시요 완전한 구주이시라고 말했다. 유일한 구주이시라는 말은 오직 예수님만이 우리의 죄를 사해주시고 해결하실 수 있는 분이라는 뜻이다. **완전한 구주이시라는 말은 예수님만으로 아무 부족함 없이 우리의 구원을 이루어주시고 우리의 죄를 비롯한 모든 문제를 해결하실 수 있는 분이라는 의미이다.** 즉 예수님으로 부족하여 다른 무엇의 힘을 빌리거나 무엇을 더할 필요가 없다. 그런데 이를 인정하지 않는 모습을 자주 볼 수 있다. 몇 가지를 살펴보자

성인(聖人)

30문은 로마 가톨릭교회를 염두에 둔 질문이라고 했다. 가톨릭교회에서는 성인을 만들어 그들을 숭배하고 심지어 그들에게 기도한다. 마리아와 성인들은 신앙이 특출하여 많은 공로를 쌓았기 때문에 그 공로를 나누어 가지려고 그들에게 기도하는 것이다. 성인들은 이미 천국에 갔다. 그래서 공로의 포인트가 아직 많이 남아 있다. 그걸 내 것으로 얻기 위해 그들을 공경하고 그들에게 기도하는 것이다. 우리나라 천주교회에는 103명의 성인이 있다고 한다. 천주교 신자들은 성인이 되어 세례를 받으면 세례명으로 성인들의 이름을 부여받는데 이것도 그런 맥락에서 이해하면 된다. 그러나 그런다고 해서 성인들이 우리를 구원할 수는 없다.

심지어 마리아에 대해서는 죄가 없이 태어났다는 무흠 수태설과 육체로 승천하여 지금 예수님 곁에 앉아 계신다는 육체 승천설을 주

장하기도 한다. 그래서 마리아의 위치를 거의 예수님의 위치와 동등하게 여기기도 한다. 천주교 신자들은 예수님께 직접 기도하는 것보다 마리아를 통해서 기도하면 더 쉽게 응답받을 수 있다고 믿는다. 이것은 예수님의 중보권을 훼손하는 일이라고 하겠다.

만일 **구원과 복을 위해서 예수님 외에 다른 무엇을 찾고 의지한다면 그것은 예수님의 구원과 사역이 완전하지 못하기 때문에 무엇을 덧붙이는 일이다.** 즉 예수님의 완전한 구주 되심을 부정하는 것이다. 그것은 참 믿음이 아니다.

자기 자신

신자들이 흔히 저지르는 잘못이다. 우리는 어째서인지 구원을 위해서 자신이 뭔가를 해야 한다고 생각한다. 그래서 며칠 동안 철야기도나 금식기도를 하거나 특정 장소에 가서 봉사나 선행을 한다. 가난한 이웃을 위해 구제하거나 굶주리는 아프리카 사람들을 위해 기부를 한다. 교회를 위해 힘들게 봉사하고 화장실 청소를 하기도 한다. 헌금을 많이 하기도 한다. 그렇게 함으로써 자기 믿음의 부족한 점이나 그동안 저지른 죄와 잘못을 상쇄시킴으로 나를 향한 예수님의 구원에 뭔가 힘을 보태려 노력한다. 그러나 완전한 착각이다. 그것은 우리의 구원과는 아무 상관이 없다. 우리는 믿음 하나면 된다. 그것이 복음이고 은혜이다.

예수님이 우리를 죄에서 용서해주시고 구원해주시는 것은 전적으

로 예수님 십자가의 공로다. 그거면 부족할 것 없이 충분하다. 내 선행이나 공로를 보탤 필요가 전혀 없다. 오히려 그렇게 한다면 예수님 십자가의 죄 용서를 미흡하게 여기는 형태가 된다. 이를테면 완전한 예수님 구원의 사역을 부정하는 것이라고 하겠다.

그럼 선행이나 봉사, 헌금, 헌신을 전혀 할 필요가 없다는 말인가? 그렇지 않다. 이를 오해하면 안 된다. 죄의 용서와 구원을 위해서는 필요 없지만, 죄를 용서받고 구원받은 사람이라면 당연히 그렇게 살아야 한다. 아니, 그렇게 살 수밖에 없다. 내 역할이라고는 손톱만치도 없이 은혜를 받고 구원을 받았는데, 봉사와 헌금과 헌신보다 몇천 배, 몇만 배 큰 구원과 복을 받았는데……. 그것을 확신한다면 어떻게 봉사와 헌금과 헌신을 소홀히 하겠는가? 그러니까 **봉사와 헌금과 헌신은 구원받았다는 증거가 된다.** 그것을 보면 그가 구원받은 사람인지 아닌지 일부분 파악할 수 있다. 물론 봉사하고 헌신한다고 해서 모두 구원받은 사람이라고는 볼 수 없다. 그러나 구원받은 사람은 봉사와 헌금을 당연한 마음으로 기쁜 마음으로 하게 되어 있다.

그러므로 선행을 하면서 의로운 척하고, 봉사하면서 큰소리치고, 헌금을 많이 했다고 목에 힘주는 등 자기 공로를 내세우는 사람을 보면 그 사람이 얼마나 미숙한 교인인지 알 수 있는 것이다.

그밖의 다른 것

16세기 중세 시절의 일이다. 교황 레오 10세는 전대 교황이 베드로 성당을 완성하기 위해 마련해 놓은 엄청난 자금을 허랑방탕하며 모두 탕진해버렸다. 그러자 그는 부족한 자금을 마련하기 위해 면죄부 판매를 허용했다. 당시 교황청은 전국을 돌아다니며 "연보가 헌금통에 짤랑 하고 떨어지는 순간, 연옥에 있는 사람의 영혼이 천당으로 튀어오른다"고 선전했다. 얼마나 한심하고 우스꽝스러운가? 하지만 그때는 수많은 사람들이 이 말을 믿고 면죄부를 사들였다. 면죄부에는 이런 글귀도 있었다고 한다. "나는 모든 성인(聖人)의 권위로 그대의 잘못과 죄를 사해주며 열흘 동안 모든 벌을 면하노라." 얼마나 편리한가? 면죄부 하나면 열흘 동안 어떤 죄를 저질러도 괜찮다니! 면죄부는 중세 가톨릭교회의 잘못된 신학을 대표한다. 이런 교리는 예수님의 완전한 구원, 유일한 구원을 전적으로 부인하는 것이다.

지금까지 모든 문제의 뿌리는 죄에 있다는 것과 예수님의 구원이 완전하시기에 거기에 어떤 것도 덧붙이거나 보태려 하면 안 된다는 것을 살펴보았다.

우리가 죄에서 구원받는 것은 아주 단순하다. 겸손한 믿음으로 예수님께 나아가는 것이다. **"저의 힘으로 아무것도 할 수 없습니다. 내세울 공로도 아무것도 없습니다. 주장할 선행도 전혀 없습니다. 오직 주님만 의지할 뿐입니다. 오직 주님 십자가의 보혈만 믿고 의지합니다. 저를 받아주시옵소서"** 철저히 주님께 무릎을 꿇고 믿음으로만 나아가는 일이다. 이러한 은혜와 복이 요리문답 해설에 참여한 모두에게 임하기를 바란다.

믿음의 토대를 굳게 세우는 질문

1. 예수님은 수많은 병자를 치료하신 후 다시는 죄를 범하지 말라고 하셨습니다. 그 이유는 무엇입니까?

2. 우리가 봉사와 헌금과 헌신을 많이 한다고 해서 구원 받는 것은 아니라고 했습니다. 그런데도 우리는 봉사와 헌금과 헌신을 반드시 해야 합니다. 그 이유는 무엇입니까?

제15장

그리스도의 삼중 직분의 의미

  14장에서는 인간의 모든 문제의 뿌리가 죄에 있고 예수님은 우리를 죄에서 구원하실 유일한 구주인 동시에 완전한 구주이시라고 말씀드렸다. 그래서 우리가 구원을 위해 다른 무엇을 덧붙여서는 안 된다는 사실도 언급했다. 15장에서는 그리스도의 세 가지 직분에 대해 살펴보자.

31문 그분은 왜 그리스도, 곧 기름부음을 받은 자라고 부릅니까?

> **답 :** 왜냐하면 그분은 성부 하나님으로부터 임명을 받고 성령으로 기름부음을 받으셨기 때문입니다. 그분은 우리의 큰 선지자와 선생으로서 우리의 구원을 위한 하나님의 감추인 경영과 뜻을 온전히 계시하시고, 우리의 유일한 대제사장으로서 그의 몸을 단번에 제물로 드려 우리를 구속하셨고 성부 앞에서 우리를 위해 항상 간구하시며, 또한 우리의 영원한 왕으로서 그의 말씀과 성령으로 우리를 다스리시고, 우리를 위해 획득하신 구원을 누리도록 우리를 보호하고 보존하십니다.

31문의 물음은 "예수님을 왜 그리스도 즉 기름 부음 받은 자라고 부르는가?"이다. 답이 매우 길다. 이 긴 답을 네 부분으로 나눌 수 있다. ① 예수님은 성부 하나님의 임명을 받아 성령으로 기름 부으심을 받았다. ② 예수님은 선지자로서 하나님의 경영과 뜻을 온전히 계시하신다. ③ 예수님은 대제사장으로서 그의 몸을 단번에 제물로 드려서 우리를 구속하셨다. ④ 예수님은 왕으로서 말씀과 성령으로 우리를 다스리고 보호하고 보존하신다.

이를테면 예수님은 성령으로 기름 부으심 받아 그리스도가 되셨는데, 이는 선지자와 제사장과 왕으로서 동시에 기름 부으심 받았다는 뜻이다. 그래서 예수님은 그리스도로서 선지자와 제사장과 왕의 삼중적 직무를 감당하신다. 하나씩 살펴보자.

기름 부음의 의미

우리는 별생각 없이 '예수 그리스도'라는 말을 쉽게 사용한다. 예수는 개인적인 이름이고 그리스도라는 말은 그분의 직함이다. '김아무개 목사'라고 하면 김아무개는 이름이고 목사는 직함이듯 말이다. 직함은 기능을 나타낸다. 앞서 말했지만 '예수'는 당시에 흔한 이름으로 '자기 민족을 죄에서 구원할 자'라는 뜻이다. '그리스도'는 헬라어로 '기름 부음을 받은 자'라는 뜻이다. 히브리어로는 '메시아'다.

기름을 붓는 것은 이런 의미가 있다.

구별하여 세운다는 뜻이다

기름은 구별의 의미가 있다. 기름을 바른다는 것은 구별한다는 뜻이다. 하나님은 모세에게 기름을 만들어 성막에 바르고 제사장들에게 바르라고 했다(출애굽기 30장 22~32절). 그 이유는 하나님께서 거하실 성막, 하나님의 일을 할 제사장을 죄 된 사람들과 구별하여 드리도록 하기 위함이다. 하나님께서는 기름을 부어서 직분자를 구별하여 세우신다.

사람이 아니라 하나님께서 그 직분을 임명하셨음을 표시한다

31문 답의 첫 문장은 다음과 같다. "그분은 성부 하나님으로부터 임명을 받고 성령으로 기름 부음을 받으셨기 때문입니다." 그러므로 기름 부음을 받았다는 것은 하나님께서 임명하셨다는 뜻이고 이것을 공적으로 드러낸다.

직분을 수행할 수 있도록 은사(능력)를 주신다는 의미이다

하나님께서 어떤 목적을 위해서 직분자로 부르셨다면 그 직분에 맞는 은사와 능력도 함께 주신다. 하나님은 무작정 직임만 부여하지 않으신다. 직임에 걸맞은 은사와 능력을 주시면서 일하게 하신다.

직임을 적극적으로 감당하도록 활력과 힘을 부어주신다는 뜻이다

기름은 메마르고 연약한 지체들을 살아나게 하는 힘이 있다. 아픈 자도 낫게 하고 배고픈 자도 살린다. 기름은 활력과 힘을 주어서 든든하게 하는 특성이 있다. 기름 자체에 특정 능력이 있다는 말이 아니다. 기름은 성령을 의미한다. 따라서 성령님이 함께하심으로 활력과 힘을 얻게 하신다는 말이다.

우리가 교회에서 직분을 받을 때도 동일하게 생각해야 한다. 실제로 기름을 붓는 의식은 행하지 않았어도 하나님께서 임명하는 이상, 성령의 기름 부으심이 있다고 믿어야 한다.

교회 직분도 성령님이 함께하시는 일임에는 분명하다. 그러므로 위 4가지 의미를 되새기면서 직분을 감당해야 한다. 우리는 구별된 자라는 사실에 대해서 소명 의식을 가져야 한다. 자부심을 가져야 한다. 하나님께서 임명하셨음을 항상 명심하고 직분을 함부로 여기지 말아야 한다. 직분을 소중하게 생각하고 결코 하찮게 여겨서는 안 된다. 직분을 받았다면 끝까지 책임을 감당해야 한다. 어떤 일이든 교회에서 맡은 사역을 취미생활 정도로 여겨서는 안 된다. 또한 내가 감당하지 못할 것 같다는 걱정은 하지 않는 게 좋다. 하나님께서 은사와 능력과 활력을 주셔서 맡기신 그 일을 내가 능히 감당할 수 있도록 하실 테니 말이다.

구약 시대의 3가지 직분

구약 시대에는 하나님께서 3가지 직분을 세울 때 기름을 부으셨다. 첫째는 선지자, 둘째는 제사장, 셋째는 왕이었다. 하나님의 백성인 이스라엘에게 가장 필요한 사람들이 이 세 직분자였기 때문이다.

하나님은 선지자를 세워서 이스라엘 백성이 갈 길을 제시하고 당신의 뜻을 알려주시며 그들이 어떻게 살아야 하는지 가르쳐주셨다. 또한 제사장을 세워서 그들의 심각한 죄를 해결해주시고 하나님과 멀어진 관계를 회복시켜 주는 중보자 역할을 맡기셨다. 그리고 왕을 세워서 백성을 하나님 뜻대로 다스리고 그들이 위기에 처했을 때 보호하고 지키는 역할을 하게 하셨다. 그러니까 선지자는 하나님의 뜻을 가르치는 일, 제사장은 죄를 해결해주고 하나님과의 중보자가 되는 일, 왕은 백성을 다스리고 보호해주는 일을 맡았다.

그러나 불행히도 어떤 선지자나 제사장이나 왕도 맡은 역할을 충분히 수행하지 못했다. 거짓 선지자들은 하나님의 뜻이 아니라 백성의 비위를 맞추는 일에 급급했다. 하나님의 말씀을 전하지 않고 자기가 하고 싶은 이야기를 했다. 거짓 선지자라는 말은 거짓말하는 선지자라는 뜻이라기보다는 하나님의 말씀을 진실하게 그대로 전하지 않기 때문에 붙여진 것이다. 그런 거짓 선지자들 때문에 예레미야 같은 참 선지자는 무수한 핍박과 고통을 당해야 했다.

제사장들도 온전하지 않았다. 엘리 제사장의 두 아들은 심지어 성전에서 여자들과 동침하고, 하나님께 드리는 예물에서 좋은 것은 자기 몫으로 미리 떼어놓고는 나머지를 하나님께 드리는 불경을 저질렀다. 제사장으로서 하나님과 백성의 사이를 연결하기는커녕 오히려 관계를 깨뜨렸다.

대부분의 왕들은 어떤가? 말할 필요조차 없다. 하나님의 뜻을 거역하고 우상을 섬기며 불의를 일삼고 악과 짝하였다. 자기에게 주어진 권세로 백성을 다스리고 보호하지 않고 오히려 그들을 착취하고 기만하며 그릇된 길로 이끌었다. 심지어는 다윗조차도 완전하지 않았다. 그는 자신의 권력을 이용해 남의 아내를 빼앗고 그녀의 남편을 일부러 치열한 전쟁터로 보내어 살해하지 않았는가.

구약 시대의 그 어떤 선지자도 어떤 왕도 어떤 제사장도 완전하지 않았다. 그들은 하나님의 백성인 이스라엘을 온전히 돌볼 수 없었다. 이스라엘 백성에게는 선지자, 제사장, 왕 이 세 직분을 한 번에 온전히 감당할 누군가가 절실히 필요했다. 그리고 그를 간절히 기다렸다. 하나님은 이스라엘 백성에게 그런 자가 앞으로 오리라고 약속하셨다. 참다운 선지자, 온전한 제사장, 진정한 왕 세 직무를 한 번에 완전히 담당할 분이 오신다면 이스라엘의 모든 필요를 완벽하게 채워줄 것이다. 그 메시아로 오신 분이 누구신가? 그렇다. 바로 우리의 예수 그리스도시다. 예수님은 완전한 선지자, 완전한 제사장, 완전한 왕이시다. 그는 이 세 직분을 감당하기 위해서 기름 부음을 받으셨다. 즉 그리스도가 되셨다. 그러므로 그리스도라는 말에는 완전한 선지자, 완전한 제사장, 완전한 왕이 포함된다. 그러니 예수님이 우리의 그리스도라는 말은 얼마나 중요한가? 예수님이 우리의 선지자, 제사장, 왕이 되신다는 뜻이다.

어느 날 예수님이 제자들에게 물으셨다. "너희는 나를 누구라고 하느냐?" 시몬 베드로가 대답했다. "주는 그리스도시요 살아 계신 하나님의 아들이십니다." 그러자 예수님은 매우 기뻐하시며 이렇게 말씀하셨다. *"예수께서 대답하여 이르시되 바요나 시몬아 네가 복이 있도다 이를 네게 알게 한 이는 혈육이 아니요 하늘에 계신 내 아버지시니라 (마태복음 16장 17절)."*

예수님께서 왜 그렇게 베드로를 칭찬하셨을까? 예수님을 그리스

도라고 고백했기 때문이다. 베드로는 예수님을 완전한 선지자,제사
장, 왕으로서의 직분을 온전히 감당할 분으로 고백한 것이다.

초대교회에서 맨 처음 전파한 복음의 내용이 무엇인가? 사도행전
에는 이렇게 나온다. *"그들이 날마다 성전에 있든지 집에 있든지 **예
수는 그리스도라**고 가르치기와 전도하기를 그치지 아니하니라 (사도
행전 5장 42절)."*

예수는 그리스도라고 전파했다. 이는 복음의 핵심이며 전부이다.
그래서 예수님을 그리스도라고 믿는 사람은 다 구원 받았다. 그리스
도라는 말은 이렇게 중요하다. 우리는 '예수 그리스도'라는 말이 입
에 배다시피 하여 정작 그 말의 진정한 의미를 놓치고 있다. '예수님
은 나의 그리스도'라고 고백할 때마다, 예수님은 선지자로서 제사장
으로서 그리고 왕으로서 내게 필요한 모든 것을 채워주시고 나와 함
께하시며 나를 온전히 도우신다는 사실을 결코 잊어서는 안 된다. 예
수님은 나의 완전한 주님이시다. 오직 예수 그리스도만 의지하라. 그
분만이 우리가 영원히 완전히 의지할 유일한 분이시다.

그리스도의 세 가지 직분

그렇다면 그리스도의 삼중 직분을 더욱 상세히 살펴보자.

선지자
선지자는 하나님의 말씀과 뜻을 백성들에게 가르치는 사람이다.

구약의 선지자들은 직접 하나님으로부터 부르심 받아 백성을 책망하고 바른길을 제시하며 회개를 촉구하고 참된 교리와 예배를 선포했다. 신약 시대에는 특별한 의미로 선지자로 불린 자들이 있었는데, 하나님으로부터 직접 부르심 받아 장차 올 일을 미리 전하는 예언의 은사를 받은 사람들이었다. 바울, 베드로, 아가보 등이 이에 속한다. 그리고 성경을 설명하고 가르쳐 교회와 개인을 강건케 하는 일을 하는 사람을 흔히 선지자라고 불렀다 (고린도전서 14장 3~4절 참조).

31문의 답에서 보듯 예수님은 가장 큰 선지자로서 하나님이 직접 임명하셨고 성령으로 기름 부음 받으셨다. 예수님은 보통 선지자와는 전혀 다르다는 사실을 아는 것이 중요하다. 구약의 선지자는 "여호와께서 가라사대"라며 말을 시작한다. 그러나 하나님의 아들이신 예수님은 이렇게 말한다. "나는 너희에게 이르노니(마태복음 5장 22, 28, 32절)." 말의 권위가 완전히 다르다. 예수님의 말씀은 바로 하나님의 말씀이다. 그분이 곧 하나님이시기에 우리를 향하신 하나님의 경륜과 뜻을 정확히 아신다. 그래서 직접 말씀하신다. "옛사람에게 너희가 들었지만 나는 너희에게 말하노니." "내가 진실로 진실로 너희에게 이르노니(요한복음 5장 19절)." 예수님은 완전한 선지자이시다. 가장 바른 삶의 모습이 무엇인지 제대로 가르쳐주실 분은 오직 예수님뿐이다. 선지자로서 예수님은 당시 수많은 군중에게 하나님의 진정한 뜻을 가르치셨고, 오늘날에도 우리에게 성령과 말씀을 통해서 하나님을 보여주시고 하나님의 뜻을 알려주신다.

예수님은 말씀이 육신이 되신 분이다. **"말씀이 육신이 되어** 우리 가운데 거하시매 우리가 그의 영광을 보니 아버지의 독생자의 영광이요 은혜와 진리가 충만하더라 *(요한복음 1장 14절).*" 요한복음 기자는 예수님을 '말씀이 육신이 되신 분'이라고 말한다. 왜 말씀이 육신이 되셨을까? 육신을 가진 사람들에게 하나님의 뜻을 알게 하시려고 말씀이 육을 입으셨다. 그분이 바로 예수님이시다. 그러므로 예수님의 삶 전체가 말씀이다. 예수님은 그분의 삶으로서 우리에게 하나님의 뜻을 계시하신다. 마구간 말구유에서 태어나신 것도 하나님의 말씀이다. 예수님의 일거수일투족 하나하나 모두 하나님의 말씀이고 하나님의 뜻을 드러내신다.

하나님의 뜻과 경륜을 가르쳐주는 가장 놀라운 사건은 예수님의 십자가와 부활이다. 십자가와 부활을 통해 우리의 구원을 위한 하나님의 경륜과 뜻이 가장 명백히 드러난다. 예수님은 육신을 입고 이 세상에 사시는 동안 선지자의 일을 하셨지만, 가장 낮은 십자가의 고통과 죽음을 통해서 가장 놀랍고 위대한 선지자의 사역을 감당하셨다. 이것이야말로 예수님이 일반 선지자들과는 전혀 다른 점이다.

예수님은 승천하시면서 이렇게 말씀하셨다. "*그러므로 너희는 가서 모든 민족을 제자로 삼아 아버지와 아들과 성령의 이름으로 세례를 베풀고 내가 너희에게 분부한 모든 것을 가르쳐 지키게 하라 볼지어다 내가 세상 끝날까지 **너희와 항상 함께 있으리라** 하시니라 (마태복음 28장 19~20절).*" 하늘로 오르시며 예수님은 제자들에게 어떤 사명을 맡기시는가? 그렇다. 선지자의 사명을 맡기셨다. "전파하고 가르쳐 지키게 하라." 그러면서 그다음에 이렇게 말씀하신다. "내가 세상 끝날까지 너희와 항상 함께 있으리라." 제자들이 세상에 나가 복음을 전하고 주님의 말씀을 가르치실 때 그들과 함께 있으면서 그들의 수고를 사용하셔서 가르치는 일을 계속하시겠다는 말씀이다. 제자들만 가르치는 일을 하는 것이 아니라 예수님도 세상 끝날 때까지 제자들과 함께 전파하고 가르치는 선지자의 사명을 이루시겠다는 뜻이다. 주님은 지금도 교회 안에 계셔서 주님의 자녀들과 함께 복음 전파의 사명을 감당하고 계신다. 전도와 가르치는 일이 어려운가? 우리가 혼자가 아님을 믿으시기 바란다. 주님은 우리 안에 항상 계시면서 세상 끝날까지 선지자의 직분을 이루어가신다.

제사장

31문의 답을 다시 보자. '우리의 유일한 대제사장으로서 그의 몸을 단번에 제물로 드려 우리를 구속하셨고 성부 앞에서 우리를 위해 항상 간구하시며.' 예수님은 '우리의 유일한 대제사장'이라고 했다. 구약 시대에는 수많은 제사장이 있었지만 그들은 하나의 모형적인 제사장(그림자)일 뿐, 그리스도만이 실제적인 제사장(실체)이라는 의미이다. 조금 어려운 이야기이지만 신학적으로는 이렇게 말한다. 구약 시대에는 황소나 염소의 피로 제사를 드렸지만 그렇게 제사를 드린다고 해서 저절로 죄사함 받는 것은 아니다. **구약 시대의 제사를 하나님이 받으신 것은 장차 올 그리스도께서 이루실 은혜와 구원의 역사를 보시고 그리스도 안에서 구약의 제사를 받으신 것이다. 그리스도의 십자가 안에서 구약의 제사를 받으신 것이다.** 즉 그리스도께서 십자가에서 화목제물이 되셨기 때문에 구약의 제사가 효과 있게 되었다. 그런 의미에서 **구약 시대의 수많은 제사장은 그림자이고 그리스도만이 실제적인 제사장이라는 말이다.**

구약의 제사는 불완전하다. 그러나 예수님은 구약의 제사를 완성하셨다. (1) 제사장들은 제사를 드릴 때 먼저 자기의 죄를 씻기 위한 제사를 드려야 했다. 그러나 예수님은 죄가 없으신 분이시기에 자신을 위한 제사를 드릴 필요가 없었다. (2) 구약의 제사장은 자기의 죄로 인해서 결국 죽어야 했다. 그래서 제사장이 매번 갈렸다. 그러나 예수님은 영원하신 분이시기에 그 직분이 갈릴 필요가 없다. (3) 구약의 제사는 때마다 매번 제물을 드려야 했다. 그러나 예수님은 십자가에서 단 한 번의 영원한 제사를 드림으로 우리를 위한 속죄의 사역을 완성하셨다. (4) 구약의 제사장들은 1년에 한 번 속죄일에 제사를 드렸는데 예수님은 그분의 몸이 성전이셨다. 그래서 예수님은 자신의 몸을 성전 삼아 십자가에서 제사를 드렸다. 예수님이 십자가에서 죽으셨을 때 예루살렘 성전의 휘장이 갈라졌다. 이는 구약의 제사가 예수님에게서 완성되었음을 계시한다.

그러므로 예수님은 완전하고 유일한 대제사장이시다. 예수님은 유일한 대제사장으로서 구약의 모든 제사를 완성하셨다. 이제 우리는 매번 희생 제사를 드릴 필요가 없다. 언제든 때를 따라 돕는 은혜를 얻기 위해서 은혜의 보좌 앞에 담대히 나아가기만 하면 된다.

"우리에게 있는 대제사장은 우리의 연약함을 동정하지 못하실 이가 아니요 모든 일에 우리와 똑같이 시험을 받으신 이로되 죄는 없으시니라 그러므로 우리는 긍휼하심을 받고 때를 따라 돕는 은혜를 얻기 위하여 **은혜의 보좌 앞에 담대히 나아갈 것이니라** (히브리서 4장 15~16절)."

살면서 어떤 허물과 죄를 범하였는가? 이 허물과 죄는 우리의 가장 큰 불행이요 문제이다. 그러나 염려하지 말라. 우리의 완전한 대제사장이신 그리스도 앞에 믿음으로 담대하게 나아가면 된다. 그분은 우리의 연약함을 동정 못 하실 분이 아니다. 우리에게 진정한 마음의 평화와 기쁨과 행복을 주실 수 있는 유일한 대제사장이시다. 굳건한 믿음을 가지라. 그분은 지금도 중보자로서 하나님 우편에서 우리를 위해 간구하고 계신다(로마서 8장 34절 참고). 우리는 하나님 앞에 감히 설 수 없는 존재이다. 그러나 하나님은 예수님의 기도를 들으시고 우리를 받아주신다. 우리는 온갖 문제와 허물투성이이다. 그러나 하나님은 그리스도 안에서 나를 보신다. 그리스도 안에서 보신 나는 하나님이 받으실 만한 존재가 된다. 하나님은 그리스도의 기도를 보시고 나의 기도를 받으신다. 그리스도의 기도는 내 기도가 상달되는 통로이다. 그리스도는 하늘에서 기도하고 나는 땅에서 기도하는 것이다.

왕

31문의 답은 이렇다. '우리의 영원한 왕으로서 그의 말씀과 성령으로 우리를 다스리시고, 우리를 위해 획득하신 구원을 누리도록 우리를 보호하고 보존하십니다.' 왕의 직분은 다스리고 보호하는 것이다. 그리스도는 우리의 영원한 왕이시다. 예수님은 왕으로 태어나셨다. 동방박사들은 예루살렘에서 물었다. "유대인의 왕으로 나신 이가 어디 계시냐(마태복음 2장 2절.)" 그들은 아기 예수님을 찾아가 왕께 하듯 예물을 드리고 경배했다. 예수님이 매달리신 십자가 위에는 '유대인의 왕 예수'라는 명패가 붙어 있었다.

그분은 우리 신자들에게만 왕이 아니라 온 우주 만물의 왕이시다. 만물이 그로 말미암아 지음을 받았고 만물이 그를 위해 창조되었으며 만물이 그 안에 함께 섰다고 바울은 말한다. "만물이 그에게서 창조되되 하늘과 땅에서 보이는 것들과 보이지 않는 것들과 혹은 왕권들이나 주권들이나 통치자들이나 권세들이나 만물이 다 그로 말미암고 그를 위하여 창조되었고 또한 그가 만물보다 먼저 계시고 만물이 그 안에 함께 섰느니라(골로새서 1장 16~17절)."

예수님은 말씀으로 풍랑을 다스리신다. 지금도 사계절을 주관하시고 추위와 더위, 햇빛과 비를 지배하신다. 그리스도는 하늘과 땅의 모든 권세를 가지고 계시면서 온 세상을 통치하신다(마태복음 28장 18절 참고). 세상의 왕은 물리적인 힘으로 남을 지배하지만 그리스도는 말씀과 성령의 능력으로 자기 백성을 마음속 깊이 보살피신다. 왕이신 예수님은 우리를 보호하시고 지키신다. 밤이나 낮이나 쉬지 않으시고 주무시지도 않으시며 우리를 지키신다.

"여호와께서 너를 실족하지 아니하게 하시며 너를 지키시는 이가 졸지 아니하시리로다 이스라엘을 지키시는 이는 졸지도 아니하시고 주무시지도 아니하시리로다 여호와는 너를 지키시는 이시라 여호와께서 네 오른쪽에서 네 그늘이 되시나니 낮의 해가 너를 상하게 하지 아니하며 밤의 달도 너를 해치지 아니하리로다 여호와께서 너를 지켜 모든 환난을 면하게 하시며 또 네 영혼을 지키시리로다 여호와께서 너의 출입을 지금부터 영원까지 지키시리로다(시편 121편 3~8절)."

지금까지 예수는 그리스도이시고 그리스도는 삼중 직분을 갖고 계신다는 사실을 말씀드렸다. 이제 중요한 것은 '당신은 어떤가?'이다. 당신은 예수를 그리스도로 고백하는가? 예수가 그리스도이시라는 진정한 의미를 아는가? 그리스도는 기름 부음 받았다는 뜻이라고 했다. 예수님은 선지자로서, 제사장으로서, 왕으로서 기름 부음 받으셨다. 그래서 우리의 진정한 구세주가 되신다.

당신은 예수님을 당신의 선지자로 믿고 사는가? 예수님의 가르침을 '아멘'으로 기쁘게 받아들이는가? 문제나 갈등이 생길 때에 예수님의 가르침을 기준으로 삼고 있는가? 예수님의 가르침이 당신 인생의 방향을 좌지우지하는가? 예수님은 정말로 당신의 선지자이신가?

예수님은 진정 당신의 제사장이신가? 허물과 죄가 있을 때 예수님이 당신의 완전한 대제사장 되심을 굳게 믿고 은혜를 얻기 위해 담대히 그분 앞에 나아가는가? 그리스도 사죄의 은총을 믿으며 무릎 꿇고 회개하는가?

예수님은 당신의 진정한 왕이신가? 그리스도께서 나를 비롯한 온 세상 만물을 다스리심을 믿는가? 지금도 그분은 우리를 보호하시고 인도하시고 지키심을 확신하는가? 또한 왕이신 그리스도 앞에 항상 무릎꿇고 복종하며 살아가는가?

예수님이 우리의 그리스도라는 사실은 그분이 우리의 완전한 구세주 되심을 의미한다. 그러므로 예수님 한 분이면 모든 것이 다 된다. 예수님 한 분 안에 우리에게 필요한 모든 것이 다 들어 있다. 오직 예수님만 바라보자. 예수님만 의지하자. 예수님의 말씀에만 귀를 기울이자. 예수님은 나의 그리스도다. 내 삶의 전부다. 이런 믿음이 넘쳐나길 바란다.

믿음의 토대를 굳게 세우는 질문

1. 예수 그리스도의 그리스도란 말은 기름 부음 받았다는 의미입
   니다. 예수님은 선지자와 제사장과 왕으로 기름 부음 받았습
   니다. 각각의 직분이 담당하는 일이 무엇인지 간단하게 설명
   해봅시다.

2. 기름 부음의 의미는 무엇입니까?

3. 당신은 예수 그리스도를 나의 왕으로 고백하십니까? 그렇다
   면 이제 당신은 앞으로 어떻게 살 것입니까?

제16장

그리스도인이란?

32문 그런데 당신은 왜 그리스도인이라 불립니까?

답 : 왜냐하면 내가 믿음으로 그리스도의 지체(肢體)가 되어 그의 기름
부음에 참여하기 때문입니다. 나는 선지자로서 그의 이름의 증인
이 되며, 제사장으로서 나 자신을 감사의 산 제물로 그에게 드리
고, 또한 왕으로서 이 세상에 사는 동안은 자유롭고 선한 양심으로
죄와 마귀에 대항하여 싸우고, 이후로는 영원히 그와 함께 모든 피
조물을 다스릴 것입니다.

　　신자는 왜 그리스도인이라고 불리는가? 이 말에는 대단히 중요한
의미가 있다. 맨 처음 예수 믿는 사람이 그리스도인이라고 불린 시기
는 사도 시대였다. 그전에는 형제나 제자라고 불렀다. 그런데 안디옥
에서 처음으로 예수님의 제자들을 그리스도인이라고 불렀다. "만나
매 안디옥에 데리고 와서 둘이 교회에 일 년간 모여 있어 큰 무리를
가르쳤고 제자들이 안디옥에서 비로소 그리스도인이라 일컬음을 받

게 되었더라 *(사도행전 11장 26절)*." 이 말은 예수 믿는 사람들을 비난하려고 부정적인 의미로 사용되었다고 추측한다. 아그립바 왕도 바울에게 이렇게 말했다. "*아그립바가 바울에게 이르되 네가 적은 말로 나를 권하여 **그리스도인**이 되게 하려 하는도다 (사도행전 26장 28절).*" 베드로 사도도 이렇게 권면했다. "*만일 **그리스도인**으로 고난을 받으면 부끄러워하지 말고……(베드로전서 4장 16절).*" 이를 보면 당시 그리스도인이라는 호칭은 조롱하는 말, 부끄러운 말로 사용되었음을 알 수 있다.

그러나 놀랍게도 초대교회 교인들은 이 말을 수치로 여기지 않고 도리어 영광스럽게 여겼다. 그리스도의 이름으로 받는 지금의 고난으로 장래에는 그리스도와 함께 놀라운 영광에 참여하리라고 굳게 믿었기 때문이다.

그리스도인이란 말이 처음에는 믿지 않는 사람들의 입에서 나왔지만 사실은 매우 적절한 호칭이다. 우리 신자에 대한 가장 합당한 이름이다. 그리고 대단히 중요한 말이다. 신자의 정체성을 가장 정확하게 나타내기 때문이다. 이 또한 하나님의 놀라운 역사와 섭리이다. 우리는 이 이름을 주신 하나님께 감사드려야 한다.

그리스도인은 누구인가?

신자를 일컫는 그리스도인이라는 호칭이 왜 중요한가? *32문의 물음이다. "그런데 당신은 왜 그리스도인이라 불립니까?"* 답은 이렇다.

"왜냐하면 내가 믿음으로 그리스도의 지체(肢體)가 되어 그의 기름부음에 참여하기 때문입니다." 그리스도인으로 불리는 이유는 두 가지이다. 하나는 내가 그리스도의 지체가 되었기 때문이다. 또 하나는 그리스도의 기름 부음에 참여하기 때문이다. 이 두 가지는 그리스도인이 어떤 사람인지, 그리스도인의 정체성을 드러낼 수 있는 가장 핵심적인 말이다(우리는 이 두 가지를 잘 기억해두어야 한다).

그리스도인은 그리스도의 지체라는 말이다

우리는 어떻게 그리스도의 지체가 되었는가? 믿음으로 지체가 되었다고 말한다. 지체는 부분이라는 뜻이다. 우리는 믿음으로 그리스도에게 영적으로 접붙임을 받고 그리스도의 지체가 되었다. 그리스도는 몸이다. 신자는 그의 지체다.

"너희 몸이 **그리스도의 지체인** 줄을 알지 못하느냐······(고린도전서 6장 15절)." "이와 같이 우리 많은 사람이 그리스도 안에서 한 몸이 되어 서로 지체가 되었느니라 (로마서 12장 5절)." 예수님도 말씀하셨다. "나는 포도나무요 **너희는 가지라** 그가 내 안에, 내가 그 안에 거하면 사람이 열매를 많이 맺나니 나를 떠나서는 너희가 아무것도 할 수 없음이라 (요한복음 15장 5절)."

예수님은 포도나무요 나는 포도나무의 가지다. 가지도 포도나무다. 지체도 몸의 일부분이다. 그러므로 지체가 되었다는 것은 그리스도의 일부가 되었다는 말이다. 그런 의미에서 지체가 되었다는 것은 대단히 중요하며 여러 의미를 지닌다. 지체가 되었다는 의미는 무엇인가?

① **그에게 속한 자가 되었다는 뜻이다.** 소속이 그리스도라는 말이다. 그리스도의 일부분이라는 이야기이다. 그러니 그리스도께서 얼마나 나를 사랑하시겠는가? 어떤 상황에 처할지라도 두려워하거나 염려할 필요가 없다. 나는 그리스도의 지체, 일부라는 사실을 꼭 기억하라.

② **그리스도와 생명적으로 연결되었다는 뜻이다.** 우리는 그리스도에게서 생명을 공급받는다. 가지는 포도나무에 붙어 있기만 하면 절대 죽지 않고 살 수 있다. 이 땅의 생명뿐 아니라 영원한 생명도 얻는다. 그러나 만일 떨어져 나간다면 그 즉시 생명을 잃고 만다.

③ **그리스도가 나의 주인이 되었다는 뜻이다.** 이제는 그리스도가 내 인생을 주장하신다. 나는 주인 되신 그리스도에게 마땅히 순종해야 한다. 머리의 명령에 순종하지 않는 지체가 어디 있겠는가? 순종할 때만 지체가 될 수 있다. 만일 순종하지 않는 지체가 있다면 그 몸은 이미 병든 몸이라고밖에 할 수 없다.

④ **모든 필요를 공급받는다는 뜻이다.** 포도나무는 가지가 생존하기에 필요한 모든 것을 충분히 공급한다. 예수님은 우리의 모든 필요를 채워주시기에 충분하시고 전능하신 하나님이다. 우리는 다만 지체로서 예수님께 붙어 있기만 하면 된다. 그러면 그분이 영육의 모든 필요를 채워주신다는 사실을 굳게 믿으라.

⑤ **그리스도와 인격적이고 친밀하게 교제한다는 뜻이다.** 지체의 가장 큰 특권은 몸과 자유롭게 인격적 교제를 갖는다는 것이다. 우리는 어떤가? 그리스도의 지체가 되었다면 우리는 어떤 거리낌도 없이 그리스도와 인격적인 만남과 교제를 누릴 수 있다. 당신은 지금 그렇

게 살고 있는가?

⑥ **그리스도의 다스림을 받는다는 뜻이다.** 지체라면 반드시 몸의 다스림을 받는다. 우리가 가장 잘 되는 길은 그리스도의 다스림을 받고 그의 말대로 따르는 것이다.

⑦ **그리스도의 몸을 보존하는 데 기여한다는 뜻이다.** 몸의 지체들은 각자 지닌 은사와 능력을 통해서 몸을 세워나가는 데 기여한다. 지체의 다양한 활동들을 통해서 몸이 세워져 간다. 그리스도의 지체인 신자들도 무슨 일을 하든지 항상 그리스도의 몸인 교회를 보존하고 유익하게 하는 데 초점을 맞춰야 한다.

그리스도인은 그리스도의 기름 부음에 참여한 자다

32문의 답은 이렇다. "그의 기름 부음에 참여하기 때문입니다."

그리스도의 뜻은 '기름 부음을 받은 자'라고 했다. 그러므로 이 말은 그리스도께서 기름 부음을 받은 그리스도의 삼중직, 즉 선지자, 제사장, 왕의 직분에 참여하는 것을 의미한다. 우리는 그리스도와 똑같은 선지자, 제사장, 왕은 아니다. 그러나 그의 은사와 직분에 참여할 수 있다.

하나님의 아들이 왜 이 세상에 오셔서 기름 부음을 받아 그리스도가 되셨는가? 우리로 하여금 그리스도인이 되게 하여서 우리도 그리스도의 직분에 참여하도록 하기 위함이다.

완전한 선지자인 예수님은 그분의 삶과 인격과 사역 전체로 하나님이 어떤 분이신지를 우리에게 보여주고 가르쳐주셨다. 제사장 중의 제사장이신 예수님은 우리의 죗값을 치르기 위해 십자가에서 죽으심으로 자기 몸을 번제로 하나님께 바치셨다. 완전한 왕이신 예수님은 온 우주만물을 다스리시고 악과 마귀와 싸워 완전한 승리를 거두셨다.

그렇다면 우리는 작은 선지자로서, 인격과 말과 삶으로 예수님을 드러내는 증인의 삶을 살아야 한다. 우리는 작은 제사장으로서 내 삶을 하나님이 기뻐하시는 산 제물로 드려야 한다. 우리는 작은 왕으로서 죄와 불의에 굴복하지 않고 마귀와 싸워 이겨야 한다. 우리는 성령으로 기름 부음 받은 자이고 작은 그리스도이기 때문이다. 그런 의미에서 우리는 그리스도인이다.

그리스도인의 세 가지 직분

에덴 동산에서 아담과 하와는 그리스도께서 행하신 이 세 직분을 이미 담당하고 있었다. 그들은 선지자로서 자신의 창조주를 알고 그의 말씀을 받아들였다. *"선악을 알게 하는 나무의 열매는 먹지 말라 네가 먹는 날에는 반드시 죽으리라 하시니라 (창세기 2장 17절)."* 그리고 자신들의 삶을 통해서 하나님의 말씀을 드러냈다. 또한 제사장으로서 안식일에 하나님께 나아가 예배를 드렸다. 왕으로서 땅에 있는 모든 것을 다스렸고 동물들의 이름을 지어주었다. 하나님의 형상이 더럽혀지지 않았을 때는 이 세 직분을 잘 감당했다. 그러나 그들이 하나님의 말씀을 거역하고 죄를 지은 이후로 하나님의 형상은 파괴되고 세 직분은 망가지고 말았다. 죄를 범한 이후로 아담과 그 후손들은 이 직분을 감당할 수 없었다.

그때 마지막 아담이신 예수 그리스도께서 오셨다. 그리스도는 우리에게 하나님의 형상을 회복시켜 주셨을 뿐 아니라 그분이 하나님의 형상이 되셨다. 이는 그리스도께서 다시 선지자, 제사장, 왕으로서 직무를 온전히 회복하시고 담당하시는 동시에, 우리에게 하나님의 형상을 회복시켜 주시고 아담이 행했던 세 가지 직분을 우리가 다시 수행하도록 하셨다는 의미이다. 그런 뜻에서 그리스도인이 세 가지 직분을 담당하는 것은 하나님의 형상을 회복하는 일이다. 그러므로 우리가 그리스도의 세 직분에 참여하는 것을 대수롭지 않게 여겨서는 안 된다. 그것은 하나님의 형상을 회복하는 일이고, 온전한 인간이 되는 길이기 때문이다. 이 세 직분을 온전히 감당할 때 비로소 우리는 하나님의 형상을 회복한다. 이제 그리스도인이 행해야 할 세 직분에 대해서 살펴보자.

그리스도인의 선지자직

그리스도인은 그리스도의 사람이다. 그러니 그리스도가 행하신 일을 우리도 해야 한다. 그리스도인이라는 이름에 합당하게 삼중직의 기름 부음에 참여해야 한다.

32문의 답에 나오듯, 그리스도인은 선지자로서 무엇보다도 '그리스도의 이름의 증인이 되어야' 한다. 그러기 위해서는 우선 하나님의 뜻을 바로 알아야 한다. 성경을 읽고 배우고 익혀서 하나님의 뜻을 찾고 깨달아야 한다. 그리고 기회 있을 때마다 그것을 가르치고 전파해야 한다. 우리는 삶 전체를 통해서 예수 그리스도의 증인이 되어야 한다.

그러나 신자가 감당하는 선지자직과 그리스도께서 감당하는 것에는 큰 차이가 있다. 그리스도는 구원에 필요한 하나님의 경영과 뜻을 온전히 나타내셨다. 이제 더는 우리가 그 일을 할 필요가 없다. 다만 우리는 이미 그리스도께서 드러내주신 하나님의 뜻을 나의 것으로 알고 고백하고 증언하는 데서 선지자직을 수행한다. 그리스도는 큰 선지자이시다. 그리스도는 모든 것을 다 나타내시고 이루셨다. 이제 우리는 작은 선지자로서 그리스도께서 하신 것을 반복하고 내 것으로 고백하며 세상에 나가서 증거하는 일을 하면 된다.

물론 결코 쉬운 일은 아니다. 옛날뿐 아니라 오늘날에도 기독교를 거부하고 핍박하고 반대하는 세력들이 존재한다. 이 세상은 어둡고 험악하고 죄 많은 곳이다. 예수님도 말씀하셨다. *"누구든지 **사람 앞에서 나를 시인하면** 나도 하늘에 계신 내 아버지 앞에서 그를 시인할 것이요. 누구든지 사람 앞에서 나를 부인하면 나도 하늘에 계신 내 아버지 앞에서 그를 부인하리라*(마태복음 10장 32~33절).*"*

무엇보다도 우리가 선지자직을 수행하는 것은 사람들 앞에서 그리스도인임을 시인하는 것이다. 당신은 당당히 시인하고 있는가? 자기도 모르는 사이에 사람들 앞에서 이미지 관리하려고 혹은 남의 이목이 두려워 그리스도의 이름을 시인하지 못할 때도 있을 수 있다. 그렇게 되지 않기를 기도하라. 그리스도인의 선지자직을 망가뜨리는 일이기 때문이다. 우리는 인생을 통해서 그리스도를 전파하고 가르치고 권면하고 증거하는 일을 해야 한다. 그것이 바로 선지자직을 감당하는 것이다.

그리스도인의 제사장직

그리스도가 제사장 되심과 우리가 제사장직을 담당하는 것에는 큰 차이가 있다. 그리스도는 대제사장으로서 십자가에서 단번에 그의 몸을 제물로 드려 우리의 모든 죄를 사해주셨다. 그러나 우리는 그런 사죄의 일을 할 수 없다. 다만 그에 대한 응답으로 우리의 육신을 죽이고 우리의 모든 삶을 하나님께 감사의 제사로 드릴 수 있다. *32문의 답이다. "제사장으로서 나 자신을 감사의 산 제물로 그에게 드리고."* 그리스도인들은 이런 의미에서 제사장직을 감당하게 된다.

뿐만 아니라 그리스도인들은 제사장처럼 자신의 육신적 성향과 욕구들을 굴복시켜 하나님 의의 도구로 드린다. 이것이 하나님께서 받으실 만한 제사이다. *"너희도 산 돌같이 신령한 집으로 세워지고 예수 그리스도로 말미암아 하나님이 기쁘게 받으실 신령한 제사를 드릴 거룩한 제사장이 될지니라* (베드로전서 2장 5절)."

자신을 그리스도에게 제물로 드린다는 것은 무슨 의미인가? 옛사람은 죽고 이제는 그리스도의 소유물로서 그분의 종으로 산다는 뜻이다. 우리는 이미 "나는 나의 것이 아니요 몸도 영혼도 신실하신 주 예수 그리스도의 것이라"고 고백했다. 그래서 그분이 나를 마음대로 사용하도록 허락했다. 지금 당신의 삶은 어떤가? 주님이 마음대로 사용하시기에 조금도 불편함이 없는 삶을 살고 있는가?

우리 매일의 삶 자체가 하나님께 드릴 제물이고 하나님께 드릴 영적 예배이다. 유명한 성경 말씀을 보자. *"너희 몸을 하나님이 기뻐하시는 거룩한 산 제물로 드리라 이는 너희가 드릴 영적 예배니라* (로마서 12장 1절)."* 가장 중요한 제사는 매일의 내 삶을 산 제물로 드리는 것이다. 이것이야말로 우리가 제사장의 직분을 가장 잘 감당하는 일이다. 나의 삶은 하나님 앞에 제물이 되기에 합당한가?

그리스도인의 왕직

우리가 감당하는 왕의 직분 역시 그리스도가 왕 되심과는 많이 다르다. 그리스도는 왕 중의 왕이시고 유일한 왕이시다. 왕이 가지고 있는 힘과 능력의 원천이시다. 그러나 우리는 자신의 힘과 능력이 아무것도 없다. 그저 그리스도의 능력을 받아 작은 왕으로서의 힘을 발휘할 뿐이다.

우선 그리스도인이 왕으로서 해야 할 직무는 영적 전쟁에 나가 원수들과 싸우는 것이다. 그래서 *32문*의 답은 이렇다 *"또한 왕으로서 이 세상에 사는 동안은 자유롭고 선한 양심으로 죄와 마귀에 대항하여 싸우고,"* 그동안 우리는 마귀의 종노릇해왔다. 그러나 이제는 그리스도 안에서 자유롭게 선한 양심으로 싸울 수 있다. 그리스도인은 세상과 죄와 마귀들에게 전쟁을 선포하고 그것을 극복하며 죄가 우리를 주관하지 못하게 해야 한다.

우리는 왕이다. 작은 왕이다. 왕의 특권을 소중히 여기고 그 특권을 올바로 사용해야 한다. 이 세상에서 나는 왕의 직분을 가지고 죄와 사탄과 싸우고 있다는 자부심을 항시 잊지 말아야 한다. 중요한 것은 우리가 싸워서 이길 수 있는 힘은 내게 있지 않고 전적으로 주님께 있다는 사실이다. 그러므로 주님이 승리하신 것처럼 우리도 반드시 최후의 승리를 거둘 것이다. 우리는 항상 이런 영적 자신감을 가지고 살아야 한다. *"무릇* **하나님께로부터 난 자마다 세상을 이기**

느니라 *세상을 이기는 승리는 이것이니 우리의 믿음이니라(요한일서 5장 4절).*" 그리고 그리스도와 함께 영원히 다스리게 될 것이다. *32문의 답이다.* "이후로는 영원히 그와 함께 모든 피조물을 다스릴 것입니다." 그리스도의 것인 우리는 그리스도 안에서 그리스도로 말미암아 그리스도와 함께 영원히 다스릴 것이다.

그리스도인은 왕이다. 그래서 우리는 왕의 품위를 잃지 말아야 한다. 지금은 비록 가난할지라도, 지금은 비천할지라도 결국에는 왕으로서의 부유함을 누리게 될 것이다. 이것이 우리 그리스도인의 자부심이다.

나는 참 그리스도인인가?

이 세상에는 명목상의 그리스도인이 많이 있다. 하지만 교회에 다닌다고 해서 모두 그리스도인은 아니다. 헌금 내고 봉사한다고 다 참 신자는 아니다. 주일에는 신자처럼 보이지만 일상생활에서는 그리스도인으로서의 열매가 전혀 없는 사람도 참 신자라고 할 수 없다. 이런 사람은 이름뿐인 그리스도인이다. 명목상의 그리스도인은 죽은 그리스도인이다.

나는 참 그리스도인인가? 참 그리스도인은 그리스도의 존귀한 이름이 내 삶에서, 내 양심에서 구현된 사람을 가리킨다. 그리스도인은 그리스도에게 속한 자다. 그리스도를 닮은 자다. 그리스도의 지체, 그리스도의 소유가 된 자다. 그래서 그리스도를 사랑하고 그리스도의 생명을 얻어 그리스도 안에서 영원한 삶을 사는 자다.

또한 참 그리스도인은 그리스도의 삼중직에 참여하는 자다. 당신은 선지자로서 하나님의 말씀을 기쁘게 받고 순종하고 증거하는 삶을 살고 있는가? 당신은 제사장으로서 매일의 삶을 하나님께 제물로 드리며 감사하고 있는가? 왕으로서 죄와 악을 미워하고 그것들과 싸우고 승리의 삶을 사는가? 당신은 그리스도인으로 불려도 괜찮은가?

오래전 테오도시우스 황제는 이런 말을 했다. *"나는 황제로 불리는 것보다 그리스도인으로 불리는 것을 더 큰 영예로 생각한다."*

프로버스라는 순교자는 화형에 처해지면서 명패에 무엇이라 적히기를 바라느냐는 질문에 이렇게 대답했다. *"사람들은 나를 프로버스라고 부르지만 정말 나에게 가장 영광스러운 이름은 그리스도인이다."*

그리스도인은 그리스도의 사람이다. 그리스도의 사람이라고 불리는 것을 어떻게 생각하는가? 참 신자는 자신이 그리스도의 사람이라고 불리는 것을 가장 영광스럽게, 자랑스럽게, 감사하게 여긴다. 우리 모두 이런 신자가 되면 좋겠다.

믿음의 토대를 굳게 세우는 질문

1. 그리스도인으로 불리는 것이 부담스러운 이유는 무엇인가?

2. 참된 그리스도인의 조건은 무엇이라고 생각하는가?

제17장

외아들 우리 주 예수 그리스도

이제 사도신경 중 '그 외아들 우리 주 예수 그리스도를 믿사오니' 부분에 대해 나누어보자.

33문 우리 역시 하나님의 자녀인데, 그분을 왜 '하나님의 독생자'라 부릅니까?

답 : 왜냐하면 오직 그리스도만 본질로 하나님의 영원한 아들이시기 때문입니다. 우리는 그리스도로 말미암아 은혜로 입양된 하나님의 자녀입니다.

"우리도 역시 하나님의 자녀라고 한다면 하나님의 자녀가 많다는 것인데, 어떻게 예수님을 한 분밖에 없는 외아들, 독생자로 부를 수 있는가?" 33문은 이런 물음이다. 그에 대한 답은 이것이다. 그리스도께서 독생자이신 것과 우리가 하나님의 자녀들이라는 것은 근본적으로 차이가 있다. 다시 말해 그리스도는 본질적으로 영원한 하나님

의 아들이신 유일하신 분이고 우리는 그리스도의 은혜로 입양된 하나님의 자녀라는 것이다. 즉 그리스도가 하나님의 아들이신 것과 우리가 하나님의 자녀인 것은 같은 선상에서 볼 수 없고 전혀 다르다. 이와 관련해 몇 가지를 살펴보자.

독생자의 의미

'독생자'는 무슨 뜻일까? 우리말 사도신경에서는 독생자를 '외아들'이라고 말한다. 영어로는 'the One and Only son', 'the Only begotten son', '한 분이며 유일한 아들' 혹은 '유일하게 태어난 아들'이라는 뜻이다. 하지만 단지 이런 의미에 국한되지는 않는다.

헬라어로는 '모노게네스(Monogenēs)'인데 이 말은 헬라 사회에서 '유일무이한 자'를 의미한다. 다른 무엇과도 감히 비교할 수 없고, 비교 대상조차 되지 않는 아주 독특한 자를 말한다고 하겠다(교회용어사전 참고). 다시 한번 강조한다. **독생자라는 말은 다른 어떤 것과도 감히 비교할 수 없고, 비교의 대상이 되지 않는 유일무이한 자, 아주 독특한 자를 의미한다.** 그러므로 일반적으로 쓰이는 말이 아니고 오직 예수 그리스도에게만 쓰이는 특별한 단어라고 생각하는 것이 옳다.

독생자는 성자 하나님이 성부 하나님과 맺은 독특한 관계, 독특한 아들 됨을 말한다. 성경 말씀을 보면 이를 확연히 알 수 있다.

• 요한복음 10장 30절 *"나와 아버지는 하나이니라 하신대."* 그리스도와

성부 하나님은 하나다.

- 요한복음 8장 58절: "아브라함이 나기 전부터 내가 있느니라." 성자 하나님의 영원성을 말한다.

- 요한복음 1장 18절: "본래 하나님을 본 사람이 없으되 아버지 품속에 있는 독생하신 하나님이 나타내셨느니라." 예수님은 아버지의 품속에 있는 독생하신 하나님이라고 말하고 있다. 아들 예수님이 아버지의 품속에 있다. 그러면서 독생하신 하나님이시다. 예수님은 이런 말씀도 하셨다. "아버지께서 내 안에 계시고 내가 아버지 안에 있다(요한복음 10장 38절)."

이러한 모든 사실은 성자 하나님과 성부 하나님의 독특한 관계를 보여준다. 우리의 이해를 초월하는 하나님의 신비라고 할 수 있다. 그러므로 우리가 하나님의 자녀인 것과 그리스도가 독생자이신 것과는 전혀 다르다.

그리스도는 영원하신 참 하나님이시다

독생자라는 말의 독특성 중에 가장 중요한 점은, 그리스도는 영원하신 참 하나님이시라는 사실이다. 그러니까 독생자이시면서 영원하신 하나님이시라는 뜻이다. '그리스도는 영원하신 참 하나님이시라.' 이 말은 우리에게는 너무나 익숙하기 때문에 아무렇지도 않게 받아들인다. 그러나 그리스도의 신성과 인성에 관한 논쟁이 주류를 이루고 있는 교회 역사를 살펴보면, 이는 그저 단순한 말이 아니었다는 사실을 알 수 있다.

대표적인 사례가 아리우스의 논쟁이다. 4세기에 아리우스(Arius)는 예수님은 하나님이 아니라 하나님이 창조하신 아들이라고 했다. 하나님이 창조하셨음으로 하나님과 예수님은 격이 다르다고 가르쳤다. 그의 논리에 의하면 예수님은 하나님보다 열등한 존재다. 반면 아타나시우스(Athanasius)는 이에 격렬히 반대했다. 예수님은 참 하나님이시고 아들 하나님과 아버지 하나님의 본질이 동일하다고 주장했다. 이를 '**동일본질론**'이라고 한다. 아리우스는 아들 예수님과 아버지 하나님은 비슷하기는 하지만 동일한 분은 아니며 예수님은 하나님의 피조물이라고 주장했다. 이를 '**유사본질론**'이라고 부른다. 문제는 아리우스의 주장대로라면 예수님은 결코 우리의 구원을 위해서 중보자가 될 수 없다는 것이다. 앞서 배웠듯 참 하나님이시고 참 사람이신 분만이 우리의 중보자가 될 수 있기 때문이다. 그러므로 아리우스의 주장은 정통 교리에서 어긋난다.

아타나시우스의 주장은 이러하다. **"하나님이 창조되지 않으셨으므로 아들도 창조되지 않았다. 아버지가 무한하신 것처럼 아들도 무한하다. 아버지가 영원한 것처럼 아들도 영원하다. 아버지가 불변하는 것처럼 아들도 불변하다. 아버지가 전능하신 것처럼 아들도 전능하다."** 예수님은 영원 전부터 영원 후까지 단 한 번도 참 하나님이 아닌 적이 없으시다. 아타나시우스는 이를 주장하다가 귀양살이를 다섯 번이나 해야 했다. 이사야 선지자는 예수님이 오실 것을 예언하면서 그에 대해서 이렇게 말하고 있다. *"이는 한 아기가 우리에게 났고 한 아들을 우리에게 주신 바 되었는데 그의 어깨에는 정사를 메었*

고 그의 이름은 기묘자라, 모사라, 전능하신 하나님이라, 영존하시는 아버지라, 평강의 왕이라 할 것임이라 *(이사야 9장 6절).*" **이사야**는 오실 예수님을 예언하면서 전능하신 하나님, 영존하시는 아버지와 동일시하고 있다. 그리스도는 영원하신 참 하나님이시다.

결국 어떻게 되었는가? 고대 교회는 아리우스의 주장을 이단으로 정죄하고 아타나시우스의 주장을 정통교리로 받아들였다. 그때 작성된 것이 바로 니케아 신조(381년)다. 니케아 신조는 성자 하나님에 대해서 이렇게 고백한다.

"또한 한 주 예수 그리스도 하나님의 독생자를 믿사오니
그는 모든 세상이 있기 전에 성부로부터 나셨고
하나님으로부터 나온 하나님이시요.
빛으로부터 나온 빛이시요.
참 하나님으로부터 나온 참 하나님이시며
나셨으나 지으심을 받은 것은 아니고
성부와 한 본질을 가지신 분입니다."

핵심 내용은 이러하다. **예수님은 ① 모든 세상이 있기 전, 영원 전부터 성부에게서 나셨다.** 다시 말해서 영원 전부터 성부로부터 나셨으니까 성자는 시작도 없고 끝도 없는 영원한 하나님이시다. **② 참 하나님으로부터 나온 참 하나님이시다.** 여기에 '나온'이라는 말은 영어의 'from'과 같은 뜻이다. 즉 본질이 같다는 것이다. 진흙으로부터 무엇을 만들었으면 그것의 본질은 당연히 진흙이다. 즉 성자 하나님

과 성부 하나님은 본질이 같으신 분이라는 말이다.

가장 중요한 두 문장은 그리스도는 ① **영원 전에 나신 분이시고** ② **본질이 같은 하나님이시라는 것이다.**

요리문답 *33문*의 답도 이와 같다. "*오직 그리스도만 본질로 하나님의 영원한 아들이시기 때문입니다.*"

우리가 믿는 예수 그리스도는 성부 하나님과 똑같이 영원 전부터 계시고 본질이 같은 참 하나님이시다. 그래서 우리를 구원하실 수 있고 우리는 영원히 그분만을 의지하며 살 수 있다. 이 얼마나 감사한 일인가!

우리는 입양된 하나님의 자녀다

예수님과 우리의 아들 됨의 근본적인 차이는 무엇인가? 예수님은 본질이 하나님의 독생자이시고 우리는 나중에 은혜로 입양된 하나님의 자녀라는 사실이다. 그러니까 '예수님은 독생자이시다'는 틀린 말이 아니다. *33문*의 답을 보자. "*우리는 그리스도로 말미암아 은혜로 입양된 하나님의 자녀입니다.*"

어째서인지 몰라도 우리나라는 입양을 그리 달갑게 여기지 않는다. 그래도 옛날보다는 인식이 많이 나아져서 최근에는 입양하는 사람들을 주변에서 종종 볼 수 있다. 개혁교회의 영향을 받은 서구 나라들에서는 입양이 흔한 편이며 조금도 부끄럽게 여기지 않는다. 입양한 아이도 유아세례를 주어서 자기가 낳은 친자식과 똑같이 대우

한다. 성경에서는 영적인 입양을 매우 자랑스럽게 여긴다. 신자는 모두 믿음으로 입양된 하나님의 자녀들이다. 우리는 본질상 진노의 자녀였지만 그리스도의 십자가의 은혜로 하나님의 자녀가 되었다.

"전에는 우리도 다 그 가운데서 우리 육체의 욕심을 따라 지내며 육체와 마음의 원하는 것을 하여 다른 이들과 같이 **본질상 진노의 자녀**이었더니(에베소서 2장 3절)."

"영접하는 자 곧 그 이름을 믿는 자들에게는 **하나님의 자녀**가 되는 권세를 주셨으니(요한복음 1장 12절)."

입양은 혈연으로가 아니라 법적으로 부모와 자식의 관계를 맺는 일이다. 그러나 법적이라고 해서 하나님과 우리가 건조하고 딱딱한 관계를 맺는 것은 아니다. 하나님이 그리스도의 은혜로 우리를 입양한 것은 그저 기계적인 관계가 아니라 밀접하게 맺어진 진실한 사랑의 관계이다. 하나님은 우리를 사랑하셔서 우리의 믿음을 보시고 그리스도의 십자가 공로로 우리를 자녀 삼으셨다. 본질상 진노의 자녀, 마귀의 자녀였던 우리를 자녀 삼아주심은 하나님께서 우리에게 베푸신 은총 중에 가장 큰 축복이라고 할 수 있다. 버림받은 우리를 죄에서 구원하셔서 온 세상의 창조주와 주인이신 하나님의 자녀가 되게 하셨다. 이 얼마나 놀라운 사실인가?

하나님의 자녀가 되면 누릴 수 있는 엄청난 축복들이 있다. 하나님께서는 입양된 자녀에게도 친자녀처럼 놀라운 복을 내리신다.

① **입양된 자녀도 아버지의 상속자가 된다.** 그러므로 그리스도와

함께 만유를 상속받게 된다. 그리고 모든 피조물을 영원토록 다스릴 것이다. "성령이 친히 우리의 영과 더불어 우리가 하나님의 자녀인 것을 증언하시나니 자녀이면 또한 상속자 곧 **하나님의 상속자요** 그리스도와 함께 한 상속자니 우리가 그와 함께 영광을 받기 위하여 고난도 함께 받아야 할 것이니라 (로마서 8장 16~17절)."

② **하나님을 아빠 아버지라고 부른다.** "너희가 아들이므로 하나님이 그 아들의 영을 우리 마음 가운데 보내사 **아빠 아버지**라 부르게 하셨느니라 (갈라디아서 4장 6절)." 아빠는 어린아이가 아버지를 가장 친근하게 부르는 호칭이다. 우리가 하나님의 자녀가 되면 이렇게 하나님과의 관계가 가깝다는 것을 말해준다.

③ **아버지 하나님은 자녀에게 생활에 필요한 모든 것을 제공하신다.** 영적 구원뿐 아니라 육적 필요까지 다 채워주신다. "그러므로 염려하여 이르기를 무엇을 먹을까 무엇을 마실까 무엇을 입을까 하지 말라 이는 다 이방인들이 구하는 것이라 너희 하늘 아버지께서 **이 모든 것이 너희에게 있어야 할 줄을 아시느니라** (마태복음 6장 31~32절)."

④ **하나님께서 우리와 함께 교제하기를 원하신다.** 부모가 자녀와 늘 친밀하게 교제하듯이 우리와 교제를 나누기를 원하신다.

⑤ **그 밖에 기도 응답의 은혜, 동행의 은혜, 우리의 앞길을 인도하시는 축복 등이 있다.** 우리가 하나님의 자녀로 입양되었다니 얼마나 놀랍고 감사한 일인가? 이런 은혜를 날마다 감격하며 감사할 수 있기를 바란다.

34문 당신은 왜 그분을 '우리 주'라 부릅니까?

> **답** : 왜냐하면 그분이 금이나 은이 아니라 그의 보혈로써 우리의 몸과
> 영혼을 우리의 모든 죄로부터 구속하셨고, 우리를 마귀의 모든 권
> 세에서 해방하여 주의 것으로 삼으셨기 때문입니다.

    우리는 사도신경을 암송하면서 *"그 외아들 우리 주 예수 그리스도
를 믿사오니"*라고 고백한다. 34문의 물음이 이 사도신경에 나오는
'우리 주'이다. 우리는 예수 그리스도를 왜 '우리 주'라고 부르느냐는
질문이다. 여기서 먼저 짚고 넘어갈 점은 왜 '나의 주'라고 하지 않고
'우리 주'라고 하는가이다. '나의 주'가 더 피부에 와닿지 않는가? 그
러나 '우리 주'라고 하는 이유가 있다. 내가 예수를 믿는다고 혼자 떨
어져 믿는 것이 아니라 다른 지체들과 한 몸을 이루며 믿고 있기 때
문이다. 우리는 모두 몸이신 그리스도를 중심으로 한 지체이다. 그래
서 그리스도는 '나의 주'일 뿐 아니라 예수 믿는 모든 사람들의 주가
되신다. 예수님은 우리에게 기도를 가르치실 때도 '우리'라는 말을
사용하라고 하셨다. *'하늘에 계신 우리 아버지여', '오늘날 우리에게
일용할 양식을 주옵시고, 우리가 우리에게 죄지은 자를 사하여 준 것
같이 우리 죄를 사하여 주옵시고.'* 그래서 우리는 '나의 주'라고 하지
않고 '우리 주'라고 부른다.

    교회에 다니면서 입으로는 끊임없이 '주여 주여' 부르면서도 진정
으로 주님이심을 고백하거나 경험하지 못하고 사는 사람들이 수없이
많다. 세상에는 우리가 의지하고 믿고 있는 수많은 주들(lords)이 있

다. 옛날 로마 시대에는 황제를 주라고 불러야 했다. 지금은 돈이 주가 된 사람들이 수두룩하다. 지식과 명예, 권력을 주로 섬기는 사람들도 있다. 혹은 자기 자신이 주가 되는 경우도 있다. 내가 모든 것을 결정하고 나의 지식과 감정과 생각이 중심이 되고 전적으로 내 뜻과 내 의지대로 살아간다면, 아무리 '주님 주님' 부르짖어도 과연 그리스도를 나의 주님이라고 말할 수 있을까?

우리가 그리스도를 주님이라고 부를 때 그 의미는 무엇인가? 우리는 왜 예수님을 주님이라고 부르는가? 34문의 답은 가장 핵심적인 사실 두 가지를 말하고 있다. 하나는 우리를 죄에서 구원하셨기 때문이고, 또 다른 하나는 그분이 우리의 소유주이시기 때문이다. *34문의 답을 다시 보자 "그분이 금이나 은이 아니라 그의 보혈로써 우리의 몸과 영혼을 우리의 모든 죄로부터 구속하셨다." 그리고 "우리를 마귀의 모든 권세에서 해방하여 주의 것으로 삼으셨다."*

예수 그리스도가 우리의 주님이신 이유

그리스도는 나의 구원자이시기 때문이다

무엇보다도 나를 죄로부터 구원하셨기 때문에 그분은 내 주님이 되신다. 그분은 금이나 은이 아니라 자기 보혈로써 나를 죄로부터 구원하셨다. 금이나 은이 아니라 보혈로써 구속하였다는 점을 명심하라. *"너희가 알거니와 너희 조상의 유전한 망령된 행실에서 구속된 것은 은이나 금같이 없어질 것으로 한 것이 아니요 오직 흠 없고 점*

없는 어린양 같은 **그리스도의 보배로운 피로 한 것이니라**(베드로전서 1장 18~19절)."

돈으로 산 것이 아니라 피로 구속하셨다는 말은, 구원을 위해 치르는 것 중에서도 최고의 것, 최종 마지막 것으로 지불했다는 뜻이다. 그렇기 때문에 그리스도가 나의 주님이라는 고백의 강도는 엄청나게 크다. 구원받았다는 그 사실 하나만으로도 우리는 그리스도를 주님이라고 천 번 만 번 고백해도 그 은혜를 다 말할 수 없다.

그리스도가 우리를 구원하셨기 때문에 우리는 그리스도를 나의 주님으로 부른다. 그래서 그리스도를 주님으로 부르는 자는 다 구원받는다. **"누구든지 주의 이름을 부르는 자는** 다 구원을 얻으리라(로마서 10장 13절)."

그리스도는 나의 소유주이시기 때문이다

그리스도는 우리를 마귀의 권세에서 해방시키고 주의 것으로 삼아주셨다. 우리는 마귀의 종이었다. 그러나 그리스도께서 우리를 마귀의 압제로부터 구원해 주셔서 이제 우리는 그분의 종이 되었다. 다시 말해 그리스도의 진정한 소유가 된 것이다. 더구나 그분은 최고 값인 피 값을 지불하시고 마귀에게서 우리를 사셨다. 그러니 우리의 주인이심이 당연하다. 그리스도는 우리에 대한 소유권을 강력히 주장하실 수 있는 분이시다. 그래서 우리는 '나는 나의 것이 아니요 나의 몸과 영혼은 예수 그리스도의 것'이라고 고백한다. 소유권이 있다는 것은 사용권이 있다는 뜻이다. 그러므로 주님이 사용하신다고 하면 우리는 자신을 기꺼이 내어드려야 한다. 그리고 소유주의 명령에 반드시 순종해야 한다.

그런데 그리스도가 나의 소유주라는 사실에는 특이점이 있다. 그분의 소유는 결코 우리를 억압하지 않으며 오히려 우리를 향하신 축복이요 특별한 사랑이라는 사실이다. 소유주는 자신의 것을 얼마나 소중히 여기고 사랑하겠는가? 우리를 향하신 주님의 사랑이 바로 그러하다.

그리스도는 나를 비롯한 모든 만물의 통치자이시기 때문이다

예수님은 말씀하셨다. "*내 것은 다 아버지의 것이요* **아버지의 것은 내 것이온데** *내가 저희로 말미암아 영광을 받았나이다 (요한복음 17장 10절).*" 그리스도의 전반적인 통치는 신자들뿐 아니라 모든 사람에게 그리고 모든 만물과 심지어는 악인과 마귀들까지도 적용된다. 주님이라는 말에는 통치한다는 뜻이 포함되어 있다. 그래서 로마 황제를 주라고 부른 것이다. 그가 제국을 통치한다는 의미이다.

그리스도는 나를 보존하시고 지키실 분이기 때문이다

그리스도는 우리를 구원하셨을 뿐 아니라 우리를 끝까지 보호하시고 영생에 이르도록 지키신다. 그분은 우리의 육체를 상하지 않도록 하실 뿐만이 아니라 우리의 영혼도 죄로부터 보존하신다. "*내가 저희와 함께 있을 때에 내게 주신 아버지의 이름으로 저희를 보전하고 지키었나이다 그 중에 하나도 멸망치 않고…(요한복음 17장 12절).*" "*내가 저희에게 영생을 주노니 영원히 멸망치 아니할 터이요 또 저희를 내 손에서* **빼앗을 자가 없느니라** *(요한복음 10장 28절).*"

당신은 예수 그리스도를 진정 주님으로 고백하는가? 여러 주(a lord) 중 하나로 고백하는가, 아니면 유일하신 참 주님(the Lord)이라고 진심으로 고백하는가? 실상은 예수님을 주님으로 믿지 않으면서도 입술로만 '주여 주여' 되뇌는 자들이 얼마나 많은가. 우리가 믿는 그리스도는 'a lord'가 아니라 'the Lord'이다. 오직 유일하신 참 주님이시다. 내 삶의 도우미가 아니라 내 삶의 진정한 주인이시요 결정권자이시다. 내 인생의 목적이시요 기준이시며 원리이시다.

옛날 1세기 경에는 황제 숭배가 있었다. 황제를 주님(the Lord)으로 고백하면 살고 그렇지 않으면 화형에 처했다. 수많은 믿음의 선조들은 우리의 주님 그리스도 말고는 그 어떤 것도 주님이라고 고백할 수 없었다. 그들은 황제를 주라고 고백하지 않는다는 단 하나의 이유로 기꺼이 죽어갔다. 유명한 서머나의 감독 폴리캅(Polycarp)은 이렇게 대답했다. "내가 86년을 사는 동안 내게는 그리스도 한 분만이 진정한 주님이시고 왕이시다." 그러자 사형집행관이 사정하듯 말했다. "'황제가 주님이시다.' 이 한마디만 하라. 그러면 산다." 폴리캅은 당당하게 대답했다. "예수님은 내가 사는 86년 동안 한 번도 나를 저버리신 적이 없었는데 내가 지금 살아보겠다고 어찌 그분을 배반하겠는가?" 그러면서 기꺼이 화형을 당했다.

당신은 예수 그리스도를 나의 주님(the Lord)이라고 고백하는 데 목숨을 걸 수 있겠는가? 그럴 수 있다면 당신은 구원받은 참 그리스도인임이 틀림없다.

믿음의 토대를 굳게 세우는 질문

1. 우리가 하나님의 자녀됨과 그리스도께서 독생자가 되심은 아주 큰 차이가 있다고 했습니다. 어떤 차이가 있는지 말해봅시다.

2. 그리스도는 어떤 점에서 나의 주님이 되십니까?

제18장

성령으로 잉태하사

이 장에서는 사도신경의 내용 중 "이는 성령으로 잉태하사 동정녀 마리아에게 나시고" 부분을 함께 나누어보자.

<table>
<tr><td>35문</td><td>"그분은 성령으로 잉태되사, 동정녀 마리아에게서 나셨으며" 라는 말로 당신은 무엇을 고백합니까?</td></tr>
</table>

> 답 : 하나님의 영원한 아드님은 참되고 영원한 하나님이시며 여전히 참되고 영원한 하나님으로서 성령의 사역으로 동정녀 마리아의 살과 피로부터 참된 인성을 취하셨습니다. 그리하여 또한 다윗의 참된 자손이 되고 모든 일에서 그의 형제들과 같이 되셨으나 죄는 없으십니다.

'그리스도는 탄생할 때에 성령으로 잉태되시고 동정녀 마리아에게서 태어나셨다'는 우리에게 어떤 의미가 있는가? 35문은 이에 관한 내용이다. 그에 관한 답은 3가지로 요약할 수 있다. 예수님은 영원하신 참 하나님이시다. 예수님은 참 사람이시다. 예수님은 죄가 없으시다. 이 세 가지는 예수님에 대한 가장 중요한 사실이다. 예수님은 신성과 인성을 지니셨으며 무죄하신 분이라는 말이다. 그래서 그분은 우리의 중보자이자 우리를 죄에서 구원하실 수 있는 유일한 분이시다. 이 사실을 가장 잘 나타내주는 사건이 바로 예수님의 동정녀 탄생이다.

우리가 신앙생활을 하면서 이성적으로 이해할 수 없어 믿음의 걸림돌이 되었던 성경 내용 중 가장 많이 등장하는 것이 동정녀 탄생일 것이다. 이에 관한 비판을 먼저 다루어보자.

예수님의 동정녀 탄생을 믿을 수 있는가?

기독교 교리 중 예수님의 동정녀 탄생이야말로 현대인이 가장 상식적으로 받아들일 수 없는 이야기이다. '남자와 전혀 관계를 갖지 않은 처녀가 아기를 낳았다'는 사실은 과학적 사고를 하는 사람으로서는 도저히 납득할 수 없다. 그래서 심지어 기독교인이면서도 "예수님의 십자가만 믿으면 되지, 동정녀 탄생까지 억지로 믿을 필요가 있겠는가?"라고 말하는 사람들도 있다. 예수님의 십자가를 믿으면 구원 받는 것이지 성령의 잉태나 동정녀 탄생을 믿고 구원 받는 것은 아니지 않은가 말하기도 한다. 전도할 때도 걸림돌이 될 수 있다고 한다. '예수님은 성령으로 잉태되신 분'이라는 허무맹랑한 이야기를 하는 사람들의 종교를 누가 믿으려고 하겠는가?라며 비판한다.

그래서 유명한 독일의 자유주의 신학자 루돌프 불트만은 예수님의 동정녀 탄생을 신화로 취급했다. 마태나 마가 같은 예수님의 제자들이 예수님을 미화하기 위해 그의 탄생을 신화화했다는 것이 그의 주장이다. 이후에도 수많은 자유주의 신학자들이 동정녀 탄생을 부정했다. 한마디로 비과학적이라는 것이다. 신학교에서 동정녀 탄생만은 빼고 가르치자고 주장한 신학자도 있다. 오늘날 당신은 예수님의 동정녀 탄생을 어떻게 받아들이고 있는가?

그러나 우리가 절대 놓치면 안 되는 부분이 있다. 예수님의 동정녀 탄생은 단지 '남자를 모르는 처녀가 기적적으로 아기를 가졌다'라는 한낱 신기하고 초자연적인 사건으로 치부할 일이 아니라는 사실이다. 이는 기독교 교리와 신앙의 중심을 구성하는 사건이다. 동정녀 탄생을 부인하면 기독교 신앙 전체가 무너진다. 예수님이 성령으로 잉태되어 동정녀 마리아에게서 태어나지 않으면 우리의 구원 자체가 불가능하기 때문이다.

간단하다. 앞에서 우리를 죄에서 구원하실 중보자의 조건은 무엇이라고 했는가 (18문 참고)? 중보자는 세 가지를 갖추어야만 한다. 우선 참 하나님이어야 한다. 그리고 참 사람이어야 한다. 또한 죄가 없어야 한다. 이 세 가지 조건을 갖춘 분은 세상에 오직 한 분 예수님뿐이다. 그래서 예수님만이 우리의 유일한 구원자가 되신다. 그런데 이 세 조건을 갖출 수 있도록 확고하게 뒷받침하는 사건이 바로 예수님의 동정녀 탄생이다. 예수님은 성령으로 말미암아 동정녀 마리아에게서 태어남으로써 참 하나님이신 동시에 참 사람이시며 죄 없으신 의로운 분이시라는 사실이 명확히 입증되었다.

동정녀 탄생은 기독교 신앙의 핵심이다. 과학적인 사고로는 받아들이기 힘들더라도 믿음으로 받아들여야 한다. 신앙과 과학은 상충되지 않는다. 왜냐하면 과학의 영역이 따로 있고 신앙의 영역이 따로 있기 때문이다. '과학은 신앙을 존중하고 신앙은 과학을 부인하지 않는다.' 그러므로 우리는 신앙의 일을 상식적으로 과학적으로 이해할 수 있는 데까지는 이해하도록 힘써야 한다. 그러나 이해할 수 없는 부분에 분명히 이르게 되는데 거기서부터는 신앙의 영역이다. 그때부터는 하나님이 하시는 일임을 알고 믿음으로 긍정하며 수용해야 한다. 어려울 것이 없다. **이해할 수 있는 부분은 할 수 있는 데까지 이해하라. 그러나 이해할 수 없는 부분을 만나면 하나님을 신뢰하고 믿음으로 받아들이라.** 이것이 신자의 아름다운 믿음의 자세이다. 동정녀 탄생은 우리가 이해할 수 없는 부분이다.

여기서 우리는 마리아를 배워야 한다. 마리아는 어떻게 했는가? 가브리엘 천사가 마리아에게 나타나 이렇게 말한다. "보라 **네가 잉태하여 아들을 낳으리니** 그 이름을 예수라 하라 그가 큰 자가 되고 지극히 높으신 이의 아들이라 일컬어질 것이요(누가복음 1장 31~32절)."

마리아는 이 말을 듣고 어떻게 반응했는가? "나는 남자를 알지 못하니 어찌 이 일이 있으리이까 (누가복음 1장 43절)." 마리아는 과학적이고 상식적인 사고로 반응하며 묻는 것이다. "처녀인 제가 어떻게 아기를 갖습니까?" 그러자 천사가 대답한다. "성령이 네게 임하시고 지극히 높으신 이의 능력이 너를 덮으시리니 이러므로 나실 바 거룩한 이는 하나님의 아들이라 일컬어지리라. 보라 네 친족 엘리사벳도 늙어서 아들을 배었느니라 본래 임신하지 못한다고 알려진 이가 이미 여섯 달이 되었나니 대저 **하나님의 모든 말씀은 능하지 못하심이 없느니라** (누가복음 1장 35~37절)."

　무슨 이야기인가? '너에게 일어날 일은 과학적으로 상식적으로 이해할 수 있는 일이 아니다. 하나님이 하시는 일이다. 하나님이 하시면 과학과 상식을 뛰어넘는 놀라운 일이 벌어진다. 이것은 믿음의 영역이다. 믿음으로 받아들여라.' 이런 말씀이다. 그러자 마리아가 어떻게 하는가? "주의 여종이오니 **말씀대로 내게 이루어지이다** (누가복음 1장 38절)." '상식적으로는 이해할 수 없지만 모든 것을 하나님을 신뢰하는 믿음으로 받아들이겠습니다.' 이런 말이 아닌가? 신자는 동정녀 탄생을 어떻게 받아들여야 하는가? 마리아의 대답이 그 답이다. 우리도 동정녀 탄생을 마리아처럼 받아들이면 된다. **"하나님이 하신 일인 줄 알고 믿고 따르겠습니다."** 동정녀 탄생에 대한 우리의 태도 또한 이러해야 한다.

그리스도께서 성령으로 잉태되신 것의 의미

　그리스도께서 성령으로 잉태되었다는 것은 성령의 능력으로, 성령이 역사하심으로 일어난 일이라는 뜻이다. 가브리엘 천사는 이를 이렇게 말한다. "성령이 네게 임하시고 지극히 높으신 이의 능력이 너를 **덮으시리니** (누가복음 1장 35절)." '덮으리니(에피스키아조)'는 하나님의 임재와 능력을 나타내는 말이다. 하나님의 능력이 마리아를 뒤덮는다는 뜻이다. 즉 성령의 강한 역사가 마리아의 전체에 임하는 것을 말한다. 주로 예수님을 하나님의 아들과 동일시할 때에 사용되는 말이다(마태복음 17장 5절, 변화산 사건에서 구름이 뒤덮음).

그리스도가 참 하나님이심을 의미한다

이 세상에 남녀의 성적 관계를 통해 태어나지 않은 사람은 동서고금을 막론하고 단 한 명도 없다. 그러나 예수님은 남녀 관계와는 상관없이 성령으로 잉태되셨다. 이는 무엇을 말해주는가? 그분은 사람이 아니라 하나님이시라는 뜻이다. 예수님이 성령으로 잉태되셨다는 사실의 가장 중요한 의미는 예수님은 참 하나님이시라는 것이다. 그래서 *35문*의 답은 이러하다. "*하나님의 영원한 아드님은 참되고 영원한 하나님이시며 여전히 참되고 영원한 하나님으로서.*"

예수님은 참 하나님, 영원한 하나님이셔야만 한다. 우리를 죄에서 건지실 구원자, 중보자는 반드시 하나님이셔야만 한다. 그 이유는 17문에서 다루었듯이, 구원자는 영원한 하나님이셔야 영원한 진노를 담당할 수 있고, 죽지 않은 초월적인 존재여야만 모든 세대의 모든 죄를 담당할 수 있기 때문이다. 그래서 예수님은 참 하나님이 되셔야 하고 반드시 성령으로 잉태되셔야만 했다. 예수님은 사람이 되시면서 신성을 벗어버린 것이 아니다. 그리스도는 아기로 오셨을 때도 하나님이셨고 목수로 일했던 젊은 청년일 때도 하나님이셨으며, 지금도 여전히 하나님이시고 앞으로도 영원히 하나님이시다.

그리스도는 죄가 없으심을 의미한다

모든 인간은 아담으로부터 물려받은 원죄를 가지고 있다. 그래서 아담의 피를 물려받은 모든 인간은 태생부터가 죄인이다. 우리는 모두 죄를 타고나는 것이다. 그래서 의인은 없나니 하나도 없다. 만일 그리스도가 인간의 피를 물려받고 인간으로 태어나셨다면 그분 역시 죄인이기에 우리를 구원할 수 없다.

그러나 예수 그리스도는 아담의 피를 물려받지 않고 성령의 능력으로 잉태되셨다. 성령께서 동정녀의 뱃속에서 잉태될 때부터 원죄와 연루되지 않도록 분리하고 보호하셨다. 그래서 예수 그리스도는 원죄가 없으시다. 물론 원죄 이후에 저지르는 자범죄도 없으시다.

중보자는 죄가 없으셔야 한다. 다른 사람의 죄 문제를 해결하려면 먼저 그 자신이 죄 없는 의로운 사람이어야 한다. 자기가 갚아야 할 빚이 많은 사람이 어떻게 남의 빚을 갚아줄 수 있겠는가? 물에 빠져서 죽게 된 사람이 어떻게 다른 사람을 구해준다고 하겠는가? 우리를 구원하실 구원자는 원죄뿐 아니라 자범죄도 없는 완전무결한 사람이어야 한다. 예수님은 원죄만 없는 것이 아니라 살아가면서 짓는 자범죄도 없으시다. 예수님을 가장 가까이에서 모신 베드로는 이렇게 말한다. *"그는 죄를 범하지 아니하시고 그 입에 거짓도 없으시며 (베드로전서 2장 22절)."* 예수님은 사는 동안 그 어떤 죄도 범하지 않으셨다. 그래서 우리의 중보자 되시기에 충분하시며 합당하시다.

성령으로 말미암아 동정녀 뱃속에서 신성과 인성의 연합이 이루어졌음을 의미한다

예수님은 완전한 하나님인 동시에 완전한 사람이시다. 100% 하나님이시며 100% 사람이시다.

한 인격 안에 어떻게 이러한 모순이 가능할까? 예수님에 관하여 가장 신비스러운 일은 100% 신성과 100% 인성이 공존한다는 사실이다. '사람이면 사람이고 하나님이면 하나님이시지, 50%도 아니고 100% 인성과 신성이 어떻게 공존할 수 있는가?' 이것이 우리의 생각이다. 그런데 놀라운 사실은 동정녀의 뱃속에서 성령으로 잉태되는 순간, 성령의 능력으로 이러한 신성과 인성 사이의 연합이 이루어졌다는 점이다. 그래서 모순과 불합리가 가능하도록 하셨다. 우리의 구원자이신 예수 그리스도는 성령의 역사로 인하여 자연스럽게 완전한 인성과 완전한 신성이 하나가 된 인격체가 된 것이다. 이 모든 것은 성령으로 잉태할 때에 일어난 놀라운 하나님의 신비로운 역사이다.

우리의 영적 탄생(중생, 거듭남)을 보여주는 하나의 표징이다

예수 그리스도의 탄생과 성도가 예수를 믿고 하나님의 자녀로 태어나는 형태는 매우 유사하다. 예수 그리스도는 성령으로 잉태되었다. 우리도 성령으로 말미암아 새사람이 되고 하나님의 자녀로 다시 태어났다. 우리의 거듭남은 혈통으로나 육정으로나 사람의 뜻으로 된 것이 아니요 오직 하나님께로부터 되어진 것이다. "영접하는 자 곧 그 이름을 믿는 자들에게는 하나님의 자녀가 되는 권세를 주셨으니 이는 혈통으로나 육정으로나 사람의 뜻으로 나지 아니하고 오직 **하나님께로부터 난 자들**이니라(요한복음 1장 12~13절)."

우리가 신자가 되고 새사람으로 다시 태어나며 구원을 받는 것은 예수님의 탄생과 닮은 꼴이다. 모든 일은 성령님이 하신다. 하나님의 영인 성령은 우리의 모든 구원의 과정을 이루어가신다.

그리스도께서 동정녀 마리아의 몸에서 태어나신 의미

예수 그리스도의 탄생은 결코 평범하지 않고 아주 특별하다. 그리스도는 성령으로 잉태되어 동정녀 마리아의 몸에서 태어나셨다. 이사야는 오실 그리스도를 기다리며 이렇게 예언했다. *"보라 처녀가 잉태하여 아들을 낳을 것이요 그의 이름을 임마누엘이라 하리라 (이사야 7장 14절)."* '처녀'로 번역된 히브리어 '알마'는 처녀라기보다는 결혼 여부와 상관없이 그냥 '젊은 여자'를 뜻한다는 반론이 있다. 그래서 마리아가 남자를 모르고 결혼하지 않은 처녀라는 의미가 아니라고 주장하기도 한다. 그러나 그렇지 않다. '알마'는 일반적으로 '젊은 여자'를 가리키기도 하지만 구약성경에 기술된 용례를 더 자세히 살펴보면 (창세기 24장 43절, 출애굽기 2장 8절, 시편 68편 25절, 잠언 30장 19절, 아가 1장 3절, 아가 6장 8절 등) 관용적으로 '처녀'를 뜻하는 경우가 많은 것을 알 수 있다. 헬라어 구약성경인 70인역에도 '처녀'로 번역하고 있다. 예수님은 처녀의 몸에서 태어나셨다. 마태복음도 이사야 7장 14절을 인용하여 '처녀'라고 표기하고 우리는 사도신경을 통해 예수님이 '동정녀'에게서 나셨다고 고백한다. 예수님이 동정녀 마리아에게서 탄생하셨다는 사실은 몇 가지 특별한 의미가 있다.

그리스도가 참 사람이심을 의미한다

그리스도께서는 성령으로 잉태되셨는데 마리아의 몸에서 태어났다. 이는 마리아의 살과 피로부터 참된 인성을 취하셨다는 뜻이다. *35문의 답은 이렇게 말한다. "성령의 사역으로 동정녀 마리아의 살*

과 피로부터 참된 인성을 취하셨습니다." 그러므로 그리스도는 참 사람이시다.

예수님은 성령으로 잉태되셨지만 동정녀 마리아의 뱃속에서 마리아의 살과 뼈로부터 인성을 취하셨으며, 태중에서도 마리아의 모든 인성을 다 사용하며 자라가셨고, 태어날 때도 다른 아기들과 같은 방식으로 태어나셨다. 이 모든 점은 예수 그리스도가 참 사람이심을 나타낸다.

예수 그리스도가 동정녀 마리아에게서 태어나서 참 사람이 되셔야 하는 이유가 있다. 참 사람만이 사람의 죗값을 치를 수 있기 때문이다. 그리스도가 참 사람이 아니라면 우리의 중보자도, 구원자도 되실 수 없다.

또한 예수님은 참 사람이시기에 우리를 진정으로 도우실 수 있다. 우리를 진정으로 알고 이해하려면 같은 사람이어야 한다. 다른 방법이 없다. 그래서 예수님은 태중에서부터 사람과 똑같은 경험을 하셨다. 사람과 똑같이 태어나셨고, 똑같은 유아기와 청소년기를 보내고 성인이 되셨다. 그리고 사람이 겪는 고난과 온갖 위험과 유혹과 고뇌와 억울함을 모두 당하시고 죽음의 고통도 겪으시며 결국 무덤에 묻히셨다. 예수님은 탄생부터 죽음까지 사람과 똑같이 경험하셨기에 우리를 진정으로 이해하시고 도우실 수 있다. 그리스도는 진정 사람이시기에 우리를 도우실 수 있는 우리의 주님이 되신다.

예언대로 그리스도가 다윗왕의 자손임을 의미한다

그리스도가 동정녀 마리아에게서 태어났다는 것은 마리아 조상의 혈통을 이어받았다는 뜻이다. 마리아는 12지파 중 유다 지파에 속한 다윗왕 가문의 혈통이다. 예수님의 양부인 요셉도 유다 지파에 속했다. 그러므로 그리스도는 예언과 약속에 따라서 아브라함의 씨로부터 나신 자로서 다윗왕의 자손으로 영원하신 왕임을 나타낸다. 그래서 *35문의 답*은 이러하다. *"그리하여 또한 다윗의 참된 자손이 되고."*

하나님은 메시아에 대한 약속을 이루시기 위해 인간 부모 역할을 담당할 사람들을 준비시키셨는데, 다윗 자손 중에서 선택하셨다, 그들이 바로 요셉과 마리아이다.

메시아에 대한 성경의 예언이 그대로 성취됨을 보여준다

구약의 이사야 선지자는 앞으로 오실 메시아는 처녀, 동정녀에게서 나신다고 예언한다. *"보라 처녀가 잉태하여 아들을 낳을 것이요 그의 이름을 임마누엘이라 하리라(이사야 7장 14절)."* 이 예언이 동정녀 마리아에게서 이루어졌다. 이를 보면 동정녀 마리아에게서 나신 예수님이 인류의 구원자라는 사실이 명확히 드러나고 있다.

그리스도는 순결하시고 죄가 없으시다는 것을 말해준다

그리스도는 동정녀 마리아의 태중에서부터 성령의 능력으로 거룩하게 되셨다. 그분이 처녀 마리아에게서 취하신 인성은 참으로 순수하고 거룩한 것이다. 그래서 그리스도는 순결하시고 어떤 죄도 없으시다.

동정녀 탄생은 신자에게 어떤 유익을 주는가?

36문 그리스도의 거룩한 잉태와 탄생은 당신에게 어떤 유익을 줍니까?

답 : 그리스도는 우리의 중보자이심으로 잉태되고 출생할 때부터 가지고 있는 나의 죄를 그의 순결함과 거룩함으로 하나님 앞에서 가리워줍니다.

한마디로 나의 죄를 가리워준다. 잉태되고 출생할 때부터 가지고 있는 나의 모든 죄를 가리워준다는 것이다. 중보자 그리스도는 태중에서부터 죄 없이 잉태되고 죄 없이 태어나셨다. 그리고 죄 없이 사셨으며 죄 없이 죽으셨다. 그리스도의 삶 전체는 순결하고 거룩하고 죄 없는 삶이다. 이러한 사실은 중보자 그리스도는 **내가 태중에서 지닌 원죄부터 시작해서 내가 태어나고 자라고 살고 죽을 때까지의 나의 삶 전체의 모든 죄를 덮어주고 대신해주심을 의미한다. 구원의 전체성을 보여주는 참으로 놀라운 복음의 말씀이다.**

사회보장제도에서 말하는 '요람에서 무덤까지'가 아니라, '태중에서부터 무덤까지' 우리의 모든 죄를 덮어주고 가리워주는 영원한 안전보장을 약속하는 것이 동정녀 마리아 탄생이 주는 복음이다.

다윗은 자신이 죄악 가운데 잉태되었다고 말한다(시편 51편 5절 참고). 사람은 모두 죄악 가운데 태어나서 자라고 생활하며 행동하는 모든 것이 죄 가운데 있음을 부인할 수 없다. 우리의 삶 전체는 죄로 얼룩져 있다. 이와는 정반대로 그리스도는 태중에서부터 살고 죽을 때까지 그분 전체의 삶이 모두 거룩하고 순결하다. 그분의 거룩한 전 생애가 우리의 죄악된 삶을 덮어주고 대신해준다는 사실이 얼마나 놀랍고 감사한가? 우리가 예수 믿는 이유는 바로 이런 놀라운 은혜를 누릴 수 있기 때문이다. 이런 은혜를 누리면서 기뻐하고 감사하고 열심히 뜨겁게 믿음 생활 잘하는 큰 복을 누리길 바란다.

믿음의 토대를 굳게 세우는 질문

1. 그리스도께서 성령으로 잉태하신 것의 의미는 무엇입니까?

2. 그리스도께서 동정녀 마리아의 몸에서 태어나신 의미는 무엇입니까?

3. 동정녀 탄생이 우리 신자에게 주는 가장 중요한 유익은 무엇입니까?

제19장

빌라도에게 고난을 받으사

이 장에서는 사도신경의 내용 중 "본디오 빌라도에게 고난을 받으사 십자가에 못박혀 죽으시고" 부분을 함께 나누어보자.

37문 "고난을 받으사"라는 말로 당신은 무엇을 고백합니까?

> **답 :** 그리스도는 이 세상에 사셨던 모든 기간에, 특히 생의 마지막 시기에 모든 인류의 죄에 대한 하나님의 진노를 자신의 몸과 영혼에 짊어지셨습니다. 그분은 유일한 화목제물로 고난을 당함으로써 우리의 몸과 영혼을 영원한 저주로부터 구원하셨고, 우리를 위해 하나님의 은혜와 의와 영원한 생명을 얻으셨습니다.

그리스도께서 고난을 받으신 의미

"'고난을 받으사'라는 말로 당신은 무엇을 고백합니까?" 이 물음은 '그리스도께서 고난을 받으신 의미가 무엇인가?'라는 의미이다.

이에 대한 답은 무엇인가? "그리스도는 이 세상에 사셨던 모든 기간에, 특히 생의 마지막 시기에 모든 인류의 죄에 대한 하나님의 진노를 자신의 몸과 영혼에 짊어지셨습니다." 요약하면 그리스도께서 모든 인류의 죄에 대한 하나님의 진노를 자신의 몸과 영혼에 짊어지셨다.

그리스도의 고난은 전 생애를 통한 고난이다

여기서 우리가 주목할 말은 '이 세상에 사셨던 모든 기간에'이다. 즉 그리스도는 이 땅에 태어나서 사셨던 전 생애를 통해서 고난을 받으시고 하나님의 진노를 짊어지셨다는 뜻이다. 우리는 흔히 그리스도의 고난이라고 하면 그의 십자가와 죽음을 떠올린다. 그러나 그리스도의 고난을 십자가와 죽음에 국한해서는 안 된다. 그리스도의 고난과 그에 대한 하나님의 진노는 그의 탄생의 순간부터 십자가의 죽음의 순간에 이를 때까지 계속된 일이라는 사실을 기억하라.

우선 그리스도가 이 험한 세상에 사람의 몸으로 태어나셨다는 사실 자체가 바로 고난의 시작이다. 마구간의 말 구유라는 가장 비천한 환경에서 태어나셨다. 더구나 태어나자마자 죽음을 모면하기 위해 애굽으로 피난을 가야만 했다. 그분은 부유한 삶을 살지 않으셨고 생애 처음부터 마지막까지 수난의 길을 걸으셨다. 육을 입으셨기에 피곤하기도 하셨고 약해지기도 하셨다. 공생애를 시작하시면서는 마귀에게 시험을 당하셨다. 공생애 기간에 수많은 대적들로부터 위협을 받으셨다. 그분 생애의 마지막은 고난의 극치에 달한다. 그분을 향하신 고난과 하나님의 진노는 그의 전 생애를 관통하고 있다.

그리스도가 전 성애를 통해 고난을 받으시고 전 생애를 통해서 하나님의 진노를 짊어지셨다는 것은 무엇을 의미하는가? 그렇다. 우리의 전 생애를 통해 저질러진 모든 죗값을 그리스도께서 대신하시고 우리가 전 생애를 통해서 받아야 할 모든 죄에 대한 하나님의 진노를 대신 담당하신다는 의미이다. 얼마나 놀랍고 감사한 일인가? 하나님이 그리스도를 통해서 우리에게 주시는 구원은 우리 생애 전체를 통한 구원이다.

그리스도의 고난은 몸과 영혼, 전인격이 당하신 고난이다

그리스도의 고난은 몸과 영혼 즉 전인격이 당하신 고난이라는 특징이 있다. 그리스도의 고난은 몸의 고통만을 뜻하지 않는다. 오히려 그분의 영혼이 당하신 고통이 주를 이룬다. 그분은 아무에게도 이해받지 못하는 삶을 사셨다. 그분은 온갖 비방, 중상, 시기, 배척, 조롱, 비웃음과 능욕의 대상이었다. 죽은 나사로를 보시고 울고 통분하셨으며 그를 죽음에서 살리셨다. 병든 사람들을 보시고 그들보다 더 큰 고통을 겪으셨다. 그들 병의 원인이 죄라는 사실을 아시기에 더 큰 아픔을 겪으신 것이다.

십자가에서 그분이 겪은 고통은 차마 말로 다 할 수 없다. 십자가를 지시기 전 그분의 심령은 고통으로 가득 차 있었다. 겟세마네 동산에서 땀방울이 핏방울이 되는 고통스러운 기도를 드리셨다. 가룟 유다는 그리스도를 배신했고 제자들은 모두 그분을 버리고 달아났다. 수제자 베드로는 그리스도를 모른다고 세 번씩이나 부인했다. 사람들은 그리스도에 대한 거짓 증언을 일삼았고, 군병들은 그분에게

침을 뱉으며 조롱하고 멸시했다. 모여든 수많은 사람들은 그리스도를 십자가에 못 박으라고 소리질렀다. 십자가에 달리셨을 때 육체의 고통과 더불어 영혼의 고통은 극에 달했다. 십자가에 달리신 그리스도는 하나님께 절규한다. *"나의 하나님 나의 하나님 어찌하여 나를 버리셨나이까(마태복음 27장 46절)?"*

이처럼 그리스도는 몸과 영혼에 극심한 고통을 겪으셨다. 그 이유는 무엇인가? 바로 우리의 몸과 영혼을 구원하시기 위함이다. 그분이 극도의 고통을 겪은 이유는 우리의 몸과 영혼이 저지른 죄악의 크기가 그만큼 심각하기 때문이다. 그리스도가 고난을 받음으로 우리의 고난을 대신하고 그가 징계를 받음으로 우리의 징계는 지나간다.

"그가 찔림은 우리의 허물 때문이요 그가 상함은 우리의 죄악 때문이라 **그가 징계를 받으므로 우리는 평화를 누리고 그가 채찍에 맞으므로 우리는 나음을 받았도다**(이사야 53장 5절)."

그리스도의 고난은 다른 사람과는 비교할 수 없는 가장 큰 고난이다

외형만 보면 그리스도보다 더한 고통과 치욕을 겪은 사람들은 많다. 불에 타는 화형을 당한 사람, 온몸이 갈기갈기 찢겨 비참히 죽은 사람, 뜨거운 물에 삶아지는 처형을 당한 사람도 있다. 그러나 그들의 죽음보다 그리스도의 죽음이 더 큰 고통의 죽음인 이유가 있다. 그리스도의 죽음은 죄 없으신 분이 인류의 죄를 대신해 죽은 대속의 죽음이기 때문이다. 하나님은 인류의 죗값에 상응하는 엄청난 고통을 그분에게 내리셨다. 그리스도는 그 형벌의 크기를 알고 계셨다.

하나님의 공의를 누구보다 잘 아시는 분이기 때문이다. 그래서 그리스도는 십자가가 얼마나 두려운지도 이미 예상하셨다. 루터는 이렇게 말했다. "이 사람처럼 십자가의 죽음을 두려워한 사람은 없었다." 이 말의 뜻은 무엇인가? 예수님이 겁쟁이라는 말이 아니라 그만큼 십자가의 형벌이 혹독하다는 것을 말해준다. 십자가의 고통이 그리스도도 두려워할 정도로 혹독하지 않으면 어떻게 전 인류의 죗값을 치를 수 있었겠는가? 그 정도로 혹독하기에 비로소 인류의 죄를 사해줄 수 있다고 하겠다.

그리스도는 육체와 영혼에 가해지는 이런 하나님의 진노를 몸소 받으셨고 감내하셨다. 그 모든 것을 우리 주 예수 그리스도께서 담당한 것이다. 화목제물이 되셔서 십자가의 큰 고난을 다 받아내신 것이다. 그렇게 함으로써 우리를 영원한 저주에서 구원하셨다. 그리고 우리는 하나님의 놀라운 은혜를 입게 되고, 죄에서 건짐 받아 의롭게 되고 참 생명을 누리게 된 것이다.

*37문*의 답이 그것을 말해준다. "그분은 유일한 화목제물로 **고난을 당함으로써** 우리의 몸과 영혼을 영원한 저주로부터 구원하셨고, 우리를 위해 하나님의 은혜와 의와 영원한 생명을 얻으셨습니다."

본디오 빌라도 아래서 고난을 받으신 의미

38문은 '본디오 빌라도 아래에서'이지만 우리 말 번역은 '본디오 빌라도에게'라고 되어 있다. 우리 말 번역대로 하면 그리스도는 '빌라도에게' 혹은 '빌라도에 의해서' 죽은 것으로 인식된다. 그러나 사도신경 원문 대로 정확히 번역하면 '본디오 빌라도 아래에서'라고 한다. 즉 '본디오 빌라도의 치하'에서 그리스도가 죽으셨다는 말이다. 그리스도가 십자가에서 죽으실 때 빌라도가 중요한 역할을 한 것은 사실이다. 그러나 예수님을 십자가에 못 박은 사람은 빌라도뿐만 아니라 대제사장을 비롯한 수많은 군중들이다. 그런데 마치 빌라도 혼자 죽인 것처럼 말하면 빌라도 입장에서는 좀 억울한 면이 있다. 여기에서도 빌라도가 죽였다는 데 초점을 맞추지 않는다. 성경에 빌라도라는 이름이 등장하는 매우 중요한 다른 이유가 있다. 여기서는 그것을 살펴보자.

그리스도는 왜 '본디오 빌라도 아래에서' 고난을 당하셔야만 했는가? 두 가지 이유가 있다.

예수님의 십자가 사건이 역사적 사실임을 증명한다

많은 사람들이 예수님에 대해 종종 의심한다. 예수가 과연 실존 인물일까? 기독교를 드러내기 위해 생애를 조작하고 영웅시함으로 신격화한 인물은 아닐까? 예수의 십자가도 과연 역사적인 사실일까? 모두 다 꾸며낸 이야기는 아닐까?

물론 우리는 예수님을 분명 실존하신 분으로 고백한다. 예수님의 십자가도 역사적으로 존재했던 실제 사건임을 믿는다. 그런데 본디오 빌라도 총독이 성경에 등장함으로 이 사건이 가공된 이야기가 아니라 역사에 있었던 실제 사건임을 명확히 증명해주는 것이다. 세계사를 살펴보면 빌라도는 A.D 26~36년 팔레스타인을 지배했던 로마의 총독임을 알 수 있다. 이때 예수님이 돌아가신 것과 역사적으로 일치한다. 성경에 나오는 사건은 가공이나 허구의 이야기가 아니다. 실제 역사에 일어났던 일이다. 예수님의 십자가와 고난과 부활도 역사적인 사건임을 분명히 알아야 한다. 예수님은 소설 속에 나오는 가상의 인물이 아니라 이 세상에 실제로 계셨던 우리의 구주이시다.

그리스도의 십자가가 우리 죄를 대속해주는 사건임을 역사적 사실로 입증한다

본디오 빌라도는 로마의 총독이다. 로마는 법치국가이다. 로마의 12표법은 로마법의 기초를 이룬 고대 로마의 성문법이다. 12표법은 로마 공화정의 정체이자 로마적 전통의 근간을 이룬다. 로마는 법을 매우 중요시한다는 말이다. 그래서 대충 판결을 내리지 않는다. 가능한 한 모든 증거를 살펴서 가장 공정하고 정확한 판결을 내리고, 그 결과를 존중하는 것이 법치국가의 방식이다. 그것은 빌라도가 예수님을 재판할 때도 마찬가지였을 것이다. 빌라도는 자신이 할 수 있는 한 모든 증거를 수집해 살펴보고 과연 예수에게 무슨 죄가 있는지를 꼼꼼히 조사했을 것이 분명하다. 그러고 나서 그가 내린 결론은 이러했다. "예수는 죄가 없다."

겟세마네 동산에서 체포되신 예수님은 안나스에게로 끌려가셨다. 안나스에게 심문을 받으시고 대제사장 가야바에게 그리고 다시 빌라도 궁전으로 보내어진다. 이때 빌라도는 어째서인지 이 사건에 개입하기를 꺼렸다. 그래서 예수님은 헤롯에게로 보내지고 헤롯은 예수님을 다시 빌라도에게 보낸다. 빌라도는 어떻게든 예수를 죽이려는 유대 종교지도자들의 강압에 의해서 예수님을 재판한다. 결국 그는 유대인들에게 이렇게 말한다. "나는 그에게서 아무 죄도 찾지 못하였노라." 그는 예수님을 유월절 특사로 놓아주려 하지만, 대제사장들의 충동질을 받은 유대인들은 바라바를 놓아주고 예수는 십자가에 못 박으라고 소리 지른다. 그러자 빌라도는 세 번째로 무죄를 선언한다. "대제사장들과 아랫사람들이 예수를 보고 소리 질러 이르되 십자가에 못 박으소서 십자가에 못 박으소서 하는지라 빌라도가 이르되 너희가 친히 데려다가 십자가에 못 박으라 나는 **그에게서 죄를 찾지 못하였노라** (요한복음 19장 6절)."

그러자 유대인들은 빌라도에게 소리친다. "*이 사람을 놓아주면 당신은 가이사의 충신이 아니다. 자기를 왕이라 하는 자는 가이사를 반역하는 자이다!*" 이 소리를 들은 빌라도는 민란이 날까 두려워한다. 그래서 자신은 죄가 없음을 선언하기 위해 물로 손을 씻는 상징적인 행동을 한 후, 공식적으로 재판을 열어 예수를 십자가에 못 박으라고 내어준다.

빌라도의 재판은 참으로 신기하고 묘하다. 이 모든 것을 하나님이 섭리하시기 때문이다. 빌라도는 하나님 섭리의 도구일 뿐이다. 빌라도의 입에서 그리스도는 죄가 없다고 세 번이나 선언되었다. 이를 보면 예수님은 죄가 없으신 것이 분명하다. 빌라도는 그리스도에 대해서 무죄 선언을 한 것이다. 그런데 그런 빌라도가 잠시 후에는 예수님을 십자가에 못 박으라고 선포한다. 이를테면 유죄를 선언한 것이다. 빌라도는 예수님에 대해 무죄 판결과 유죄 판결, 즉 완전히 상반된 두 번의 판결을 내렸다. 이런 모순이 어디 있는가? 빌라도는 왜 이랬는가? 이것이 바로 하나님의 섭리이다. 여기서 빌라도는 하나님의 구원 사역에 매우 중요한 역할을 맡았다. **'죄 없으신 예수님이 죄인 되셔서 십자가에서 죽으셨다는 것'을 역사적 사실로 증명하고 있는 것이다.** 빌라도는 재판장으로서 죄 없는 예수님을 죄인으로 심판함으로써, 대신 우리를 영원한 재판장이신 하나님의 심판으로부터 구원하는 하나님의 구원 사역에 도구로 쓰임받았다고 하겠다. 이렇게 해서 인류 구원의 대역사가 이루어진 것이다.

38문의 답은 이를 명확히 말해준다. *"그리스도는 죄가 없지만 세상의 재판장에게 정죄를 받으셨으며, 이로써 우리에게 임할 하나님의 준엄한 심판에서 우리를 구원하셨습니다."*

빌라도는 그리스도의 구원 사역에 중요한 도구로 쓰임받았다. 은밀하게 일어난 것이 아니라 공개적으로 발생한 사건이다. '예수님은 죄가 없으신 분이다. 그런데 예수님은 죄인으로 정죄받아 죽으셨다.'

이 사실이 온 세상에 알려졌다. 그래서 많은 사람들은 예수님의 죽음이 우리의 죄를 대신한 '대속의 죽음'이라는 사실에 한 걸음 더 가까이 다가갈 수 있게 되었다.

빌라도의 재판은 아주 중요한 두 가지 사실을 우리에게 선명하게 보여준다. 법과 증거에 강한 빌라도가 명확히 증명했다. **'예수님은 죄가 없으시다.'** 또 하나는 **'죄 없는 예수님이 죄인이 되어서 십자가에 죽으셨다.'** 이 두 가지 사실을 하나로 연결할 수 있는 연결고리가 **'예수님은 우리를 위한 대속의 제물로 죽으셨다'**는 사실이다. 이런 면에서 빌라도는 그리스도의 대속 사역에 증인으로서 큰 역할을 담당한 역사적 인물이라고 할 수 있다.

그리스도가 십자가에서 죽으신 이유

39문 그리스도께서 "십자가에 못박히심"은 달리 돌아가신 것보다 특별한 의미가 있습니까?

> **답** : 그렇습니다. 십자가에 달린 자는 하나님께 저주를 받은 자이므로 그가 십자가에 달리심은 내게 임한 저주를 대신 받은 것이라고 나는 확신하게 됩니다.

39문의 물음은 이런 뜻이다. '그리스도는 꼭 십자가에 못 박혀 돌아가셔야 했습니까?' 그리스도는 왜 다른 방식으로 죽지 않으시고 십자가에 돌아가셔야 했는가? 왜냐하면 십자가에 달리셔야만 우리의 저주를 끊어주실 수 있기 때문이다.

그리스도는 다른 방식으로 죽으실 수도 있었을 것이다. 그러나 십자가에 달려 돌아가셨다. 그리스도가 나무로 만든 십자가에 달려 돌아가신 것을 생각하면 구약성경의 한 구절을 떠올리지 않을 수 없다. **"나무에 달린 자는 하나님께 저주를 받았음이니라**(신명기 21장 23절)."

구약 시대에는 하나님의 백성답지 못한 큰 죄를 지은 사람을 사형에 처했다. 그리고 사형당한 사람을 나무에 매달아 성밖에 두어서 모든 사람으로 하여금 그가 하나님께 저주 받았음을 보게 했다. 그와 같은 죄를 저지르지 않게끔 경계하도록 한 것이다. 또한 '우리가 이 죄인의 육신을 형벌했지만 영혼은 우리가 벌할 수 없으니 하나님께서 심판하여 주십시오'라는 의미로 그 몸을 나무에 매달아 성밖에 둔 것이다.

그리스도가 십자가에 달려 죽으신 것은 바로 그와 동일한 저주를 받은 것이다. 그분은 십자가에 달려서 죄인이 받을 수 있는 가장 극악한 형벌을 받으셨다. 그분이 하나님의 저주를 받아서 십자가에 달리셨을 때 태양은 빛을 잃고 3시간 동안 온 세상이 어둠에 휩싸였다.

그리스도께서 이렇게 저주를 받은 이유는 무엇인가? 유대인들에게는 그리스도가 저주의 상징인 십자가에서 죽는다는 사실을 결코 받아들일 수 없었다. 그래서 예수는 그들의 메시아가 될 수 없었다.

그렇다면 우리 믿음의 사람들에게는 그리스도의 십자가 저주는 어떤 의미일까? 신앙인들에게는 저주의 십자가가 도리어 은혜의 십자가가 된다. 39문의 답 그대로이다. 그분이 십자가에서 하나님께 저주를 받으심은 다름 아닌 우리가 하나님께 받아야 할 저주를 대신 받으신 것이기 때문이다. 즉 그리스도 십자가의 저주로 인해서 우리가 받아야 할 저주는 지나가버렸다. 사도바울은 이렇게 고백한다. **"그리스도께서 우리를 위하여 저주를 받은 바 되사** *율법의 저주에서 우리를 속량하셨으니 기록된 바 나무에 달린 자마다 저주 아래에 있는 자라 하였음이라 (갈라디아서 3장 13절)."*

그리스도께서 십자가에서 돌아가신 이유는 무엇인가? 그렇다. 우리를 죄악과 죽음의 저주에서 구원하시기 위함이다. 그러므로 세상에서는 저주의 십자가가 신자들에게는 저주가 아닌 축복의 십자가가 된다.

십자가를 응시하는 삶을 살라

우리는 신자이면서도 늘 죄와 더불어 살아간다. 우리 주변은 죄의 바다와 같다. 그렇다 보니 신자이면서도 죄에 둔감한 삶을 살고 있다. 우리가 불행해지는 이유가 무엇인가? 다 죄 때문이다. 어떤 죄도 그냥 넘어가지 않는다. 양심이 고통을 당하거나 관계가 망가지거나 사업 혹은 직장에서 나쁜 일이 터지거나 배우자나 가족이 다치는 등 어떤 문제가 발생한다. 그러므로 우리는 죄를 반드시 극복해야 한다. 밖으로 짓는 죄도 심각하지만 내면에 짓는 죄는 더욱더 심각하다. 죄는 무디어지고 반복되는 특징이 있다. 그렇다면 어떻게 해야 죄를 이길 수 있는가?

가장 좋은 방법은 예수님의 십자가를 바라보는 것이다. 십자가를 응시하라. **예수님께서 탄생하실 때부터 전 생애를 통해서 받은 고통, 시련, 십자가를 지실 때에 받은 수치, 조롱, 치욕 그리고 십자가의 절규 등 예수님과 관련된 모든 일이 적나라하게 떠오를 때까지 십자가를 응시하라.** 그 모든 것이 단지 나의 죄 때문이다. 그래도 죄에 사로잡혀 있겠는가? 십자가의 능력으로 우리를 유혹하는 사탄을 물리치라. 십자가의 놀라운 은혜를 입은 성도의 삶이라면 당연히 이런 모습이어야 하지 않겠는가?

　살다 보면 이겨내기 힘든 심각한 아픔과 시련에 부딪힐 때가 있다. 신자가 고통과 아픔을 이기는 가장 좋은 방법은 무엇인가? 십자가를 응시하는 것이다. 그리고 예수님께서 십자가에서 당하신 모든 시련과 아픔과 수치를 적나라하게 떠올리는 것이다. 떠오를 때까지 응시하라. 그런 예수님을 보내주신 하나님의 마음과 사랑이 느껴질 때까지 응시하라. 예수님은 단지 나를 위해 그 모든 시련을 감당하셨다. 육체뿐 아니라 심각한 영혼의 고통까지 모두 당하셨다. 그리고 이기셨다. 예수님이 이기셨으면 우리도 충분히 이길 수 있다. 십자가의 능력을 의지하라. 그리고 승리하라. 십자가가 답이다. 십자가가 길이다. 십자가가 생명이다. 십자가는 수치가 아니라 영광의 도구임을 믿는다.

믿음의 토대를 굳게 세우는 질문

1. 그리스도께서 고난을 받으신 의미는 무엇입니까?

2. 그리스도께서 본디오 빌라도 아래서 고난을 받으신 의미는
   무엇입니까?

3. 우리가 예수님의 십자가를 응시하면 어떤 유익이 있습니까?

제20장

죽으시고 장사 지내시고

이 장에서는 사도신경의 내용 중 "장사한 지 사흘 만에 죽은 자 가운데서 다시 살아나시며"에서 '장사한 지' 이 부분을 함께 나누어보자. 40문에서 44문까지 살펴볼 것이다.

40문 그리스도는 왜 "죽으시기"까지 낮아지셔야 했습니까?

> **답 :** 하나님의 공의와 진리 때문에 우리의 죗값은 하나님의 아들의 죽음 외에는 달리 치를 길이 없었습니다.

40문의 물음과 답은 우리가 이미 잘 알고 있는 내용이다. 하나님은 공의의 하나님이시다. 그래서 우리의 죄에 대해서는 반드시 그 값을 치르게 하신다. 죄는 치명적인 악이기 때문에 하나님 공의와 질서에 따라 반드시 멸해야 한다. 죄인의 멸망은 오직 죽음으로 가능하다. 예수 그리스도가 아니고서는 그 값을 치를 길이 없었다. 앞서 언급했듯이 완전한 하나님이시고 완전한 사람인 분이 우리 대신 죽으셔야 하는데 그런 분은 예수 그리스도밖에 없기 때문이다.

그런데 40문에서는 한 가지를 덧붙인다. '하나님의 공의와 진리 때문에.' 즉 하나님의 공의를 만족시켜야 하고 또 하나는 하나님의 진리를 만족시켜야 하기 때문이라고 말한다. 에덴 동산에서 하나님은 아담과 하와에게 무엇이라고 말씀하셨는가? "*선악을 알게 하는 나무의 열매는 먹지 말라 네가 먹는 날에는 반드시 죽으리라 하시니라 (창세기 2장 17절).*" '죄를 지으면 반드시 죽는다.' 이것은 하나님의 약속이다. 이 약속대로 시행하는 것이 하나님의 진리다. 하나님은 하나님의 진리를 만족시켜야 한다. 그래서 죄를 지으면 마땅히 죽음으로 해결해야 한다.

그 죽음을 예수 그리스도께서 대신 죽으신 것이다. 그리고 하나님의 아들이 우리의 죄를 대신해서 죽으시는 것은 구약에서 이미 예언한 사건이다. "*우리는 다 양 같아서 그릇 행하여 각기 제 길로 갔거늘 여호와께서는 우리 모두의 죄악을 그에게 담당시키셨도다 (이사야 53장 6절).*" 하나님의 진리는 예언대로 이루어진다. 그러므로 오직 예수 그리스도 외에는 누구도 대신 죽을 수가 없었던 것이다. 그리스도는 죽음의 순간에 천사들에 의해 구출되지 않으셨다. 이러한 하나님의 진리가 이루어지기 위해서였다고 하겠다.

41문 그리스도는 왜 "장사"되셨습니까?

답 : 그리스도의 장사되심은 그가 진정으로 죽으셨음을 확증합니다.

장사한다는 것은 죽은 사람을 무덤에 묻는 것을 말한다. 우리가 고백하는 짧은 사도신경에는 그리스도께서 '죽으신 것'뿐 아니라 '장사한 지'라는 사실까지 첨부하고 있다. 그리스도의 죽으심과 동시에 장사 지내심이 그만큼 중요하기 때문이다. 장사 지내셨다는 말은 그리스도의 죽으심을 더욱 명확하게 해준다고 하겠다. '그리스도께서 분명히 죽으셨다'라는 말이다. *41문의 답도 이를 말해준다.* "*그리스도의 장사되심은 그가 진정으로 죽으셨음을 확증합니다.*"

그리스도께서 진정으로 죽으셨다는 사실이 왜 그렇게 중요한가? 두 가지 이유 때문이다. 하나는 그리스도께서 정말로 죽지 않았으면 우리의 속죄와 구원은 모두 헛된 것이 되기 때문이다. 죽지도 않았는데 어떻게 우리의 죄를 대신할 수 있겠는가? 또 다른 하나는 예수 그리스도의 부활이 거짓이 되기 때문이다. 죽지 않았는데 어떻게 부활할 수 있겠는가? 예수님의 부활은 거짓이 되고 예수님의 부활에 근거한 우리의 믿음도 헛된 망상이 된다. 그러므로 그리스도가 죽으시고 장사되어서 정말로 죽었다는 사실을 확증하는 것은 대단히 중요한 일이다. 그리스도의 진정한 죽음은 기독교 신앙의 근간이기 때문이다. 그래서 예수 그리스도께서 장사지낸 바 되신 일은 4복음서에 모두 기록되어 있다.

그리스도가 진정 죽으셨음을 증명하는 성경 내용들은 많다. 예수님이 두 강도와 함께 십자가에 달리셔서 죽게 되신 날은 안식일 전날이었다. 유대인들은 다음 날이 안식일임으로 그날이 되기 전에 장사를 지내려 했다. 그래서 빌라도에게 부탁해 아직 죽지 않은 두 강도의 다리를 꺾어 빨리 죽이려 했다. 로마 군인들은 두 사람의 다리를 꺾은 후 예수님이 확실히 죽었음을 알고 다리를 꺾지 않고 창으로 옆 구리를 찔렀다. 그러자 피와 물이 나왔다. 이는 예수님의 죽음이 확실하다는 것을 말해준다.

아리마대 요셉은 빌라도에게 예수님의 시신을 요구했다. 예수님을 장사지내기 위해서였다. 그러자 빌라도는 백부장에게 예수가 죽었는지 확인하라고 했다. 백부장에게서 분명히 죽었다는 보고를 받고서 예수님의 시신을 내주도록 했다. 이런 관점에서 보면 빌라도는 예수님의 죽으심을 공적으로 확인해 준 사람이다.

예수님의 장사 과정은 예수님의 죽으심을 확증해준다. 그리스도는 분명히 죽으셨다. 그러므로 우리의 구원자가 되신다.

42문 그리스도께서 우리를 위해서 죽으셨는데 우리도 왜 여전히 죽어야 합니까?

답 : 우리의 죽음은 자기 죗값을 치르는 것이 아니며 단지 죄짓는 것을 그치고, 영생에 들어가는 것입니다.

'그리스도께서 우리를 위해서 죽으셨다고 하는데 우리는 왜 여전히 죽어야 하는가?' 흔히 할 수 있는 질문이다. 일반적인 불신자의 죽음과 우리 신자의 죽음은 그 성격이 완전히 다르다. 신자는 불신자의 죽음과 같은 죽음을 겪지 않는다는 말이다. 42문의 답은 신자의 죽음에 대해서 세 가지를 말해준다.

신자의 죽음이란?

우선 신자의 죽음은 '자기의 죗값을 치르는 것이 아니다.' 일반적으로 불신자의 죽음은 육신의 죽음뿐만 아니라 그에 대한 심판을 동반한다. 육신의 죽음이 무서운 것이 아니다. 죗값으로 받을 하나님의 영원한 심판이 진정 두려운 것이다. 그러나 신자의 죽음은 자신의 죗값을 치르는 것이 아니다. 죗값은 이미 그리스도께서 다 치르셨다. 이제 우리는 우리의 죗값을 치를 필요가 없다. **신자의 죽음은 다른 세계로의 관문일 뿐이다.**

죽음은 독침과 같다. 죽음의 독침은 참으로 무섭다. 치명적이다. 누구든지 죽음의 독침을 맞으면 육이 죽을 뿐만이 아니라 영원한 죽음, 하나님의 심판에 이른다. 그러나 그리스도께서 죽으심으로 죽음의 독침의 독소를 제거했다. 죽음으로써 죽음의 독소를 제거한 것이다. 죽음으로써 죽음을 죽인 것이다. 그러므로 이제 신자들에게 있어서 죽음은 독이 제거된 일반 침일 뿐이다. 그래서 약간 아프기는 해도 치명적이지는 않다. 신자는 죽더라도 육이 죽을 뿐 영원한 심판에 이르지 않는다. 그래서 사도바울은 이렇게 소리 높여 외친다. "사망아 너의 승리가 어디 있느냐 *사망아 네가 쏘는 것이 어디 있느냐* 사망이 쏘는 것은 죄요 죄의 권능은 율법이라 우리 주 예수 그리스도로 말미암아 우리에게 승리를 주시는 하나님께 감사하노니(고린도전서 15장 55~57절)."

믿는 사람의 죽음은 일반 불신자들의 죽음과는 전혀 다르다. 신자는 육신만 죽을 뿐이지 영원한 죽음에 이르지 않는다. 그러나 불신자들의 죽음은 육이 죽을 뿐만이 아니라 영원한 하나님의 심판에 이른다. 죽음을 이긴 승리는 이 세상 최고의 승리이다. 그래서 사도바울은 승리를 주시는 하나님께 감사하다고 말하는 것이다.

그렇다면 우리는 굳이 왜 육신의 죽음을 맞아야 하는가? 육신도 죽지 않을 수는 없는가? 신자에게 있어서 죽음은 무엇인가? 그것에 대한 답이 42문에 이어서 나온다.

둘째로, 신자의 죽음은 죄를 끝내고 죄가 가져오는 온갖 고난과 불행을 끝내는 것이다. *42문의 답이다. "단지 죄짓는 것을 그치고."* 우리 신자가 왜 육의 죽음을 맞이해야 하는가? **죽음이 아니고서는 죄를 벗어날 다른 방법이 없기 때문이다.** 이 세상에서 육신이 가지고 있는 죄와 유혹 그것으로 인해 발생하는 온갖 불행과 고난과 고통을 죽음이 아니고서는 끝낼 방법이 없기 때문이다. **죽음은 우리의 죄와 고통을 완전히 끝내는 유일한 방법이다.**

그래서 죽음의 날은 죄와 온갖 유혹과의 끈질기고 지겨운 싸움이 끝나는 날이다. 신자에게 있어서 죽음의 날은 죄와 고통으로부터 벗어나는 해방의 날이다. 온갖 불행과 고난으로부터 자유를 얻는 자유의 날이다. 죽음의 날은 새로운 시작이다. 다시는 고통이나 갈등이나 죄 짓는 일도 없는 새로운 삶으로 들어가는 새 출발의 날이다. 하나님과의 영원한 만남과 교제 속으로 들어가는 입구가 바로 죽음인 것이다. 그렇기 때문에 우리는 입대한 군인이 제대의 날을 기다리듯이 죽음의 날을 기대할 수 있다. 물론 이 세상에서의 삶을 부정하라는 말이 아니다. 우리가 이 땅에 존재하는 한 세상에서의 삶도 하나님이 주신 복임을 알아야 한다. 그러나 우리는 언젠가는 죽는다. 육신의 죽음을 맞이해야 한다. 그때 죽음을 두려워하지 말라. 불신자에게 죽음은 죄로 인한 형벌의 결과이지만 신자에게는 그렇지 않다. 죽음은 죄를 끝내고 영광의 자리에 들어가는 입장의 날이다. 우리는 죽음을 두려워하지 않는다. 오히려 죽음을 기대할 수도 있다. 그래서 장례식장에서도 찬양을 부를 수 있다. 우리는 살아도 좋고 죽어도 좋다. 살아 있으면 살아 있으니까 좋고, 죽으면 죄와 고난을 끊게 되어 좋다. 어느 쪽이든 다 유익하다. 이런 자들은 참으로 무서운 자들이다. 이 세상에 누가 이런 자들을 이길 수 있겠는가? 누가 이런 자들을 불행하다고 할 수 있겠는가? 이러한 은혜가 우리 모두에게 임하기를 바란다.

셋째로, 신자의 죽음은 영생에 들어가는 관문이다. 신자의 죽음은 불행이 아니다. 심판도 아니고 저주도 아니다. 슬픔도 아픔도 아니다. 소멸도 아니다. 다만 영생에 들어가는 관문이라는 사실을 알아야 한다. 신자는 죽음으로써 영생에 들어간다. 그러므로 **영생에 들어가려면 육신이 죽어야 한다. 육신이 죽으면 영혼과 육신으로 분리되어 육신은 흙이 되고 영혼은 영원한 생명이 있는 데로 들어간다.** 그러니까 신자의 죽음은 복이 될 수 있다.

영생이란 무엇인가? 무조건 영원히 사는 것은 영생이 아니다. 영생은 하나님과 영원한 교제의 상태에 있는 것을 말한다. 신자에게 있어 죽음은 모든 것의 끝이 아니라, 영원한 영광과 즐거움의 자리인 하나님과 교통하는 자리에 이르는 것이다. 하나님과 영원히 함께하는 삶, 이것이 천국이고 영생이다. 반면 심판은 하나님과의 영원한 단절이다. 인간의 최고의 큰 불행은 창조주이신 하나님과의 단절이다. 신자는 죽음의 관문을 통해 하나님과 영원히 함께하는 영생에 들어가고, 주님이 재림하실 때 부활의 몸을 입고 영원히 주님과 함께 살 것이다. 이것이 우리가 바라는 가장 큰 복이요 소망이다. 그러므로 신자의 죽음은 불신자의 죽음과는 본질적으로 다르다.

43문 그리스도의 십자가의 제사와 죽으심에서 우리가 받는 또 다른 유익은 무엇입니까?

> **답 :** 그리스도의 죽으심의 공효(功效)로 우리의 옛사람이 그와 함께 십자가에 달리고 죽고 장사되며, 그럼으로써 육신의 악한 소욕이 더 이상 우리를 지배하지 못하게 하고 오히려 우리 자신을 그분께 감사의 제물로 드리게 됩니다.

'그리스도께서 십자가에서 죽으심으로 우리가 받는 또 다른 유익은 무엇이 있는가?' 하는 질문이다. 앞서 42문에서 우리는 이미 '죄 짓는 삶을 멈추고 영생에 들어가는' 가장 큰 유익을 얻었는데 또 다른 유익은 무엇인지 묻는 것이다. 43문의 답을 세 가지로 나누어서 살펴보자.

십자가 죽음의 또 다른 유익

우리의 옛사람도 십자가에 달려 죽었다

42문의 답은 이렇다. "그리스도의 죽으심의 공효(功效)로 우리의 옛사람이 그와 함께 십자가에 달리고 죽고 장사되며."

공효(功效)는 잘 사용하지 않는 말인데 '공들인 보람과 효과'라는 뜻이다. 그리스도 십자가의 공로와 효과로 우리의 옛사람이 십자가에 달리고 죽어 장사되었다는 말이다.

우리가 나 대신 십자가에 달려 죽으신 예수 그리스도를 구주로 믿고 고백할 때, 그 고백에는 중요한 사실이 하나 담겨 있다. 나 역시 십자가에 달려 죽는 삶을 살겠다고 고백하는 것이다. 그러므로 신자에게 있어 그리스도의 죽으심 속에는 나의 죽음도 포함되어 있다. 바울의 고백과 같다. "*내가 그리스도와 함께 **십자가에 못 박혔나니** 그런즉 이제는 내가 사는 것이 아니요 오직 내 안에 그리스도께서 사시는 것이라(갈라디아서 2장 20절).*" 우리의 고백은 늘 이래야 한다. '예수님이 십자가에서 죽으신 것처럼 나도 그리스도와 함께 십자가에서 죽었다.' 그때 나의 죽음은 무엇을 말하는가? 그렇다. 그리스도와 함께 나의 옛사람이 죽었음을 의미한다. 옛사람이란 '예수 믿기 이전 하나님 없이 살던 때의 사람'을 뜻한다. 옛사람은 하나님과 관련이 없는 사람이요, 욕심을 따라 구습을 좇는 사람이다. 한마디로 하나님 없이 죄와 함께 짝했던 때의 사람, 사탄에 종노릇했던 시절의 사람이다. 이러한 옛사람은 십자가에서 그리스도와 함께 죽었다. 이제 우리는 그리스도 안에서 새롭게 창조함을 입은 새사람이다.

육신의 악한 소욕이 더는 우리를 지배하지 않게 되었다

43문의 답은 이렇게 말한다. "그럼으로써 육신의 악한 소욕이 더 이상 우리를 지배하지 못하게 하고." 옛사람이 죽어서 나타나는 가장 두드러진 현상은 육이 가진 악한 소욕이 더는 우리를 지배하지 못

하게 되었다는 것이다. 우리의 옛사람은 십자가에 못 박혀 죽었다. 이제 우리에게서 옛사람은 사라지고 없다. 우리는 그리스도 안에서 창조함을 입은 새사람이 되었다. 그런데 이해가 안 되는 일이 있다. 그런데도 우리는 여전히 죄를 짓고 산다는 것이다. 옛사람이 죽었고 새사람이 되었는데 여전히 죄를 짓고 산다면 그것을 어떻게 설명할 것인가?

그에 대한 설명이 43문의 답에 있다. 옛사람이 죽었어도 육신의 악한 소욕은 여전히 우리에게 남아 있다는 것이다. 우리가 육을 완전히 벗어나지 않았기 때문이다. 비유하자면 이렇다. 전쟁에서는 이겼다. 그러나 이겼어도 여전히 게릴라들이 남아서 계속 괴롭히는 것과 같다. **우리의 옛사람은 죽어서 없어졌다. 옛사람이 죽은 것은 사실이다. 그러나 우리에게는 육의 소욕이 남아 있다. 그것이 우리를 죄에 빠지게 하며 괴롭힌다. 중요한 것은 이 육신의 악한 소욕이 우리를 더 이상 지배하지는 못한다는 것이다.**

신자는 항상 이를 굳건히 믿어야 한다. '옛사람은 죽었고 나는 그리스도 안에서 새사람이 되었다. 그러나 내가 부활의 몸을 입기 전까지는 육신의 악한 소욕이 남아 있다. 그러나 이 육신의 악한 소욕이 날 괴롭힐 수는 있어도 나를 지배하지는 못한다.' 신자들은 이러한 확고한 믿음을 갖고 이 세상을 살아야 한다. 이미 전쟁은 이겼다. 지금 우리는 패잔병들과 싸우고 있는 것이다. 그러므로 우리는 죄악을 반드시 이기고 승리의 삶을 살 수 있다.

이제 우리는 감사의 삶을 살게 되었다

43문의 답이다. "오히려 우리 자신을 그분께 감사의 제물로 드리게 됩니다." 우리의 옛사람은 죽고 그리스도 안에서 새사람이 되어 이제 죄에 종노릇하지 않고 벗어나 하나님의 종으로 살게 되었다는 사실이 얼마나 놀랍고 감사한가? 이 모든 것이 하나님의 은혜와 사랑이다. 그렇다면 이제 우리의 남은 삶은 하나님께 감사의 제물로 기꺼이 드릴 수 있다. 자신의 삶이 하나님 앞에 감사의 제물이 되도록 하라. 이는 신자가 누릴 수 있는 가장 큰 축복이다.

44문 "음부에 내려가셨으며" 라는 말이 왜 덧붙여져 있습니까?

답 : 내가 큰 고통과 중대한 시험을 당할 때에도 나의 주 예수 그리스도께서 나를 지옥의 두려움과 고통으로부터 구원하셨음을 확신하고 거기에서 풍성한 위로를 얻도록 하기 위함입니다. 그분은 그의 모든 고난을 통해서 특히 십자가에서 말할 수 없는 두려움과 아픔과 공포와 지옥의 고통을 친히 당함으로써 나의 구원을 이루셨습니다.

---

*"음부에 내려가셨으며"*라는 말은 개신교 사도신경에는 빠져 있다. 사도신경은 여러 차례 개정되었는데 그때마다 어떤 때는 빠지고 어떤 때는 포함되고는 했는데 그 이유는 정확히 알 수 없다. 음부(陰府)라는 말은 무슨 의미인가? 3가지 설이 있다. ① 믿음 없이 심판받은 사람들이 가는 지옥을 말한다. 음부는 헬라어로는 '하데스'인데 하데스는 지옥을 가리킨다. 끊임없는 고통의 장소이다. 부자와 나사로의 비유에서 부자가 음부에서 고통을 당하면서 부르짖는데 그 음부

가 바로 지옥이라고 하겠다. ② 무덤을 말한다. 즉 죽은 사람이 머무는 곳이다. ③ 비유적으로 지옥과 같은 극심한 고통을 의미한다. "여호와는 죽이기도 하시고 살리기도 하시며 스올에 내리게도 하시고 거기에서 올리기도 하시는도다 (사무엘상 2장 6절)." 스올은 음부를 말한다. 즉 하나님은 심한 고통 속에 있게도 하시고 이후에 거기서 건지기도 하신다는 뜻이다.

하이델베르크 신앙고백에서는 세 번째 입장을 취한다. 그래서 그리스도께서 음부에 내려가셨다는 것은 십자가에서 지옥 같은, 견딜 수 없는 극심한 고통을 겪으셨다는 의미이다. 그리스도께서는 왜 그렇게 극단적인 고통을 겪으셨는가? 우리 죄악의 무게가 그토록 무겁고 심각하기에 그런 고통을 대신 담당하신 것이다. 심지어는 아버지 하나님을 향한 마지막 부르짖음까지도 외면당하셨다. "나의 하나님, 나의 하나님, 어찌하여 나를 버리셨나이까 (마태복음 27장 46하반절)." 지옥이란 무엇인가? 하나님으로부터 철저히 배척당하는 것이다. 우리의 주 그리스도는 십자가에서 그러한 지옥과 같은 극단의 고통을 맛보셨다. 우리가 당할 고통과 아픔과 두려움을 대신 모두 당하시고 우리를 구원하셨다. 그래서 우리는 어떤 큰 고통과 어려운 시험을 만나더라도 우리 주 예수 그리스도께서 나를 그 지옥 같은 두려움과 고통으로부터 분명히 구원하셨음을 확신해야 한다. 그 확신을 가지고 큰 위로와 힘을 얻고 인생을 살아가야 한다. 이것이 그리스도께서 십자가에서 음부와 같은 고통을 처절하게 당하신 이유이다. 이러한 놀라운 은혜를 주신 하나님을 날마다 찬양하며 하나님께 진심으로 감사하기를 바란다.

믿음의 토대를 굳게 세우는 질문

1. 예수 그리스도께서 왜 장사되셨습니까? 그 의미를 아는 대로 말해봅시다. 그리고 그것이 왜 그렇게 중요한 것입니까?

2. 우리 신자의 육신의 죽음의 의미는 무엇입니까?

3. 예수님이 십자가에서 죽으심으로 우리의 옛사람도 죽었는데 여전히 우리가 죄를 짓고 사는 이유는 무엇입니까?

제21장

그리스도의 부활과 그 유익

이 장에서는 사도신경 중 '사흘 만에 죽은 자 가운데서 다시 살아 나시며' 부분을 같이 나누어보자. 이 내용은 우리 믿음 생활에 가장 중요한 부분이다. '죽고 부활하고'보다 소중한 내용이 어디 있겠는 가? 마음에 깊이 담아두면 믿음 생활에 큰 힘이 될 것이다.

45문 그리스도의 '부활'은 우리에게 어떤 유익을 줍니까?

> **답 :** 첫째, 그리스도는 부활로써 죽음을 이기셨으며, 죽음으로써 얻으신 의에 우리로 참여하게 하십니다. 둘째, 그의 능력으로 말미암아 우리도 이제 새로운 생명으로 다시 살아났습니다. 셋째, 그리스도의 부활은 우리의 영광스러운 부활에 대한 확실한 보증입니다.

앞서 우리는 그리스도의 낮아지심, 즉 그리스도의 고난과 십자가 의 죽으심과 장사 지내심에 대해서 함께 나누었다. 이제 그리스도의 높아지심 즉 부활에 대해서 알아보자. 부활은 기독교 신앙의 핵심이다. 우리의 구원에 관련된 모든 것이 이 부활에 달려 있다 해도 과언이 아니다. 부활에 대해 다루어야 할 내용은 두 가지이다. 하나는 그리스도 부활의 역사성과 우리의 믿음, 또 하나는 그리스도의 부활이 우리에게 주는 유익이다.

그리스도 부활의 역사성과 우리의 믿음

예수 그리스도는 정말 죽으셨다가 다시 살아나셨는가? 정말 실제로 일어난 역사적 사실인가? 초대 기독교나 중세 교회의 신자들은 예수께서 부활하셨다는 역사적 사실을 당연히 아무 의심 없이 받아들였다. 하이델베르크 요리문답이 나왔을 때도 예수님의 부활을 부인하는 사람은 거의 없었다. 그리스도는 진짜 살아나셨다. 예수 그리스도는 우리가 사는 시공간 안에서 정말로 살아나셨다. 이는 우리 믿음의 토대요 뿌리이며 믿음 그 자체였다.

그런데 19세기, 20세기가 되면서부터 이런 부활의 믿음이 크게 위협을 받았다. 과학적인 사고방식을 갖게 되면서 예수님의 부활을 못 믿겠다는 사람들이 늘어났다. 심지어 교회 다니는 사람들 중에도 교회는 다니고 예수는 믿지만 부활은 못 믿겠다는 사람들이 나타나게 되었다. 그러나 부활의 사실을 믿지 않고 예수를 믿는다는 것은 마치 심장이 없는 사람 혹은 엔진이 빠진 자동차를 운전하겠다는 경우와 다르지 않다.

부활이 사실일 때만 우리의 믿음은 성립되고 예수를 믿을 이유가 있다. 만일 그리스도의 부활이 사실이 아니라면 기독교는 이미 초기에 다 사멸되고 말았을 것이다. 바울은 이렇게 말한다. "*그리스도께서 만일 다시 살아나지 못하셨으면 우리가 전파하는 것도 헛것이요 또 너희 **믿음도 헛것이며** 또 우리가 하나님의 거짓 증인으로 발견되리니 우리가 하나님이 그리스도를 다시 살리셨다고 증언하였음이라 (고린도전서 15장 14~15절).*"

그래서 사탄은 무엇보다도 우리의 부활 신앙을 무력화시키려고 몸부림친다. 사탄은 끊임없이 부활을 부정하려는 갖가지 논리를 가지고 우리의 신앙에 침투한다. 초대교회부터 지금까지 육체로서의 예수님 부활을 부정하려는 사람들의 주장들을 살펴보자.

- 기절설: 예수님이 십자가에서 죽으신 것이 아니라 탈진하고 지쳐서 기절했다가 시원한 바위 안에서 정신을 차리셨다는 주장이다. 그러나 예수님은 기절한 것이 아니라 완전히 죽으셨다는 사실을 앞에서도 살펴보았다. 무엇보다도 실증주의자인 빌라도가 그의 부하들을 통해서 명확히 증언했다. 로마 군인이 빌라도의 명령에 따라 예수님의 죽음을 확인하고 창으로 그분 옆구리를 찔렀다. 그러자 피와 물이 나왔다. 이는 그의 죽음이 확실하다는 사실을 나타낸다.

- 시체 도둑설: 가장 오래된 이야기로 성경에도 기록되어 있다. 제자들이 예수님의 시체를 도둑질해서 암매장하고서는 예수님이 부활했다고 거짓 선전을 했다는 주장이다.

- 환상설: 부활은 실제로 일어난 사건이 아니라 제자들이 예수님을 너무나 사모한 나머지 집단적으로 환상을 본 것이라는 주장이다.

- 정신적 부활설: 예수님 몸의 부활이 아니라 예수 정신의 부활로 생각하는 것이다. 예수님이 전해주신 여러 가지 귀한 말씀과 정신은 지금도 살아 있다. 이를 부활로 생각하는 것이다. 그러나 이것은 참다운 부활이 아니다, 예수님의 부활은 몸으로서의 부활을 말한다.
- 마음에서의 부활설: 진짜 부활했는지는 중요하지 않고 마음에서 믿는 것이 중요하다고 주장한다. 예수님은 실제로 부활하신 것이 아니라, 제자들 마음에서 부활했다고 믿는 것이다. 부활이 사실이든 아니든 마음에서 부활했다고 믿으면 그것이 부활의 믿음이라고 생각한다. 정말 그럴듯한 논리이다. 그러나 사실에 근거하지 않는 믿음이 무슨 의미가 있는가? 상상이나 가정을 믿는 것과 실제 일어난 사건을 믿는 것과는 하늘과 땅 차이이다.

그렇다면 예수님의 부활의 가장 확실한 증거는 무엇일까?

예수님 제자들의 변화된 삶과 순교

부활 이전에 제자들은 항상 두려움에 떨며 잡힐까 숨어다녔다. 그러나 부활하신 예수님을 만난 후로는 담대하게 죽음을 무릅쓰고 복음 전파를 위해서 힘썼다. 그리고 거의 모든 제자들이 예수님의 부활을 전파하다가 순교를 당했다. 만일 예수님의 부활이 사실이 아니라면(시체를 훔쳐갔다면, 환상이라면, 마음에서의 부활이라면), 그리고 제자들이 그걸 알았다고 하면, 거짓 사실을 전하기 위해 자신의 목숨을 걸었을까? 거짓을 위해 목숨까지 버리는 사람이 세상에 어디 있겠는가? 예수님의 부활이 너무나 명백했기에 제자들은 목숨까지도 아낌없이 버릴 수 있었던 것이다.

수많은 사람들의 명백하고 다양한 목격담

부활과 승천 사이의 40일간 부활의 예수님을 본 사람들의 목격담은 예수님이 부활하셨다는 분명한 증거이다. "장사 지낸 바 되셨다가 성경대로 사흘 만에 다시 살아나사 게바에게 보이시고 후에 열두 제자에게와 그 후에 오백여 형제에게 일시에 보이셨나니 그중에 지금까지 대다수는 살아 있고 어떤 사람은 잠들었으며 그 후에 야고보에게 보이셨으며 그 후에 모든 사도에게와 맨 나중에 만삭되지 못하여 난 자 같은 내게도 보이셨느니라 (고린도전서 15장 4~8절)."

사도바울의 변화

바울은 확고한 신념과 자기 확신을 갖고 교회를 앞장서서 핍박하던 사람이었다. 그랬던 사람이 돌이켜서 부활한 예수를 열정적으로 전파했다는 것은 부활하신 예수님을 실제로 만났기 때문이라는 것 말고는 설명할 길이 없다. 바울이 그의 고백대로 부활하신 예수님을 만나고서 그의 마음은 완전히 변화한 것이다. 사도행전에 보면 바울은 이러한 이야기를 3번이나 간증하고 있다. 너무도 명백한 사실이기 때문이다. 역사가인 누가도 이 사실을 우리에게 전해주고 있다.

오늘날 교회와 신약성경의 존재

교회는 예수님의 부활을 근거로 생겨난 공동체이다. 예수님의 제자들이 사람들에게 전한 것은 예수님이 부활하셨다는 사실이다. 그러므로 신약성경은 예수님의 부활을 증거하는 책이다. 만약 예수님의 부활이 사실이 아니라면 교회도 신약성경도 이미 다 없어졌어야 한다. 그러나 어떤가? 그동안 기독교회를 무너뜨리려 하고, 신약성경을 파괴하려 하는 무수한 시도들이 끊임없이 있었지만 2,000년이 지난 지금도 온갖 박해와 어려움 속에서도 교회와 성경은 온전하게 보존되고 존재한다. 이 사실은 예수님의 부활을 강력하게 증거한다.

이렇게 살펴보면 부활을 안 믿는 것보다는 믿는 편이 더 솔직하고 자연스럽다. 그러나 어쨌든 믿으려고 하는 사람은 믿고 안 믿으려고 하는 사람은 안 믿는다. 증거가 있다고 믿고 증거가 없다고 믿지 않는 것은 아니라는 뜻이다.

그런데도 여러 과학적인 증거로 예수님의 부활을 증명하려는 시도들이 있었다. 그러나 분명한 사실은 신앙의 모든 사역이 과학적으로 증명되지는 않는다. 성경의 내용들이 과학적으로 증명되어서 믿는 것도 아니다. 과학과 논리는 믿음에 도움을 줄 수 있지만 결정적인 것은 아니다. **여러 가지 증거는 도움을 줄 뿐, 결정적인 것은 하나님의 말씀에 대한 우리의 믿음이다. 하나님께 대한 신뢰다. 하나님의 말씀을 믿기에 우리는 부활을 믿는다.** 엠마오로 가는 제자들 앞에 부활하신 예수님이 나타나셔서 그들과 같이 걸으셨다. 제자들은 눈이 가리워져 부활하신 예수님을 알아보지 못했다. 그러나 예수님이 성경을 풀어서 가르쳐주시니 그들의 마음이 뜨거워져서 비로소 부활하신 예수님을 알아볼 수 있었다. 성경 말씀을 믿게 되면 우리의 눈이 떠져서 부활한 예수님도 볼 수 있고 믿음도 가질 수 있다. 그러므로 **우리의 사명은 부활을 증명하는 것이 아니라 부활을 전파하는 것이다.**

예수님은 육체적으로 부활하셨다. 예수님은 진실로 살아나셨고 지금도 살아 계신다. 우리는 이것을 믿는다. 이 믿음이 얼마나 강력한가? '실제로 살아나셨다'를 믿는 믿음이 있다면 두려울 것이 없다. 거칠 것이 없다. 예수님이 실제로 부활하셨음을 믿는 믿음은 엄청난 능력을 발휘한다. 극심한 고난도 이겨내고 심지어 순교까지도 감당한다. 이것이 신자의 능력이다. 그분은 살아 계셔서 지금도 성령으로 우리와 함께하신다. 예수님은 세상 끝날까지 우리와 항상 함께 있겠다고 약속하셨다. 그것은 바로 성령과 함께 있겠다고 약속한 것을 말한다.

그리스도의 부활이 우리에게 주는 유익

예수님이 육체적으로 죽으셨다가 다시 사셨다는 사실을 인정하고 믿는 믿음은 물론 중요하다. 그러나 예수님의 부활 사실이 나와 직접적으로 연관 있지 않다면 그것에 무슨 의미가 있겠는가? 예수님의 부활은 나와 아주 밀접한 관계가 있다. 그래서 *45문*이 '그리스도의 부활이 우리에게 어떤 유익을 주는가?'이다. 그리고 이에 대한 답을 명확하게 3가지로 말하고 있다. '*첫째, 그리스도는 죽음으로써 얻으신 의에 우리로 참여하게 하십니다. 둘째, 그의 능력으로 말미암아 우리도 이제 새로운 생명으로 다시 살아났습니다. 셋째, 그리스도의 부활은 우리의 영광스러운 부활에 대한 확실한 보증입니다.*'

이를 풀어서 말하면 다음과 같다. 첫째, 그리스도의 부활은 우리 의(칭의)의 보증이 된다. 둘째, 우리의 새로운 삶(중생)의 보증이 된다.

셋째, 우리 부활의 보증이 된다. 이것은 각각 과거, 현재, 미래에 해당한다. 이 세 가지를 함께 나누어보자.

그리스도의 부활은 우리 의(칭의)의 보증이 된다 _과거

그리스도는 십자가에서 엄청난 고통을 받고 죽으심으로써 그 보배로운 피로 우리의 영원한 죗값을 다 치르셨다. 45문의 답처럼 이제 우리는 죄에서 벗어나 의로운 존재가 되었다. "그리스도는 죽음으로써 얻으신 의에 우리로 참여하게 하십니다." 그런데 만일 예수께서 십자가에서 죽으시고 장사지낸 것으로 끝나고 부활하지 못하셨다면 어떻게 될까? 우리의 의는 헛된 것이 되고 우리는 구원을 받지 못한다. **죽음을 이기지 못한 그리스도라면 전능하신 분이 아니고 하나님도 아니시기에 구원의 모든 과정을 이룰 수 없기 때문이다.** 예수 그리스도가 하나님이 아니라면 우리를 구원할 수 없다. 중보자는 완전하신 하나님, 완전하신 사람이어야 하기 때문이다. 그래서 우리를 향한 죄에 대한 보상도 완전한 것이 되지 못하고, 우리를 위해 받은 형벌도 그 힘을 상실하기 때문이다. **예수님의 부활은 예수님이 하나님이시라는 사실을 명확하게 증명해 보여주신 사건이다. 그래서 그리스도는 반드시 죽음에서 살아나야 한다.** 사도바울은 말한다. "예수는 우리가 범죄한 것 때문에 내줌이 되고 또한 **우리를 의롭다 하시기 위하여 살아나셨느니라**(로마서 4장 25절)."

그리스도의 부활은 우리에게 '의의 확증서'이자 '구원의 보증서'이다. 그리스도의 부활로 그분이 우리에게 주시는 속죄와 의와 구원이 완성된다. 하나님은 그리스도의 부활을 통해 우리의 구원을 확증해주셨다. 그래서 바울은 이렇게 말한다. "그리스도께서 다시 살아나신 일이 없으면 너희의 **믿음도 헛되고** 너희가 **여전히 죄 가운데 있을 것이요** 또한 그리스도 안에서 잠자는 자도 망하였으리니 만일 그리스도 안에서 우리가 바라는 것이 다만 이 세상의 삶뿐이면 모든 사람 가운데 우리가 더욱 불쌍한 자이리라(고린도전서 15장 17~19절)."

만일 그리스도께서 부활하지 않으셨다면 어떻게 되었을까? 우리의 믿음도 헛것이요 우리의 구원도 불가능하며 여전히 우리는 죄 가운데서 심판과 멸망에 이르렀을 것이다. 우리는 이 세상에서 가장 불쌍한 존재가 되었을 것이다. 그런데 예수님의 부활로 죄에서 깨끗함 받고 의롭게 되고 영원한 삶을 살 수 있으니 이보다 감사할 일이 무엇이겠는가? 부활은 단지 예수님이 죽음에서 살아나셨다는 것 그 이상의 의미를 지닌다.

그리스도의 부활은 우리의 새로운 삶(중생)의 보증이 된다 _현재

45문의 답 둘째는 이렇다. "그의 능력으로 말미암아 우리도 이제 새로운 생명으로 다시 살아났습니다."

예수 그리스도의 부활로 우리는 죄 사함과 의와 구원을 다시 한번 확증받았다. 이제 우리는 주 안에서 의롭게 되어 새로운 생명으로 다시 살아났다. 완전히 새로운 삶을 살게 된 것이다. 완전히 새로운 삶이란 어떤 삶인가? 한마디로 말하면 현재 부활을 경험하며 사는 삶이다. 우리 신자의 특별함은 어디에 있는가? 그렇다. 현재의 삶 가운데 예수님 부활의 능력을 힘입고 부활의 능력을 의지하며 부활의 힘을 누리며 사는 것이다. 부활의 자녀답게 거룩함 즉 성화를 이루며 살아가는 것이다.

예일대학교의 야로슬라프 펠리칸 교수는 이렇게 말했다. "예수님이 살아 계시지 않다면 어떤 것도 문제되지 않을 것이 없다. 그러나 예수님이 살아 계시다면 어떤 것도 문제될 것이 없다."

예수님은 부활하셔서 지금도 우리 안에 살아 계신다. 그런데 만일 예수님이 죽고 부활하지 않으셨다면 어떻게 될까? 예수님이 지금 살아 계시지 않는다면 어떻게 될까? 우리의 찬송도 기도도 예배도 다 무의미해진다. 우리의 구원도 믿음도 헌신도 봉사도 다 헛된 것이 된다. 예수님이 살아 계시지 않다면 우리는 멸망할 수밖에 없으며 우리의 소망도 기쁨도 꿈도 모두 물거품이 된다. 먼저 가신 분들을 천국에서 다시 만날 기대도 사라진다. 참행복도 즐거움도 삶의 의미도 몽땅 없어진다. 하나부터 열까지 문제 되지 않을 것이 하나도 없다.

그러나 예수님이 부활해서 지금도 살아 계시면 어느 것도 문제되지 않는다. 요즘 살아가기가 얼마나 힘든가? 그러나 부활하신 예수님이 옆에 계시면 우리는 그 무엇도 두려워할 필요가 없다. 전능하신 분의 손길이 나를 도우시니 최악의 고난도 능히 이겨낼 수 있다. 죽음도 이기신 분이 나를 붙잡아주시기 때문이다. 실패해도 쓰러지지 말라. 상처 받아도 넘어지지 말라. 무시당해도 다시 일어나라. 앞길이 막막해도 포기하지 말라. 신자는 부활의 능력으로 살아가는 사람이다. 부활의 주님은 우리에게 항상 패자부활의 기회를 주신다. 답답함과 절망감에 힘들어하지 말라. 늘 부활의 주님을 의지하고 부활의 능력을 굳게 믿으라. 그리고 부활의 역사와 경험을 마음껏 누리라. 이것이 새로운 삶을 살아가는 신자의 특별함이다. 신자가 이것을 놓치면 다 잃은 것이다. 부활하신 예수님은 지금도 우리 가운데 성령으로 살아 계신다.

그리스도의 부활은 우리 부활의 보증이 된다 _미래

45문의 답 셋째는 이렇다. "그리스도의 부활은 우리의 영광스러운 부활에 대한 확실한 보증입니다."

그리스도의 부활이 우리에게 주는 세 번째 유익은 가장 놀라운 것이다. 예수님처럼 우리도 영광스러운 부활에 참여하게 된다는 것이다. **영광스러운 부활이란 영광스러운 하나님 나라에서 살기에 적합한 영광스러운 몸으로 다시 사는 것이다.** 영광스러운 몸은 신령한 몸을 의미한다.

사도바울은 예수님이 부활의 첫 열매가 되셨다고 말한다. *"그러나 이제 그리스도께서 죽은 자 가운데서 다시 살아나사 잠자는 자들의* **첫 열매가 되셨도다** *(고린도전서 15장 20절)."* 첫 열매가 있으면 다음에도 계속 그와 같은 열매를 맺는다. 예수님은 부활하셨다. 그러므로 예수님께 붙어 있는 자들도 똑같이 부활할 것이라는 뜻이다. 예수님의 부활은 예수님을 믿는 우리의 부활을 보증한다. **이것은 희망 사항이 아닌 보증 사항이다.** 예수님이 살아나셨다면 예수님 안에 살아가는 우리도 당연히 살아날 것이다.

그렇다면 그리스도의 부활이 어떻게 우리 부활의 보증이 되는가? **성경에 그리스도는 머리요 우리는 그의 지체라고 했다.** 머리는 지체가 있어야만 머리일 수 있다. 머리와 지체는 한 몸이다. 머리가 영광스러우면 지체도 영광스럽다. 지체가 영광스러우면 머리도 영광스럽다. 머리가 부활하면 당연히 지체도 부활한다. 그러므로 머리이신

예수님이 부활하셨으면 당연히 지체인 우리도 부활한다.

그리스도의 부활은 성령께서 하신 일이다. *"성결의 영으로는 죽은 자들 가운데서 부활하사 (로마서 1장 4절)." "육체로는 죽임을 당하시고 영으로는 살리심을 받으셨으니 (베드로전서 3장 18절)."* 그리스도 안에 거하셨던 동일한 성령이 지금 우리 안에도 거하신다. 그 성령은 그리스도 안에서 행하신 부활의 역사를 우리 안에서도 똑같이 행하실 것을 우리는 믿는다. 바울은 이것을 정확하게 말한다. *"예수를 죽은 자 가운데서 살리신 이의 영이 너희 안에 거하시면 그리스도 예수를 죽은 자 가운데서 살리신 이가 너희 안에 거하시는 그의 영으로 말미암아 너희 죽을 몸도 살리시리라 (로마서 8장 11절)."* 아멘으로 받아들이라.

예수 믿고 새 생명이 되었다는 것은 그리스도와 연합을 이루고 하나가 되었다는 것이다. 신자인 우리는 그리스도 안에 살고 그리스도는 우리 안에 사신다. *"내가 그리스도와 함께 십자가에 못 박혔나니 그런즉 이제는 내가 사는 것이 아니요 오직 내 안에 그리스도께서 사시는 것이라 (갈라디아서 2장 20절)."* 신앙생활은 그리스도와 연합한 삶을 살아가는 것이다. 이제 우리는 그리스도와 하나가 되었다. 그러므로 그리스도의 부활은 당연히 나의 부활을 의미한다. 우리는 그리스도와 함께 죽고 그리스도와 함께 산다.

우리의 영광스러운 부활은 우리의 희망 사항이 아니라 보증 사항이다. 성경이 명확하게 보증하고 있다. 그러니 굳건한 믿음을 가지라. 이제 우리는 영광스러운 하나님의 나라에서 영원히 살 영광스러운 몸으로 부활할 것이다. 약한 것으로 심고 강한 것으로 다시 살며, 육의 몸으로 심고 신령한 몸으로 다시 살 것이다. 항상 소망을 가지고 담대함으로 살아가라. 단지 우리가 힘써야 할 일은 이것이다. 항상 주님께 붙어 있어야 한다. 포도나무인 주님께 가지 된 우리는 늘 붙어 있기를 힘써야 한다. 주님과 함께 연합한 삶을 살라. 내가 주님 안에 주님이 내 안에 살아가기를 힘쓰라. 그리스도를 머리로 섬기며 지체로서 순종하며 살라. 그러면 주님이 부활하신 것처럼 우리도 때가 되면 찬란하고 아름답고 영광된 부활에 참여할 것이다.

믿음의 토대를 굳게 세우는 질문

1. 예수 그리스도의 부활의 확실한 증거를 아는 대로 자기 말로 이야기해봅시다.

2. 그리스도의 부활이 어떻게 우리의 의(칭의)와 구원의 보증이 됩니까?

3. 예수님의 부활이 어떻게 나의 부활의 보증이 된다고 할 수 있습니까?

제22장

그리스도의 승천

    우리나라 교회들은 성탄절, 수난절, 부활절, 성령강림절은 기념하면서도 승천기념일을 지키는 경우가 거의 없다. 그리스도의 동정녀 탄생이나 십자가의 죽으심 그리고 부활에는 관심이 많지만 그리스도의 승천에 대해서는 특별히 주목하지 않는 것이 사실이다. 그러나 유럽에서는 예수 승천기념일이 있고 심지어 예수 승천기념일을 공휴일로 지정한 곳도 있다고 한다.

    우리나라에서는 왜 이런 현상이 발생했는지 잘 모르겠다. 혹시 우리의 관심이 이 땅 위의 세상에만 있고 이후의 세상은 관심 밖이기 때문은 아닌지 궁금하다. 그러나 그리스도께서 부활하신 후에 40일간 이 땅에 계시다가 감람산에서 제자들이 지켜보는 가운데 하늘로 오르셨다는 사실은 우리 신앙에 대단히 중요한 사건이다.

    이 장에서는 사도신경 중에 "하늘에 오르사" 부분을 함께 나누자.

답 : 그리스도는 제자들이 보는 가운데 땅에서 하늘로 오르셨고, 우리의
유익을 위하여 거기에 계시며, 장차 살아 있는 자들과 죽은 자들을
심판하러 오실 것입니다.

그리스도는 제자들에게 복을 내리시며 승천하셨다

예수 그리스도는 부활하신 후 바로 승천하지 않으셨다. 40일 동
안 이 세상에 계시면서 제자들에게 하나님의 나라에 대해 가르치셨
다. 예수님이 그들과 항상 함께 계신 것은 아니었다. 부활하신 후에
는 필요하실 때만 그들에게 나타나셨다. 그리고 때가 되자 제자들을
데리고 감람산에 올라가셔서 제자들이 보는 가운데 승천하셨다. 예
수님 부활의 장면은 제자들에게 보여주지 않으심으로 우리에게 신비
로 남겨두셨지만, 승천하시는 광경은 제자들에게 다 보여주셨다.

예수님이 승천하시는 모습을 보면서 제자들은 슬픔과 아쉬움에
사로잡혔을까? 그들과 영원히 함께하시며 지켜주고 돌보아주셔야
할 분이 이 세상을 떠나 하늘로 올라가는 장면을 보면서 허탈함과 실
망감에 빠지지는 않았을까? 그렇지 않다. 오히려 그들은 기뻐하며
돌아갔다고 했다. 예수님이 손을 들어 그들을 축복하며 승천하셨기
때문이다. *"예수께서 그들을 데리고 베다니 앞까지 나가사 손을 들
어 그들에게 **축복하시더니** 축복하실 때에 그들을 떠나 [하늘로 올려
지시니](누가복음 24장 50~51절)."* 예수님은 손을 들어 복을 내리시는 모

습 그대로 승천하셨다. 구름에 가려서 보이지 않을 때까지 예수님은 그 모습으로 하늘로 올라가셨다.

그러자 제자들은 크게 기뻐하면서 예루살렘으로 돌아가 성전에서 하나님을 찬송했다. "*그들이 [그에게 경배하고] **큰 기쁨으로** 예루살렘에 돌아가 늘 성전에서 하나님을 찬송하니라 (누가복음 24장 52~53절)*."

이러한 예수님의 승천 모습은 제자들의 기억에서 오랜 세월 결코 지워지지 않았으리라. 예수님은 세상 떠나는 마지막 순간까지 우리에게 복 주시는 분이다. 그렇다면 그분은 앞으로도 우리에게 계속 복을 주실 것이다. 제자들은 그 확신 속에서 기쁨으로 담대하게 살아갈 수 있었다. 성전은 예수님을 죽인 제사장들의 세력이 장악한, 원수의 소굴이다. 그런 곳에서도 그들은 하나님을 찬송했다.

당신도 예수님이 승천하시면서 보이지 않을 때까지 제자들에게 복을 내리시는 그 놀라운 축복의 장면을 영원히 간직하길 바란다. 그분이 바로 우리의 구주 예수 그리스도이시다. 우리 신자의 가장 큰 특권이 무엇인가? 어떤 위기와 어떤 상황에 처해도 복을 내리시는 주님의 양팔 아래에 놓여 있다는 사실이다. 이를 잊지 말고 항상 기뻐하며 주님을 찬양하라.

그리스도께서 올라가신 하늘은 어떤 곳을 말하는가?

예수님이 올라가신 하늘은 어떤 곳일까? 승천하셨다는 것은 이 땅에 계시다가 하늘로 장소이동을 하셨다는 뜻이다. 예수님이 승천하실 때 구름이 그분을 가렸다고 했다. 그리고 예수님은 보이지 않게 되었다. "이 말씀을 마치시고 그들이 보는데 올려져 가시니 구름이 그를 가리어 보이지 않게 하더라(사도행전 1장 9절)."

여기서 말하는 구름은 우리가 하늘에서 보는 뭉게구름 같은 보통 구름이 아니다. 자연현상으로 발생한 구름에 예수님이 가리워졌다는 의미가 아니다. 이 구름은 오래전 출애굽 시대에 성막에 임했던 영광의 구름이다. 즉 하나님의 임재를 나타내는 구름이다. 그러므로 **구름이 예수님을 가렸다는 말은 영광의 하나님이 그분을 받아들이셨음을 뜻한다.** 하나님이 예수님을 받아들이자 예수님이 보이지 않게 되셨다.

그러므로 예수님이 올라가신 하늘을 저 푸른 하늘로 생각하면 안 된다. 머나먼 우주의 어떤 공간으로 가신 것도 아니다. 화성이나 목성 같은 데로 가신 것이 아니다. 예수님의 승천을 물리학적인 방식으로 이해하려 하면 안 된다. 예수님이 올라가신 하늘은 창공이나 어떤 우주 공간이 아닌 천국(heaven)이다. **천국은 전혀 다른 차원의 세계다. 승천은 다른 차원으로 가는 방법이다. 그리고 구름이 가리운 것이다.** 성경은 그곳을 하늘보다 훨씬 위에 있는 곳(에베소서 4장 10절), **하늘의 하늘**(시편 8편 3절), **하늘들의 하늘**(열왕기하 8장 27절)이라고 말씀한다. 바울은 그곳을 셋째 하늘 혹은 낙원이라고 불렀다. 하나님과 축복받은 자들이 거하는 처소이며, 하나님께서 영원토록 영광스럽게 자신을 드러내시는 곳이다. 예수님이 원래 계셨던 곳이다. 예수님은 당신이 오셨던 바로 그곳으로 다시 돌아가신 것이다. 예수님은 말씀하셨다. "내 아버지 집에 거할 곳이 많도다 그렇지 않으면 너희에게 일렀으리라 내가 너희를 위하여 **거처**를 예비하러 가노니 가서 너희를 위하여 **거처**를 예비하면 내가 다시 와서 너희를 내게로 영접하여 나 있는 곳에 너희도 있게 하리라(*요한복음 14장 2~3절*)."

예수님의 승천은 땅에서 하늘로 장소를 이동하신 것이다. 그래서 **천국은 장소다. 그러나 천국은 특정 자연적인 장소나 물리적인 공간이 아니라 초자연적인 장소이다.** 그곳이 어디에 있으며 어떤 장소인지 현재 우리의 지식으로는 이해할 수 없다. 그래서 우리는 성경에서 말하는 '그런 어떤 곳'이 있다는 정도로 알고 믿으면 된다. 그곳은 하나님의 보좌가 있는 곳, 예수님이 계신 영광의 나라, 하나님의 나라이다. "*그러므로 너희가 그리스도와 함께 다시 살리심을 받았으면 위의 것을 찾으라 거기는 그리스도께서 **하나님 우편**에 앉아 계시느니라(골로새서 3장 1절).*"

46문의 답 중 "우리의 유익을 위하여 거기에 계시며"와 "장차 살아 있는 자들과 죽은 자들을 심판하러 오실 것입니다"는 각각 49문과 52문에서 자세히 다룰 것이다.

그리스도는 인성으로는 떠나 계시지만
신성으로는 우리와 함께 계신다

예수님은 우리를 떠나서 하늘로 올라가셨다. 이는 "*내가 세상 끝 날까지 너희와 항상 함께 있겠다(마태복음 28장 20절)*"는 예수님의 말과 상충하지 않는가? 47문이 바로 이 물음이다.

답 : 그리스도는 참 인간이고 참 하나님이십니다. 그의 인성으로는 더 이상 세상에 계시지 않으나, 그의 신성과 위엄과 은혜와 성령으로는 잠시도 우리를 떠나지 않습니다.

그리스도는 신성과 인성을 갖고 계신다. 부활하신 예수님의 승천은 그분의 육신이 하늘로 오르신 것이다. 그래서 그리스도의 인성으로는 더는 이 세상에 있지 않지만 신성으로는 함께 계신다. 다시 말해 '그분의 신성과 위엄과 은혜와 성령으로는 잠시도 우리를 떠나지 않는다'는 말이다.

그분의 위엄은 그분의 신성이 가진 거룩하심과 위대하심과 놀라운 권능을 말한다. 그리스도는 신성의 위엄을 가지시고 어떤 위기상황에서도 우리를 돌보시고 인도하시며 보살피신다. 때마다 필요한 은혜를 공급해 주시고, 성령으로 동행하심으로 우리를 위로하고 이끄시며 보호하신다.

만일 그리스도께서 영원토록 육신으로 이 땅에서 계신다면 어떻게 될까? 그러면 육신으로 인해 여러 제약을 받을 수밖에 없다. 그래서 우리를 돕는다고 해도 제한적으로밖에 도울 수 없다. 그러므로 예수님의 승천은 우리에게 유익이다. 그래야 약속하신 성령이 오시기 때문이다. "내가 떠나가는 것이 너희에게 유익이라 내가 떠나가지 아니하면 **보혜사**가 너희에게로 오시지 아니할 것이요 가면 내가 그를 너희에게로 보내리니 (요한복음 16장 7절)."

육신은 승천하시고 성령을 보내주심으로서 그리스도는 이제 신성이신 성령으로 우리와 세상 끝날까지 항상 함께 있게 되었다. 성령은 하나님의 영이시다. 시공간을 다 초월하여 언제 어디서든지 누구와도 함께하신다. 인성은 떠나시고 신성이 함께해야 진정으로 우리와 항상 함께하실 수 있다. 지금 어떤가? 우리 안에 성령님이 함께하신다는 사실이 얼마나 감사한가? 성령님은 시공간을 초월해 우리와 영원토록 동행하신다. 이것이 우리 인생에 얼마나 큰 힘인가?

> **48문** 그런데 그리스도의 신성이 있는 곳마다 인성이 있는 것이 아니라면, 그리스도의 두 본성이 서로 나뉜다는 것입니까?
>
> 답 : 결코 그렇지 않습니다. 신성은 아무 곳에도 갇히지 않고 어디나 계십니다. 그러므로 신성은 그가 취하신 인성을 초월함이 분명하며 그러나 동시에 인성 안에 거하고 인격적으로 결합되어 있습니다.

앞에 47문답에서는 그리스도께서 승천하심으로 인성으로는 더는 이 세상에 있지 않지만 신성으로는 함께 계신다고 했다. 그렇다면 그리스도가 가지신 인성과 신성 두 본성이 분리되는 것은 아닌가 하는 질문이다.

이런 논란은 어쩌면 지금 우리에게는 필요 없을지도 모른다. 아마 하이델베르크 신앙고백이 만들어질 당시에는 기독교 진리에 대한 반론들이 많았기 때문에 이런 물음이 생겨났다고 본다. 그래서 답은 길지만 가능한 한 쉽게 설명하고자 한다.

'그리스도께서 승천하심으로 그리스도의 인성으로는 이 세상에 있지 않지만 신성으로는 우리와 함께 계신다.' 그런데 '그리스도 안에 있는 신성과 인성은 결코 나누어지지 않는다.' 그리스도께서 승천하셨음에도 불구하고 그분의 신성과 인성은 분리되지 않는다. 이는 참으로 이해하기 어려운 난제이다. 답은 이렇게 말한다. '그리스도의 신성과 인성은 인격적으로 결합되어 있기 때문이다.'

이것은 하나님의 신비다. 우리는 그리스도의 인성과 신성이 한 인격에 연합되어 존재하며 활동하는 신비를 완벽히 이해할 수 없다. 그리스도의 신성과 인성이 한 인격 안에서 연합되었다는 것은 참으로 아름답고 놀라우며 오묘한 하나님의 신비로 받아들여야 한다. 알 수 없는 것이 있다면 우리의 한계를 겸손히 인정하고 성경의 가르침만큼만 이해하고 고백하면 된다. 이것을 어떻게 해서든 논리적으로 깔끔하게 설명하려다가는 자칫 이단에 빠질 수 있다. **알 수 없는 부분은 알 수 없는 것으로 남겨놔야지, 그 이상을 요구하다가는 큰 실수에 빠질 수 있다는 사실을 명심해야 한다.**

그리스도의 승천이 우리에게 주는 유익

그리스도는 왜 승천하셨는가? 하나님과 자신의 영광을 위해 하늘로 올라가셨다. 그가 하늘나라에 가 계시는 것은 합당하며 필수적이다. 그가 이 땅에 계속 계시는 것은 정당한 일이 아니었다. "이러므로 하나님이 그를 지극히 높여 모든 이름 위에 뛰어난 이름을 주사 하늘에 있는 자들과 땅에 있는 자들과 땅 아래에 있는 자들로 모든 무릎을 예수의 이름에 꿇게 하시고*(빌립보서 2장 9~10절).*" 만물의 머리이신 그는 모든 영광을 받으시기에 합당하신 분이신데, 그런 분이 이 땅에 계시면 그 모든 것이 불가능하기 때문이다.

그리고 또 하나, 그리스도는 우리의 유익을 위해 승천하셨다. 49문은 그리스도께서 승천하심으로 우리에게 주신 유익 세 가지를 이야기한다.

49문 그리스도께서 하늘에 오르심은 우리에게 어떤 유익을 줍니까?

> **답 :** 첫째, 그리스도는 우리의 대언자로서 하늘에서 우리를 위해 그의 아버지 앞에서 간구하십니다. 둘째, 우리의 몸이 그리스도 안에서 하늘에 있으며 이것은 머리 되신 그리스도께서 그의 지체인 우리를 그에게로 이끌어 오실 것에 대한 확실한 보증입니다. 셋째, 그리스도는 그 보증으로 그의 성령을 우리에게 보내시며, 우리는 성령의 능력으로 말미암아 그리스도께서 하나님 우편에 앉아 계신 위의 것을 구하고 땅의 것을 구하지 않습니다.

승천하신 그리스도는 대언자로서 우리를 위해 간구하신다

"*그리스도 예수시니 그는 하나님 우편에 계신 자요 우리를 위하여 간구하시는 자시니라*(로마서 8장 34절)."

대언자란 중재자, 변호사라는 뜻이다. 하늘에 계신 그리스도는 하나님 우편에서 우리를 위해 중재하고 변호하신다. 그리스도께서 우리를 위해 무엇을 간구하시는가? 가장 중요한 것, 바로 우리의 구원이다. 그리스도께서 우리를 위하여 행하신 십자가의 희생 제사를 하나님이 기억하셔서 우리 한 사람 한 사람을 죄악에서 건져 영원한 구원에 이르도록 간구하신다.

그리스도께서 하나님 앞에서 우리를 위해 간구하시는 것은 아무 근거 없이 하시는 것이 아니다. 간구하시는 분은 우리를 위해 십자가를 지고 죽음에서 부활하셨다. 하나님 앞에 완전히 순종하셔서 십자가를 지심으로 하나님의 의를 온전히 만족시키셨다. 그렇게 의로우신 분이 우리를 위해 하나님 앞에서 대언하신다. 각 사람의 지은 죄를 아뢰면서 "그 사람의 죄는 무겁지만 나의 십자가 보혈을 보시고 그의 죄를 덮어주옵소서! 나의 십자가 희생을 보시고 그 사람을 의롭게 하시고 구원하옵소서!" 우리의 대제사장이신 그리스도는 십자가에서 이루신 희생 제사를 근거로 우리를 위해 날마다 간구하신다. 그래서 그리스도께서 이루신 놀라운 구원의 사역을 우리 한 사람 한 사람에게 적용시키신다. 우리는 지금도 이 기도의 은혜로 주 안에서 구원받고 하나님의 자녀 된 삶을 살아가는 것이다. 승천하셔서 하나님 우편에 계신 그리스도께서 우리의 구원을 위해서 매일 24시간 간구하신다는 사실을 단 한순간도 잊어서는 안 된다.

우리는 허물 많고 부족하기 그지없는 자들이다. 그런 우리에게 희망이 있고 길이 있는 까닭은 하늘 법정에 계신 그리스도께서 날마다 우리를 위해 변호해주시고 간구해주시기 때문이다. 그러므로 이제 우리는 담대하고 당당하게 예수 그리스도의 이름을 의지하여 하나님 앞에 나아갈 수 있고 기도할 수 있다. 신자에게 이보다 큰 복이 어디 있는가?

승천하신 그리스도는 우리 승천의 보증이 되신다

머리 되신 그리스도께서 승천하셨다면 그의 지체인 우리 역시 당연히 승천하게 된다는 말이다. 머리가 이미 하늘에 가 있으면 지체인 우리도 하늘에 갈 것이 분명하다.

*"너희는 마음에 근심하지 말라 하나님을 믿으니 또 나를 믿으라 내 아버지 집에 거할 곳이 많도다 그렇지 않으면 너희에게 일렀으리라 내가 **너희를 위하여 거처를 예비하러 가노니** 가서 너희를 위하여 거처를 예비하면 내가 다시 와서 너희를 내게로 영접하여 **나 있는 곳에 너희도 있게 하리라** (요한복음 14장 1~3절)."* 그래서 그리스도의 승천은 우리 승천의 보증이 된다. 이것이 매우 확실하기에 49문의 답은 이렇게 말한다. *"우리의 몸이 그리스도 안에서 하늘에 있으며."* 우리의 몸도 이미 하늘에 있다고 말하는 것이다. 그리스도 안에서 사는 자, 그리스도와 연합한 자, 그리스도에게 붙어 있는 자, **그리스도와 하나 된 삶을 사는 자는 이 땅에 몸이 있어도 이미 하늘에 가 있는 것이나 마찬가지다. 그래서 우리의 몸은 그리스도 안에서 하늘에 있는 것이다.**

몸은 이 세상에 있어도 그리스도 안에서 우리는 이미 하늘에서 산다는 사실을 잊지 말라. 우리는 이 땅에 살지만 하늘의 사람이다. 우리의 육신이 죽은 후에도 당연히 하늘에 갈 것을 믿는다. 주님이 재림하시는 그날, 우리도 부활의 몸을 입고 주님과 영원히 살 것을 믿는다.

성령을 보증으로 보내셔서 우리가 땅의 것을 구하지 않고 하늘의 것을 사모하게 하신다

그리스도는 승천하신 후 우리에게 성령을 보내셨다. 성령을 보내신 것도 우리를 승천하게 하시기 위한 보증이다. 성령은 우리를 구원에 이르도록 역사하시고 우리를 부활의 놀라운 은혜에 참여하게 하시는 하나님의 영이시다. 성령이 오심으로 우리는 의롭게 되고 구원을 받는다. 성령은 우리를 부활에 참여하게 하시고 부활한 우리를 하늘로 이끄신다. 이 모든 사역을 성령께서 진행하신다. 그래서 승천하신 그리스도께서 성령을 보내셨다는 것은 우리를 승천하게 하기 위한 보증이라고 하겠다.

그뿐 아니라 우리를 하늘로 이끄시는 성령은 우리로 하여금 위의 것을 사모하도록 하신다. "*그러므로 너희가 그리스도와 함께 다시 살리심을 받았으면 위의 것을 찾으라 거기는 그리스도께서 하나님 우편에 앉아 계시느니라 **위의 것을 생각하고** 땅의 것을 생각하지 말라(골로새서 3장 1~2절).*"

이 땅에 살아도 우리의 몸은 이미 하늘에 가 있는 것이다. 신자는 나그네 인생을 사는 사람들이다. 나그네의 생각은 항상 돌아갈 고향에 가 있다. 영원히 있을 곳은 고향이기 때문이다. 우리의 고향은 하늘나라다. 몸이 죽으면 우리는 그리스도 안에서 하늘나라로 갈 것이다. 그래서 우리는 이 땅에 살지만 땅의 것을 구하지 않고 하늘의 것을 사모한다. 지금 사는 이곳은 내 집이 아니다. 진정한 나의 집은 영원한 하늘나라다. 우리는 이 땅에서 지나치게 많은 고생을 겪는다. 말도 안 되는 억울한 일을 당하기도 한다. 그런데도 그 모든 것이 문제되지 않는 이유는 이 곳은 내 집이 아니기 때문이다. **'나는 머지않아 내 집으로 돌아간다.'** 이것은 신자의 가장 근원적인 힘이고 소망이다. 날마다 위의 것을 사모하라. 시선을 하늘을 향하라. 삶이 힘들 때마다 내 집이 있는 그 고향을 그리워하라.

다만 우리가 이 세상에 있는 이유가 있다. 아직도 이 땅에서 이루어야 할 사명이 남아 있기 때문이다. 예수님을 만나 구원받은 우리가 다른 사람들도 예수님을 만나 변화하고 구원 받도록 복음을 전하는 것이 우리의 사명이다. 우리는 죽지 못해 이 땅에 남아 있는 것이 아니라 이 사명 때문에 있는 것이다. 우리는 하늘나라의 대사로서 이 땅에 파송되었다. 대사가 그 나라에 살면서 혼자 호의호식하며 조국을 생각하거나 그 나라 백성에게 무관심하다면 엄청난 직무유기를 범하는 것이다. 하늘나라의 대사로서 사명을 잃지 말길 바란다. 하나님이 부르실 때까지 그 사명을 기쁨으로 잘 감당하기를 바란다.

믿음의 토대를 굳게 세우는 질문

1. 예수님은 제자들이 보는 앞에서 하늘로 올라가셨습니다. 예수 그리스도께서 올라가신 하늘은 어떤 곳을 말합니까?

2. 승천하신 예수님은 하나님 우편에서 우리를 위해서 간구하신 다고 했습니다. 무엇을 어떻게 간구하십니까?

3. 예수님의 승천은 우리의 승천의 보증이 된다고 했습니다. 우 리도 언젠가는 승천할 텐데 승천하게 될 때 당신은 무엇이 가 장 기대됩니까?

제23장

하나님 우편에 앉아 계심

여기서는 사도신경 중 "전능하신 하나님 우편에 앉아 계시다가" 부분을 함께 나누어보자. 50문과 51문을 다룰 것이다.

> **50문** "하나님 우편에 앉아 계시며"라는 말이 왜 덧붙여졌습니까?
>
> **답** : 그리스도는 거기에서 자신을 그의 교회의 머리로 나타내기 위해서 하늘에 오르셨으며, 성부께서는 그를 통하여 만물을 다스리십니다.

승천하신 예수님은 하늘에서 하나님 우편에 앉아 계신다고 했다. '하나님 우편에 앉아 계신다'는 무엇을 의미하는가? 거기에서 예수님은 무얼 하고 계시는가? 우리의 관심 사항이 아닐 수 없다. 이것에 대한 몇 가지 사실을 살펴보자.

하나님의 우편이라는 말의 의미

우선 예수님이 하나님 우편에 앉아 계신다는 말을 '하늘 높은 곳에 성부 하나님이 어떤 자리에 앉아 계시고 그 오른쪽 옆에 성자 예수님이 앉아 계신다'는 식으로 문자적으로 이해하면 안 된다. 하나님은 졸지도 아니하시고 주무시지도 아니하신다 해서 하나님이 주무셔야 하실 분으로 생각해서도 안 된다. 하나님은 사람이 아니라 신이시다. 신은 시간과 공간을 초월하신다. 주무실 필요도 없으시다. 그래서 하나님께는 오른편도 왼편도 없다.

그렇다면 '하나님 우편에 앉아 계신다'는 말의 의미는 무엇인가? 이것을 신인동형론적(神人同型論, anthropomorphism) 표현법이라고 한다. 신비하신 하나님에 관한 사실을 우리 사람이 이해하려면 어쩔 수 없이 우리가 알아들을 수 있도록 사람의 생활방식대로 설명하는 것이다. 마치 아이가 이해하기 어려운 이야기를 설명하려고 어른의 언어가 아닌 아이들이 사용하는 언어와 방식으로 표현하는 것과 같다. 그러한 방법 중 하나로 사람이 아니신 하나님을 의인화하는 것이다.

우편은 권능, 힘, 우월함을 상징한다. 좌편은 우편보다 열등하다. 그래서 하나님의 우편은 하나님의 능력과 전능하심과 권능을 의미한다. "여호와의 오른손이 높이 들렸으며 여호와의 **오른손이 권능을 베푸시는도다** *(시편 118편 16절).*" 또한 하나님의 우편은 하나님의 지극하신 위엄과 존엄과 영광을 의미한다. 그러므로 예수님이 하나님 우편에 앉아 계신다는 말은 하나님의 권능과 영광과 위엄을 가지고 만물을 다스리는 분이시라는 의미이다. 다시 말하면 예수님이 온 우주 만물의 통치자로 세움 받으셨다는 것이다. 그렇다면 그 전에는 통치자가 아니었단 말인가? 아니다. 예수님은 이 땅에 오시기 전에도 여전히 하나님의 영광과 존귀와 능력을 가지신, 온 우주 만물의 통치자이셨다. 그러나 그때는 영으로만 계셨다. 이제는 우리와 같은 부활하신 몸의 상태로 권능과 영광과 위엄을 가지신 온 우주 만물의 왕으로 등극하신 것이다. 이것을 가리켜 '하나님 우편에 앉아 계신다'고 말하고 있다.

여기서 한 가지 언급하고 넘어갈 부분이 있다. 현재 우리나라 개신교에서 사용하는 사도신경은 이렇다. *"전능하신 하나님 우편에 앉아 계시다가 저리로서 산 자와 죽은 자를 심판하러 오시리라."* 그런데 '계시다가'는 번역이 잘못되었다고 말하는 사람들이 있다. '계시다가'가 아니라 '계시며'라 해야 한다고 주장한다. 사소한 것 같지만 대단히 큰 차이를 가져온다며 말이다. '계시다가'는 어감이 별로 중요하지 않은 일처럼 느껴진다고 한다. 마치 '전능하신 하나님 우편에 앉아 계신다'는 사실이 괄호 안에 들어갈 정도의, 그리 대단하지 않은 일이 되어 버린다. 그냥 심판하시러 내려가실 때를 기다리는 기간이 된다. 그런데 예수님이 승천하신 후 재림까지, 그리고 승천하신 후 지금까지 2,000년이라는 세월, 그 얼마나 중요한 시간인가? 그저 기다리고만 있는 기간이 아니다. 그 동안 예수님이 아무것도 하지 않으셨겠는가? 아니다. 그분은 지금도 세상과 우리를 위해 중대한 일을 하고 계신다. 그러므로 '계시다가'가 아니라 '계시며'가 옳다고 주장한다. 예수님은 하나님의 우편에 계시면서 지금도 온 세상의 통치자로서 위엄과 권능과 영광로 일하고 계시는 분이시다.

그렇다면 예수님은 무슨 일을 하시는가? 50문의 답이 말해준다. "그리스도는 거기에서 자신을 그의 교회의 머리로 나타내기 위해서 하늘에 오르셨으며, 성부께서는 그를 통하여 만물을 다스리십니다." 우선 교회의 머리로서 일하고 계시고 또 하나는 만물의 주인으로서 일하고 계신다. 이 두 가지를 살펴보자.

예수님은 교회의 머리로서 다스리시고 통치하신다

승천하셔서 하나님 우편에 앉아 계신 예수님은 교회의 머리가 되셔서 교회를 다스리고 통치하신다. "그의 능력이 그리스도 안에서 역사하사 죽은 자들 가운데서 다시 살리시고 하늘에서 자기의 **오른편에 앉히사** 모든 통치와 권세와 능력과 주권과 이 세상뿐 아니라 오는 세상에 일컫는 모든 이름 위에 뛰어나게 하시고 또 만물을 그의 발 아래에 복종하게 하시고 그를 만물 위에 **교회의 머리**로 삼으셨느니라(에베소서 1장 20~22절)."

예수님은 교회의 머리이시다. 몸의 각 지체가 머리에 의해서 움직이듯 예수님이 교회를 다스리시고 통치하신다. 예수님은 성령과 말씀으로 교회를 통치하신다. 그러므로 예수님이 교회를 다스리시고 통치하실 때, 그 교회를 통해서 하나님의 뜻과 계획과 말씀이 실현된다. 그런데 오늘날은 어떤가? 사람의 계획과 욕망과 뜻이 실현되는 교회는 없는가? 사람의 생각과 의지와 주장이 하나님의 뜻보다 앞서서 관철되는 교회는 없는가? 교회가 왜 혼란에 빠지고 어수선하며 온갖 분쟁의 장이 되는가? 주님이 교회의 머리가 되시지 않았기 때문이다. 예수 그리스도가 아닌 누군가가 교회의 머리 역할을 하고 있기 때문이다. 목사나 장로 등 교회의 특정 직함이 머리 행세를 하는 경우도 있다. 교회 다닌 연수가 교회의 머리 노릇을 하기도 한다. 교회에 바친 헌금 액수가 교회의 머리 구실을 하는 사례도 있다.

예수님 당시에는 그분을 거부하고 자신의 기득권과 욕심과 뜻을 주장했던 사람들이 많았다. 대제사장과 바리새인과 서기관들이 그런 자들이다. 분명한 사실은 사람이 교회의 머리 구실을 하는 교회는 교회가 아니다. 그리스도의 참다운 교회가 되려면 무엇보다도 예수님이 교회의 머리 되시도록 우리의 모든 것을 주님께 맡겨야 한다. 그래서 그분의 다스림과 통치가 어떤 제약도 받지 않고 이루어지도록 해야 한다.

구체적으로 교회 안에서 예수님의 통치가 이루어지기 위해서는 ① 성령을 통해서 하나님의 말씀이 올바로 선포되어야 한다. 만일 말씀을 무시하거나 헛되게 여기거나 불순종하는 것은 그리스도의 통치를 거역하는 것이다. ② 예수님이 가장 원하시는, 교우 간에 사랑의 교제가 있어야 한다. 그리고 그 사랑이 교회 밖으로까지 번져나가야 한다. 이웃 사랑은 우리의 왕이신 예수님의 통치에 진정으로 순종하는 일이다. ③ 예수님의 성품이 우리 삶 가운데 드러나도록 해야 한다. 예수님이 나를 다스리도록 자신을 내어준다면 성령의 능력으로 예수님의 성품이 나를 통해 반드시 드러난다. 그렇게 되면 지체인 우리는 머리이신 예수님을 닮아가는 삶을 사는 것이다.

예수님은 만물의 주인으로서 다스리시고 통치하신다

부활하신 예수님은 하늘과 땅의 모든 권세를 받았다고 말씀하셨다. "예수께서 나아와 말씀하여 이르시되 *하늘과 땅의 모든 권세를 내게 주셨으니*(마태복음 28장 18절)." 하늘과 땅의 모든 권세를 부여받은 예수 그리스도는 우주와 만물의 주인으로서 온 세상을 다스리시고 통치하신다.

우주 만물과 이 세상에 우리 주 예수 그리스도의 통치 밖에 있는 것은 하나도 없다. 심지어는 사탄조차 그리스도의 권능 아래에 다스림을 받고 있다. 예수 그리스도는 온 세상의 통치자이시다. 하나님은 그에게 모든 것을 다스리는 권능과 영광과 위엄을 주셨다. 예수님은 그분을 믿는 신자들만의 통치자가 아니시다. 불신자를 비롯한 모든 사람의 통치자이시다. 만물은 그로 말미암아 그를 위해 창조되었다. 만물이 그의 손안에서 유지되고 관리된다. 그래서 예수 그리스도는 만유의 주가 되신다. 우주 만물, 모든 나라. 모든 백성, 어떤 사람이나 권력도 예수님의 통치 밖에 있을 수 없다. 예수님은 영원하신 왕으로서 최종 권위로 모든 것을 다스리신다. 과거와 현재와 미래 그리고 영원까지 예수님은 온 세상의 왕 중 왕으로서 만물을 그 발아래 복종케 하신다.

이러한 예수님이 나의 주님이 되신다. 이 얼마나 놀라운 사실인가? 이러한 예수님이 나와 함께하시면 세상 그 무엇도 나를 해칠 수 없다. 이 예수님이 나를 붙잡아주시면 어떤 위기와 고난의 소용돌이 속에서도 힘차게 일어설 수 있다. 이런 주님이 나의 보호자가 되시면

천하의 누구도 나를 쓰러뜨릴 수 없다. 예수님이 내 편이 되어주시면 어느 누구도 나를 욕되게 할 수 없다. 예수님이 나의 길을 인도하신 다면 그 무엇도 나를 막을 수 없다.

그러나 놓쳐서는 안 되는 중요한 사실이 있다. 그리스도께서 온 세상을 다스리시고 통치하시는 이유는 무엇인가? 교회를 위해서이 다. 교회를 세우기 위함이다. 예수님은 교회를 위해 온 세상 전체를 다스리시고 계신다. 그래서 교회는 험난한 이 세상에 있어도 결코 두 려워할 필요가 없다. 우주 만물과 온 세상을 다스리고 통치하시는 주 님이 지켜주시기 때문이다. 아무리 핍박하고 괴롭히고 멸절시키려고 발버둥쳐도 교회는 결코 무너지지 않는다. 지난 2천 년 동안 교회는 얼마나 많은 핍박과 어려움을 받아왔는가? 안팎으로 온갖 갈등과 분 열, 타락의 소용돌이를 겪어왔다. 그런데도 지금까지 교회는 존속하 면서 세상을 변화시키고 있다. 어떻게 이런 일이 가능한가? 온 세상 이 교회를 위해 그리스도의 다스림을 받고 있기 때문이다. 그래서 이 세상에서 가장 큰 힘을 지닌 음부의 권세조차 교회를 해할 수 없다. *"또 내가 네게 이르노니 너는 베드로라 내가 이 반석 위에 내 교회를 세우리니 **음부의 권세**가 이기지 못하리라(마태복음 16장 18절)."*

예수님은 지금도 온 세상의 통치자이시다. 세상은 그 사실을 모르 고 그래서 그분께 영광과 존귀를 돌리지 않더라도 예수님은 하나님 우편에 앉으셔서 우주 만물을 다스리시고 통치하신다. 지금 이 시간 에도 예수님은 이 통치를 계속하신다. 이러한 사실을 성경을 통해서 알고 깨달은 사람은 온 마음을 다해 그분께 참된 경배와 영광과 찬양 을 돌린다.

답 : 첫째, 그리스도는 성령으로 그의 지체인 우리에게 하늘의 은사를 부어주십니다. 둘째, 그는 그의 권능으로 우리를 모든 원수들로부 터 보호하시고 보존하십니다.

그리스도께서 우리의 머리가 되셔서 영광을 받으시는 것은 우리 에게 어떤 유익이 있는가? 하나는 성령으로 우리에게 하늘의 은사를 주신다는 것이고, 다른 하나는 우리를 모든 원수들로부터 보호해주 신다는 것이다. 이 두 가지에 대해서 살펴보자.

그리스도는 우리에게 성령으로 하늘의 은사를 부어주신다

그리스도께서는 우리 눈에는 보이지 않지만 오순절에 성령을 우 리에게 보내주셨다. 그 성령을 우리 안에 거하게 하심으로 우리와 긴 밀하게 교제하게 하신다. 그뿐 아니라 우리에게 하늘의 은사 (은혜)를 부어주신다. 이 세상에 속한 은사가 아니라 하늘에 속한 은사를 주신 다는 말이다. 이 세상 것이 아닌 하늘의 것을 주신다. 그렇다면 하늘 에 속한 은사는 무엇인가?

성령이 주시는 구원의 은혜
가장 중요한 성령의 첫 번째 은혜는 복음을 듣고 믿게 하는 은혜이다. 이는 성령의 특별 사역이다. 성령께서 사도들에게 능력을 부어주시고 복음을 전하게 하셨는데 성령의 감동으로 복음을 듣는 사람들이 깨닫고 믿게 되었다. "오직 **성령이 너희에게 임하시면** 너희가 권능을 받고 예루살렘과 온 유대와 사마리아와 땅 끝까지 이르러 내 증인이 되리라 하시니라(사도행전 1장 8절)."

예수님은 이 말씀대로 약속하신 성령을 보내주셨다. 사도들은 성령의 능력을 힘입어 복음을 전파했고, 복음을 들은 사람도 성령의 능력으로 복음을 깨닫고 믿게 되었다. 이것이 그리스도께서 주신 하늘의 은혜다. 우리는 전도하기를 부담스럽게 여기고 힘들어할 때가 있다. '내가 어떻게 해야 그 사람을 변화시킬 수 있을까?' 걱정하기 때문이다. 그러나 이런 생각은 잘못된 것이다. 내가 복음을 전하기만 하면 그 사람을 감동시키고 회개하게 하고 변화시키는 일은 성령님이 하신다. 구원의 모든 과정은 성령께서 주도하신다. "또 **성령으로** 아니하고는 누구든지 **예수를 주시라** 할 수 없느니라(고린도전서 12장 3절)." 그러니 전도하다가 낙심하지 말라. 구원의 역사는 전적으로 성령의 은혜다. 성령은 선택된 자들이 복음을 들을 때 죄의 각성을 일으키시고 회심하게 역사하신다.

베드로가 복음을 전했을 때 3천 명이나 되는 사람이 말씀을 받아들여 회개하고 세례를 받았다. 이를 어떻게 설명할 수 있겠는가? 베드로가 웅변 능력이 뛰어나서 그처럼 커다란 역사가 일어났는가? 아니다. 성령이 하신 일이다. 복음을 전하게 하신 것도 성령이시고, 복음을 듣는 사람의 마음에 변화를 일으킨 것도 성령이 하시는 일이다. "이스라엘에게 회개함과 죄 사함을 주시려고 그를 **오른손으로 높이사**

임금과 구주로 삼으셨느니라 *(사도행전 5장 31절)*." '오른손으로 높이사'라는 말은 '하나님 오른편에 앉으셨다'와 같은 뜻이다. 예수님이 하나님 우편에 앉아 계셔서 성령을 보내어 하시는 일이 사람들을 회개하게 하고 그로 인해 죄 사함을 받게 하는 것이다. 그리스도께서 성령을 통해서 주시는 가장 큰 은혜는 구원의 은혜, 하늘의 은혜이다.

교회의 기능과 사역을 위해서 주시는 은사

성령은 성도와 교회의 유익을 위해 다양한 은사를 주신다. 이는 성령의 일반 사역이다. 바울은 고린도전서에서 성령의 9가지 은사를 말하고 있다. 지혜의 말씀, 지식의 말씀, 믿음, 병고침, 능력 행함, 예언, 영 분별, 각종 방언, 방언 통역 등이 그것이다 *(고린도전서 12장 8~11절 참고)*. 성령은 그의 뜻대로 각 사람에게 다양한 은사를 주신다. 교회에 성령의 은사를 주시는 것은 교회의 덕을 세우기 위함이다. "*그러므로 너희도 영적인 것을 사모하는 자인즉* **교회의 덕을 세우기 위하여** *그것이 풍성하기를 구하라 (고린도전서 14장 12절)*." 성령이 주신 은사는 반드시 교회의 덕을 세우는 데 사용되어야 한다.

말씀을 전하는 직분자들을 은혜(선물)로 주심

하늘에 오르신 그리스도께서는 성령을 통해서 말씀을 전하는 여러 직분자들을 우리에게 주셨다. 사도와 선지자, 복음 전하는 자, 목사와 교사를 주셨다. "*내리셨던 그가 곧 모든* **하늘 위에 오르신 자**니 *이는 만물을 충만하게 하려 하심이라 그가 어떤 사람은 사도로, 어떤 사람은 선지자로, 어떤 사람은 복음 전하는 자로, 어떤 사람은 목사*

와 교사로 삼으셨으니 이는 *성도를 온전하게 하여 봉사의 일을 하게 하며 그리스도의 몸을 세우려 하심*이라 *(에베소서 4장 10~12절)*."

직분자를 주시는 이유는 무엇인가? 말씀을 잘 가르쳐서 성도를 온전하게 하고, 온전해진 성도가 봉사하게 함으로써 결국 그리스도의 몸인 교회를 세우려 하심이다. 그러므로 교회의 직분자들은 그리스도께서 성령을 통해 교회에 주신 신령한 선물임을 잊지 말고 거룩한 책임을 다해야 한다. 만에 하나 성도를 온전케 해야 할 직분자가 성도를 온전하게 하기는커녕 그의 영혼을 망가뜨리는 일을 한다면 어떻게 되겠는가? 그런데 이런 경우가 얼마나 많은가? 참으로 안타까운 일이 아닐 수 없다.

그리스도는 성도들을 원수들로부터 보호하시고 보존하신다

그리스도는 하나님 우편에 앉아 계시면서 아무것도 하지 않는 분이 아니시다. 무엇보다도 그분은 교회와 성도들을 보호하고 보존하신다. 지극히 연약하고 무력한 우리가 지금까지 믿음을 지키고 신자로서의 삶을 살 수 있었던 것은 내 힘이 아니라 그리스도의 보호하심과 보존하시는 특별하신 은혜 덕분이다.

우리를 세상의 핍박과 억압으로부터 보호하시고 지키신다
그리스도는 하나님 우편에 계시면서 성도에게 믿음과 용기와 담대함을 주시며, 우리가 어떤 핍박과 억압을 당해도 능히 극복하도록 하신다. 우리가 세상을 이길 수 있는 가장 큰 힘은 우리의 주님이신 그리스도께서 세상을 이기셨기 때문이다. 그리스도가 세상을 이기었으면 우리도 반드시 이길 수 있다. "세상에서는 너희가 환난을 당하나 담대하라 *내가 세상을 이기었노라* (요한복음 16장 33절)." 핍박은 초대교회만 겪은 것이 아니다. 오늘날에도 세계 곳곳에서 수많은 사람들이 복음 때문에 핍박을 당하고 고통 받고 있다. 우리 주변에도 여전히 핍박은 존재한다. 얼마나 많은 반기독교적 세력들이 우리의 신앙을 힘들게 하는가? 그러나 그리스도께서 지금도 우리를 보호하고 계심을 의심하지 말아야 한다.

사탄 마귀에게서 우리를 보호하신다

마귀는 교회와 신자들을 무너뜨리기 위해 온갖 전략을 사용하며 거짓 가르침으로 수많은 성도들을 미혹하고 있다. 그러나 그리스도는 능력 있는 하나님의 종들을 세워 진리를 바르게 가르치게 하시고, 거짓된 교리를 분별하고 배척하게 하신다. 그리고 그리스도는 마지막 때 심판자로서 자기 백성을 모든 원수로부터 보호하시고 지키신다.

온갖 육적인 것들로부터 우리를 지키신다

그리스도는 우리를 육적인 것들로부터 보호하신다. 요한계시록에 나오는 사데 교회는 외적으로는 복음을 믿고 구원을 얻었다고 자랑하였으나 그 행실은 매우 잘못되었음을 알 수 있다. 옛사람의 행위를 따라 육신에 속하여 서로 사랑하지 못하고 시기와 분쟁 그리고 우상

숭배와 음행 죄에 빠져 있었다. 예수님은 '이름은 살아 있으나 사실은 죽은 자'라고 책망하시면서 그들에게 회개를 촉구하신다. 사데 교회도 그리스도의 교회이기 때문이다. "사데 교회의 사자에게 편지하라 하나님의 일곱 영과 일곱 별을 가지신 이가 이르시되 내가 네 행위를 아노니 네가 살았다 하는 이름은 가졌으나 죽은 자로다(요한계시록 3장 1절)."

교회라는 말은 구약의 '큐리아코스'(kuriakos)에서 유래되었는데, '주님의' 혹은 '주님께 속한' 이라는 뜻이다. 우리는 주님께 속해 있다. 우리의 소속은 주님이다. 우리는 그리스도 안에 그리스도는 우리 안에 살아간다. 그리스도는 머리이고 우리는 그의 지체다. 그리스도는 포도나무이고 우리는 가지다. 그리스도와 우리는 일체다. 한 몸이다. 그러므로 예수님의 마음은 언제나 우리를 향해 있다. 지금도 하나님 우편에 앉아 계시면서 항상 우리를 보호하시고 보존하시는 것은 너무도 당연하다. 이 세상 그 어떤 것도 우리를 그리스도에게서 빼앗을 수 없다. "내가 그들에게 영생을 주노니 영원히 멸망하지 아니할 것이요 또 그들을 내 손에서 **빼앗을 자가 없느니라** 그들을 주신 내 아버지는 만물보다 크시매 아무도 아버지 손에서 **빼앗을 수 없느니라**(요한복음 10장 28~29절)." 우리 모두 이런 믿음을 가지고 아무리 어려운 세상일지라도 오직 주님만 바라보며 굳건히 서야 할 것이다.

믿음의 토대를 굳게 세우는 질문
─────────────

1. 예수님이 승천하셔서 하나님의 우편에 앉아 계신다는 말의
   의미가 무엇입니까?

2. 교회의 머리는 예수님이십니다. 그런데 사람이 교회의 머리
   가 되는 사례를 말해봅시다.

3. 교회란 '주님께 속한 것'이라는 의미가 있습니다. 우리는 주
   님께 속한 자입니다. 당신은 이런 사실을 믿습니까? 그런 경
   우 좋은 점은 무엇입니까?

제24장

예수님의 재림과 심판

이 장에서는 사도신경 중 "저리로서 산 자와 죽은 자를 심판하러 오시리라" 부분을 함께 나누어보자. 하이델베르크 요리문답 문항은 52문이다.

52문 그리스도께서 "살아 있는 자들과 죽은 자들을 심판하러 오실 것"은 당신에게 어떠한 위로를 줍니까?

> **답 :** 내가 어떠한 슬픔과 핍박을 당하더라도, 전에 나를 대신해 하나님의 심판대 앞에 서시사 내게 임한 모든 저주를 제거하신 바로 그분이 심판자로서 하늘로부터 오시기를 머리 들어 기다립니다. 그가 그의 모든 원수들, 곧 나의 원수들은 영원한 멸망으로 형벌하실 것이며, 나를 그의 택함을 받은 모든 사람들과 함께 하늘의 기쁨과 영광 가운데 그에게로 이끌어 들이실 것입니다.

우리 신자에게 가장 큰 위로는 그리스도께서 다시 오신다는 사실이다. "주께서 호령과 천사장의 소리와 하나님의 나팔 소리로 친히 하늘로부터 **강림하시리니** 그리스도 안에서 죽은 자들이 먼저 일어나고 그 후에 우리 살아남은 자들도 그들과 함께 구름 속으로 끌어 올려 공중에서 주를 영접하게 하시리니 그리하여 우리가 항상 주와 함께 있으리라 그러므로 **이러한 말로 서로 위로하라**(데살로니가 4장 16~18절)."

그리스도의 재림이 왜 우리에게 위로가 되는가? 52문의 답은 그것을 명확히 말해준다. 하나는 그리스도께서 심판주가 되셔서 하늘로부터 오사 우리의 모든 원수를 영원한 멸망으로 형벌하실 것이기 때문이고, 또 다른 하나는 택함 받은 모든 사람과 함께 우리 신자들은 하늘의 영광과 기쁨 가운데 그리스도에게로 이끌림 받을 것이기 때문이다. 다시 말하면 원래 우리를 구원하셨던 그분이 이제는 심판주가 되셔서 악인들을 심판하시고 우리의 억울함을 풀어주시며 하나님의 공의를 이룰 것이기 때문이고, 또한 우리는 그리스도의 공로로 모든 심판에서 제외되고 하나님의 백성으로 들림받아 영원한 나라에서 그리스도와 함께 영광과 존귀함을 누릴 것이기 때문이다.

그러므로 예수님의 재림을 믿는 믿음은 대단히 중요하다. 우리 신자의 진정한 소망이 되기 때문이다. 그동안 믿음 생활을 하면서도 풀리지 않는 문제가 얼마나 많았는가? 살면서 겪어야 하는 온갖 불합리와 억울함 모순 등 답답한 일이 한두 가지가 아니었을 것이다. 그런데 예수님의 재림과 그로 인한 심판이 이 모든 문제를 해결해준다. 예수님의 재림은 악인에게는 재앙이지만 신자에게는 축복이다. 만일 예수님의 재림과 심판이 없다면 어떻게 되겠는가? 그야말로 신자에게는 완전한 절망 그 자체일 것이다. 세상의 불합리와 모순덩어리가 그대로 남을 것이다. 그러므로 예수님의 재림을 반드시 있어야 한다.

예수님은 재림하시고 심판주로서 심판하신다.

예수님의 재림에 대한 믿음은 동정녀 탄생에 대한 믿음, 십자가와 부활에 대한 믿음만큼이나 매우 중요하다. 우리는 재림을 굳게 믿고서 이 어둡고 혼란한 세대에 참 소망을 간직하고 담대히 살아야 한다. 이제는 머리를 들어 주님이 오시기를 진심으로 기다려야 한다.

예수님의 초림에 대한 말씀은 구약에 456번 기록되어 있다고 한다. 반면 재림에 대한 말씀은 신구약 성경에 1,518번 등장한다고 한다. 재림에 대한 예언이 초림보다 3배 넘게 많다. 성경은 왜 이렇게 재림을 자주 언급할까? 그만큼 예수님의 재림이 확실하다는 뜻이며 재림에 대한 믿음이 중요하고, 또한 재림은 오늘을 살아가는 신자에게 무엇보다 큰 위로와 힘이 되기 때문이다.

예수님의 재림과 심판과 관련된 몇 가지 중요한 사실들을 살펴보자.

미래에 대한 심판이 있어야 하는 이유

예수님은 우리의 구원자이시다. 예수님의 십자가 고통과 그 은혜로 우리는 구원 받았다. 그런데 구원자이신 성자 예수님께 성부 하나님은 마지막 심판의 실행을 맡기셨다. *"아버지께서 아무도 심판하지 아니하시고 심판을 다* **아들에게 맡기셨으니** *(요한복음 5장 22절)."*

하나님은 왜 아들에게 심판을 맡기셨는가? 우리의 삶에 미래의 심판이 반드시 있어야 하는 이유는 무엇인가? 사랑과 자비의 하나님이시라면 그냥 용서하고 묵인해주시지 왜 굳이 심판하시는가?

공의의 하나님이심을 명확히 드러내시기 위함이다

하나님의 공의는 선한 사람들이 잘되고 악한 사람들은 못되기를 요구한다. 그러나 어떤가? 이 세상에서는 그 공의가 제대로 이행되지 않는 경우가 얼마나 많은가? 그래서 마지막 때 그리스도의 심판이 이러한 하나님의 공의를 완전히 실현시킨다. 신자의 억울함도, 부당한 접대도, 불의한 사건도 전부 아시는 전지하신 하나님이 가장 정확한 잣대로 사람을 판단하고 심판하신다. 그래서 불의한 사람은 불의한 대로 심판을 받고, 의로운 사람은 의로운 대로 영광을 얻는다. 그렇게 함으로써 하나님은 진정 공평하고 정의로우신 분임을 최종적으로 드러내신다. 신자에게 이보다 큰 위로는 없다.

"너희로 환난을 받게 하는 자들에게는 **환난으로 갚으시고** 환난을 받는 너희에게는 우리와 함께 **안식으로 갚으시는 것이 하나님의 공의**시니 주 예수께서 자기의 능력의 천사들과 함께 하늘로부터 불꽃 가운데에 나타나실 때에 하나님을 모르는 자들과 우리 주 예수의 복음에 복종하지 않는 자들에게 형벌을 내리시리니(데살로니가후서 1장 6~8절)."

"아브라함이 이르되 얘 너는 살았을 때에 좋은 것을 받았고 나사로는 고난을 받았으니 이것을 기억하라 **이제 그는 여기서 위로를 받고 너는 괴로움을 받느니라** (누가복음 16장 25절)."

이 세상에서는 불의한 자들이 그 불의에 대한 처벌을 받지 않고, 의로운 자들은 그 의에 대한 보상을 받지 못했다. 그러나 마지막 심판대 앞에서는 선한 자나 악한 자나 모든 것에 대한 값을 그대로 받는다. 그렇게 하나님의 공의가 실현된다.

하나님의 명예와 영광을 회복하기 위함이다

많은 사람들이 하나님을 부인하고 저주한다. 이 세상 형편을 보라고 오히려 우리에게 충고한다. 하나님이 계시면 불의가 승리할 수 없는데 현실은 불의한 자가 더 잘되고, 의로운 자는 오히려 고난 받는 경우가 부지기수라며 말이다. 그러니 하나님은 이제 더는 존재하지 않거나, 무능하거나, 무관심하거나 아예 불의하다는 주장까지 펼친다. 그러나 이런 그릇된 주장에 대해 하나님은 마지막 때 불의와 의를 공평하게 심판하심으로 그분의 명예와 영광을 회복하시기를 원하신다. 악인들이 잘되고 득세하는 것은 일시적인 현상일 뿐 마지막 때에는 하나님의 심판을 결코 피할 수 없고, 대신 의인은 이 땅에서 받지 못한 보상을 하늘나라에서 최고의 것으로 누릴 수 있으니 하나님은 결코 잘못된 하나님이 아니라 살아 계신 하나님, 영광을 받으시기에 합당하신 하나님이심을 증거한다.

우리로 하여금 끝까지 바른 믿음의 삶을 살도록 하기 위함이다

이 세상이 전부라면 그리고 하나님의 마지막 심판이 없다면 보통 사람들은 어떻게 살까? 대부분 무책임하고 자기 마음대로 찰나를 살아갈 것이다. 그러나 마지막 심판은 분명히 존재하기에 신자는 그날을 바라며 긴장감을 놓지 않고 경건함과 거룩한 행실로 바른 믿음의 삶을 살아간다. "이러므로 너희는 장차 올 이 모든 일을 능히 피하고 인자 앞에 서도록 항상 **기도하며 깨어 있으라** 하시니라*(누가복음 21장 36절).*" 이처럼 우리 신자의 합당한 삶은 그리스도의 마지막 심판을 바라보면서 항상 기도하며 깨어 있는 것이다.

마지막 심판의 현상

예수님 재림의 가장 큰 목적 중 하나는 이 땅에 오셔서 심판하시기 위함이다. "저리로서 산 자와 죽은 자를 심판하러 오시리라." '저리로서'는 '이리저리' 할 때 '저리'이다. '거기로부터' 즉 '하늘로부터' 오셔서 산 자와 죽은 자를 심판하신다는 말이다. 살아 있는 자는 누구이며 죽은 자는 누구인가? '살아 있는 자는 예수 믿는 사람, 죽은 자는 예수 믿지 않는 사람'이라는 뜻이 아니다. '산 자'는 예수님 오실 그때 이 세상에 살아 있는 사람이다. 죽은 자는 예수님 오시기 전 이미 죽어서 무덤에 있는 자들이다. 예수님이 오실 때는 살아 있는 자들뿐 아니라 이미 죽은 자들도 다 일어나서 심판을 받는다. 세상에서는 죽은 사람을 심판하는 법이 없다. 죽으면 다 끝이다. 그러나 하나님께는 죽음이 끝이 아니다. 죽은 자이든 산 자이든 누구나 다 마지막 심판을 받아야 한다. 살아 있든 죽었든 마지막 심판대 앞에 서야 한다. 그러므로 심판이 있기 전 모든 죽은 자들이 부활한다. **주 안에서 죽은 자들은 생명으로, 주님 없이 죽은 자들은 심판으로 부활하게 된다.**

"선한 일을 행한 자는 **생명의 부활**로, 악한 일을 행한 자는 **심판의 부활**로 나오리라(요한복음 5장 29절)."

살아 있는 자들은 갑자기 부활체처럼 변형되어 심판대 앞에 서게 된다. 그리고 자신들이 행한 대로 심판을 받게 된다. 그리스도께서는 이들 모두에게 선고를 내리신다. 그래서 악인은 마귀와 함께 영원한 형벌에 던지시고, 주 안에서 믿고 거듭난 자들은 복된 천사들과 함께 하늘에서 영원한 복락과 영광을 누리게 하신다. 이것이 바로 세상 마지막 때 행해질 그리스도의 심판이다. 이에 관한 성경 말씀을 참고하여 더 상세히 살펴보자.

마지막 심판대 앞에서는 모든 사람의 행위와 생각이 드러난다

"또 내가 보니 죽은 자들이 큰 자나 작은 자나 그 보좌 앞에 서 있는데 책들이 펴 있고 또 다른 책이 펴졌으니 곧 생명책이라 죽은 자들이 **자기 행위를 따라 책들에 기록된 대로 심판을 받으니**(요한계시록 20장 11절)."

자기의 행위를 따라 책에 기록된 대로 심판 받는다고 했다. 우리는 흔히 '죄의 책'이라고 말하는데 여기에 우리의 악한 행위와 생각들이 다 기록되어 있다고 한다. 성경에서 말하는 **이 책은 물질로 된 책이 아니다. 하나의 상징일 뿐이다. 전지하신 하나님이 세세하게 모두 기억하고 계심을 상징적으로 나타내기 위해 책에 기록되어 있다고 말한다.** 하나님은 우리가 행했던 모든 것을 다 아시며 우리는 우리 행위대로 심판을 받는다.

의인과 악인이 분리된다

"인자가 자기 영광으로 모든 천사와 함께 올 때에 자기 영광의 보좌에 앉으리니 모든 민족을 그 앞에 모으고 각각 구분하기를 목자가 **양과 염소를 구분하는 것같이** 하여 양은 그 오른편에 염소는 왼편에 두리라 (마태복음 25장 31~33절)."

그리스도께서 선고를 내리실 것이다

악인(불신자)들은 그들의 행위에 따라서 선고가 내려질 것이다. 그러나 의인(믿음의 사람)에게는 그리스도의 공로에 따라 선고가 내려질 것이다. 그들의 믿음으로 말미암아 그리스도 십자가의 공로가 적용되기 때문이다. 그래서 악인은 영벌에, 의인은 영생에 들어간다.

"그들은 **영벌**에, 의인들은 **영생**에 들어가리라 하시니라 (마태복음 25장 46절)."

영벌과 영생은 기가 막힌 일이다. 영원한 벌과 영원한 생명이기 때문이다. 단지 믿음 하나로 운명이 극과 극으로 갈라진다. 그러나 그 믿음은 결코 쉽지 않다. 우리는 천만 다행히도 하나님의 은혜로 구원을 받았다. 만 입이 있어도 우리가 그 은혜를 어찌 다 갚을 수 있겠는가? 항상 감사하며 때를 얻든지 못 얻든지 열렬한 복음의 증거자로서의 사명을 감당하는 자가 되어야 할 것이다.

재림의 시기

　예수님은 언제 오시는가? 주님이 언제 오실지는 아무도 모른다. 정확한 때에 대해서는 아무도 전혀 알지 못한다. *"그러나 그날과 그 때는 아무도 모르나니 하늘에 있는 **천사들도, 아들도 모르고 아버지만 아시느니라** (마가복음 13장 32절)."* 아들조차도 모르고 아버지만 안다고 했다. 예수님도 하나님이신데 예수님이 모르실 리 있겠는가? 예수님은 신성과 인성을 다 가지고 계신다. 이 경우 인성으로서의 예수님은 모르신다는 뜻이다. 우리는 항상 그날이 언제인지 궁금해하고 알고 싶어 한다. 이런 호기심을 자극해 날짜를 정해놓고 사람들을 유혹하는 이단들이 많이 있다. 그런 유혹에 넘어가지 말아야 한다.

　그때를 모르게 하는 것은 하나님의 뜻이다. 왜 모르게 하셨는가? ① 그때를 몰라야 우리의 믿음이 건강하기 때문이다. 모르니까 항상 깨어 있을 수밖에 없다. 모르기에 우리의 믿음 생활이 긴장감을 잃지 않는다. 그때를 안다면 아무래도 태만해진다. 그래서 모르게 하는 것이 하나님의 뜻이다. *"그런즉 **깨어 있으라** 너희는 그날과 그때를 알 지 못하느니라 (마태복음 25장 13절)."* ② 참 믿음의 사람이 되게 하기 위함이다. 그날과 그때를 몰라도 오직 하나님만 신뢰하고 의지하는 사람이 진정한 신자라고 할 수 있다. 하나님은 어떤 상황에서도 믿음을 지켜나가는 신실한 믿음의 신자를 원하신다. ③ 사악한 자들이 그날을 이용해 신자들을 미혹하지 않도록 하기 위함이다. 앞서 말한 거짓 종교들 혹은 이단들이 그날을 이용해 사람들을 얼마든지 유혹하고 실족하게 만들 수 있기 때문이다.

주님 재림의 날은 과연 언제일까? 우리는 강한 호기심을 갖고 있지만 모르는 것이 하나님의 뜻이다. 몰라야 더 순수하게 믿을 수 있다. 모르는 가운데 믿어야 우리의 믿음이 진실함을 입증할 수 있다. 그리고 우리의 믿음이 더욱더 강해질 수 있고 온전해질 수 있다.

재림의 방식

예수님은 어떻게 이 땅에 임하시는가?

사람들이 볼 수 있게 가시적으로 임하신다

승천하신 예수님은 하늘에 계시다가 승천하신 그 몸으로 하늘로부터 오신다. "이르되 갈릴리 사람들아 어찌하여 서서 하늘을 쳐다보느냐 너희 가운데서 하늘로 올려지신 이 예수는 **하늘로 가심을 본 그대로 오시리라** 하였느니라(사도행전 1장 11절)."

보이지 않게 영으로 오시는 것이 아니다. 상상이나 가상으로가 아니라 정말 우리 눈에 보이게 지상으로 오신다. '예수님은 이미 성령으로서 우리와 함께 계시는데 다시 오실 필요가 있는가'라고 생각할 수도 있다. 그러나 오순절 이후로 성령으로 우리와 현존하고 계신다 해도 그것을 예수님의 재림이라고 말하지는 않는다. **예수님의 재림은 부활하시고 승천하신 그 몸으로 임하는 가시적 사건이다.** 예수님께서 분명히 말씀하셨다. "그때에 인자의 징조가 하늘에서 보이겠고 그때에 땅의 모든 족속들이 통곡하며 그들이 **인자가 구름을 타고 능**

력과 큰 영광으로 오는 것을 보리라 *(마태복음 24장 30절).*" 예수님의 재림은 은밀하게 비밀스럽게 일어나지 않는다. 그의 재림은 공개적으로 단번에 이루어지는 사건이라고 하겠다.

예수님의 재림은 갑작스럽게 일어난다

"그들이 평안하다, 안전하다 할 그때에 임신한 여자에게 해산의 고통이 이름과 같이 멸망이 **갑자기 그들에게 이르리니** 결코 피하지 못하리라 *(데살로니가전서 5장 3절).*" 주님이 오실 때 사람들은 평범하게 일상생활을 하고 있을 것이다. 그런 엄청난 일이 일어나리라고 생각하지 않고 평소처럼 생활하고 있을 그때에 예수님이 오신다. 성경에 '사람들이 먹고 마시고 장가가고 시집가고 있을 때'에 주님이 임하신다고 했는데(마태복음 24장 38절 참고), 악한 일을 하고 있을 때라기보다는 그냥 일상적인 일을 하고 있을 때라는 의미라고 할 수 있다.

주님은 아버지의 영광 가운데 신적인 위엄을 가지고 천사들과 함께 오신다

"인자가 아버지의 영광으로 그 천사들과 함께 오리니 그때에 각 사람이 행한 대로 갚으리라 *(마태복음 16장 27절).*" 예수님은 하나님이시다. 그러므로 하나님의 영광을 가지고 하나님의 위엄을 품고 천사들의 호위를 받으며 이 땅에 오실 것이다.

재림이 늦어지는 이유

　그리스도의 재림에 대한 이야기는 이단들이 특히 자주 거론한다. 한때 어떤 종파는 날짜까지 정해서 그날 예수님이 재림하신다고 장담했다. 물론 다 거짓으로 드러났다. 이런 현상은 무엇을 의미하는가? 어쨌든 그리스도의 재림에 대한 강한 갈망의 표출이라고 할 수 있다.

　초대교회에서는 예수님의 재림을 기다리던 사람들이 재림이 이루어지지 않자 '예수님이 정말 재림하시는 것이 맞는가?'라며 의문을 제기했다. *"이르되 주께서 **강림하신다는** 약속이 어디 있느냐 조상들이 잔 후로부터 만물이 처음 창조될 때와 같이 그냥 있다 하니*(베드로후서 3장 4절)*."* 예수님이 승천하신 지 몇십 년도 지나지 않았을 때였다. 그런데도 '예수님이 다시 오신다는 말이 어디 있느냐?'며 조롱하는 사람들이 있었다는 말이다. 그럼 요즘은 어떨까? 그로부터 2천년이 지났다. 2천년이 지나도 예수님이 오지 않으셨다. 그러니 더욱더 '예수님의 재림은 못 믿겠다'는 말이 많아질 수밖에 없다. 신자나 비신자나 이런 사람들이 꽤 많을 것이다.

　과연 예수님의 재림은 무작정 늦어지는 것인가? 그렇지 않다. 모두 하나님의 뜻과 섭리 가운데서 진행되고 있다고 보아야 한다. 베드로 사도도 이에 대해서 명확히 밝히고 있다. *"사랑하는 자들아 주께는 하루가 천 년 같고 천 년이 하루 같다는 이 한 가지를 잊지 말라*(베드로후서 3장 8절)*."* '천 년이 하루 같고 하루가 천 년 같다'는 말은 무슨 뜻인가? 하나님의 시간과 우리의 시간은 다르다. 하나님의 시간 개념을 사람의 그것으로 생각하지 말라는 의미이다. 우리한테는 늦었다 해도 하나님께는 늦지 않다. 아직 하나님이 섭리하신 때가 이르지 않았을 뿐이다.

그렇다면 인간의 시간 개념으로 볼 때 예수님의 재림이 늦어지는 이유는 무엇인가?

더 많은 사람을 구원하시기 위해

베드로 사도도 말했다. "*주의 약속은 어떤 이들이 더디다고 생각하는 것같이 더딘 것이 아니라 오직 주께서는 너희를 대하여 오래 참으사 아무도 멸망하지 아니하고 다 회개하기에 이르기를 원하시느니라 (베드로후서 3장 9절).*" 주님께서도 오래 참으신다고 했다. 더 많은 사람이 복음을 듣고 회개하고 거듭나게 하기까지 시간이 많이 필요하기 때문이다.

신자가 사명을 충실히 감당할 기회를 많이 갖도록 하기 위해

우리는 세월을 아껴서 우리에게 맡겨진 존귀한 사명을 충실히 감당해야 한다. "*그런즉 너희가 어떻게 행할지를 자세히 주의하여 지혜 없는 자같이 하지 말고 오직 지혜 있는 자같이 하여 세월을 아끼라 때가 악하니라 그러므로 어리석은 자가 되지 말고 오직 주의 뜻이 무엇인가 이해하라 (에베소서 5장 15~17절).*" 때가 악하다는 것은 주님이 오실 때가 다 되었다는 뜻이다. 그때에 우리가 수행해야 할 사명은 우리를 향하신 주님의 뜻을 이루는 일이다.

불신자에게 핑계를 제공하지 않기 위해

주님은 믿지 않는 자들에게도 회개하고 돌이킬 충분한 시간을 주셨다. 그런데도 여전히 귀를 막고 듣지 않으며 불순종한다면 이는 온전히 그들의 책임이다. "다만 네 고집과 회개하지 아니한 마음을 따라 진노의 날 곧 하나님의 의로우신 심판이 나타나는 **그 날에 임할 진노를 네게 쌓는도다** (로마서 2장 5절)."

예수님의 재림이 언제인지는 아무도 모른다. 그래서 재림이 늦어진다고 느끼기 쉽다. 그러나 그것은 우리의 생각일 뿐, 하나님은 합당한 섭리와 뜻 가운데 주님의 재림을 이루실 것이다. 신실한 신자에게는 그날이 언제이든 아무 상관 없다. 오히려 그날을 기다리며 매일매일 순간순간에 충실할 수 있어서 다행이고 감사하다. 언제 주님이 오시든지 그때가 우리에게는 영광의 날 축복의 날이라는 사실은 분명하기 때문이다.

구원을 위한 심판과 상급을 위한 심판

그리스도께서 재림하셔서 산 자와 죽은 자 모두를 심판하신다고 했다. 그런데 믿음의 사람은 이미 그리스도께서 그 죗값을 다 치르셨다. 우리는 그리스도의 공로를 힘입어 심판을 받지 않는다. 악인은 그의 행위에 따라 심판을 받아 영멸에 처해진다. 신실한 믿음의 사람은 그의 믿음으로 말미암아 구원을 받아 영생에 이른다. 그래서 그리스도와 함께 영원한 나라에서 영광의 삶을 살게 된다.

그런데 믿음의 사람에게는 구원을 받은 후에 또 하나의 심판이 있다고 한다. 바로 상급을 위한 심판이다. 예수를 믿으면 누구든지 구원을 받는다. 하지만 구원받은 신자들이 누릴 하늘나라의 영광은 사람마다 각기 다르다. **구원받은 모든 사람에게 천국의 자리는 같지만 그들이 누릴 영광은 다르다는 말이다.** 성경은 그 차이를 이렇게 말씀한다. "만일 누구든지 금이나 은이나 보석이나 나무나 풀이나 짚으로 이 터 위에 세우면 각 사람의 공적이 나타날 터인데 그날이 공적을 밝히리니 이는 불로 나타내고 그 불이 각 사람의 공적이 어떠한 것을 시험할 것임이라 만일 누구든지 그 위에 세운 **공적이 그대로 있으면 상을 받고 누구든지 그 공적이 불타면 해를 받으리니** 그러나 자신은 구원을 받되 불 가운데서 받은 것 같으리라(고린도전서 3장 12~15절)."

상급을 위한 심판의 자리에서 주님은 우리에게 무엇을 물으실까? 내가 이 땅에 존재하는 이유는 무엇일까? 나를 이 세상에 태어나게 하신 주님의 뜻은 어디에 있을까? 우리는 그것을 하나님이 내게 맡겨주신 사명이라고 부른다. **내가 맡은 주님의 사명, 그것을 얼마나 잘 감당했는가? 이것이 마지막 심판대 앞에서 주님이 어떤 상급을 주실는지 관건이 된다.** 그때 주님은 우리에게 물으실 것이다. "내가 네게 준 생명과 지식과 직위와 시간과 기회, 능력, 물질, 그 밖의 모든 소유를 나를 위해 얼마나 사용했느냐?" "저 혼자 잘 먹고 잘살다 왔습니다." 이 대답이 전부라면 우리의 한평생 삶이 얼마나 초라하겠는가? 주님을 위한 우리의 헌신과 희생과 봉사와 순종, 겸손과 사랑의 삶을 통해서 마지막 심판대 앞에 주님의 큰 칭찬을 받길 바란다. 그래서 한 명도 예외 없이 하늘나라에서도 최고의 상급을 받고 가장 큰 영광의 자리에 오르길 바란다.

"지혜 있는 자는 궁창의 빛과 같이 빛날 것이요 많은 사람을 옳은 데로 돌아오게 한 자는 **별과 같이 영원토록 빛나리라** (다니엘 12장 3절)." 우리의 소원은 그날이 속히 이르러 하늘나라의 별처럼 영원토록 빛나고 주님이 주시는 놀랍고 큰 영광을 받기를 원하는 것이다. 마라나타 '주 예수여 오시옵소서.' 이것이 신자의 진정한 소망이요 고백이다.

믿음의 토대를 굳게 세우는 질문

1. 예수님의 재림과 미래에 대한 심판이 있어야 하는 이유는 무엇입니까?

2. 마지막 심판의 현상에 대해 말해봅시다.

3. 우리 신자들에게는 구원을 위한 심판과 상급을 위한 심판이 있다고 했습니다. 이것에 대해서 아는 대로 말해봅시다.

성령 하나님과
우리의 성화에 관하여

제25장

성령께 대한 믿음

이제 사도신경 중 "성령을 믿사오며" 부분을 함께 나누어보자. 53문답을 다룰 것이다.

53문 성령께 관하여 당신은 무엇을 믿습니까?

> **답 :** 첫째, 성령은 성부와 성자와 함께 참되고 영원한 하나님이십니다. 둘째, 그분은 또한 나에게도 주어져서 나로 하여금 참된 믿음으로 그리스도와 그의 모든 은덕에 참여하게 하며 나를 위로하고 영원히 나와 함께 하십니다.

하이델베르크 요리문답에서는 사도신경을 세 부분으로 나누어서 가르치고 있다고 앞서 언급했다. '성부 하나님과 우리의 창조에 관하여'(26~28문), '성자 하나님과 우리의 구속에 관하여'(29~52문), '성령 하나님과 우리의 성화에 관하여'(53~58문)이다. '성령을 믿사오며' 이 부분을 끝까지 읽으면 이렇다. '성령을 믿사오며 거룩한 공회와 성도가 서로 교통하는 것과 죄를 사하여 주시는 것과 몸이 다시 사는 것과 영원히 사는 것을 믿사옵나이다.' 이 부분은 모두 성령께서 우리를 거룩하게 하시는 사역에 포함된다. 다시 말하면 하이델베르크 요리문답은 교회와 성도의 교제와 죄 사함과 육신의 부활과 영원한 생명은 모두 성령께서 하시는 사역임을 말해주고 있다.

53문은 성령에 관하여 무엇을 믿고 있는지 묻는다. 그리고 성령은 누구신지, 성령이 하시는 일은 무엇인지로 답한다. 이것과 더불어서 성령과 관련해서 다루어야 할 몇 가지 주제를 알아보자.

성령은 누구신가? _성령님의 인격

기독교 신앙에서 가장 혼란스럽고 다루기 어려운 주제 중 하나가 성령에 관한 내용이다. 어떤 사람들은 성령을 무슨 도깨비같이 신비한 능력이나 힘으로 생각한다. 매우 잘못된 생각이다. 성령은 어떤 특별한 에너지나 힘이 아니라 인격적인 하나님이시다. 지성과 의지와 감정을 가지신 인격이시다. 그런데 왜 그런 오해를 하게 되었을까?

우리나라에서는 흔히 성령 하면 방언 혹은 예언 입신 같은 신비한 영적 현상을 떠올리기 쉽다. 지금까지 한국교회에서 행하는 부흥 집회는 주로 성령체험 위주였다. 그러다 보니 마치 은사 체험이 성령 사역의 전부라고 오해하게 된 것이다. 그러나 성령은 특이한 느낌이나 기운 혹은 신적 파워가 아니다. 분명한 사실은 성령은 성부 하나님, 성자 하나님과 그 본질과 영광과 권능에 있어서 동일하신 삼위일체 하나님이시다. 우리는 앞에서 삼위일체 하나님에 대해서 배웠다. 성부 성자 성령 하나님은 구별되지만 한 분이시며, 그것은 이해하기 어려운 하나님의 신비에 속한다. 그래서 25문의 답에서는 이렇게 말한다. *"이 구별된 삼위는 한 분이시요 참되고 영원하신 하나님이십니다."* 53문의 답은 이것을 반복한다. *"첫째, 성령은 성부와 성자와 함께 참되고 영원한 하나님이십니다."* 즉 **성령은 성부 성자와 함께 구별된 삼위이시지만 그분들과 한 분이시고 성부 성자와 함께 참되고 영원하신 한 하나님이시다.** 그러므로 성령님은 하나님의 영이시고 예수님의 영이시다. 하나님의 영이시고 예수님의 영이신 성령님은 성부와 성자를 나타내시는 분이시다.

사도행전 5장에는 아나니아와 삽비라 이야기가 나온다. 그들은 땅을 팔아서 일부를 떼어놓고 일부만 가지고 와서는 마치 다 가지고 온 것처럼 사도들을 속였다. 그러자 베드로가 말한다. *"어찌하여 사탄이 네 마음에 가득하여 네가 **성령을 속이고** 땅 값 얼마를 감추었느냐… 사람에게 거짓말한 것이 아니요 **하나님께로다** (사도행전 5장 3~4절)."* 베드로는 성령을 속이는 것은 하나님을 속이는 것이라고 말한다. 그는 성령과 하나님을 동일한 권능과 지위와 능력을 가진 분으로 인식하고 있음을 알 수 있다. 성령님은 하나님과 동일한 분이시다.

성령은 예수님과도 동일하시다. 예수님은 이 세상을 떠나실 때 이렇게 말씀하셨다. *"내가 세상 끝날까지 너희와 항상 **함께 있으리라** 하시니라 (마태복음 28장 20절)."* 그런데 예수님은 이렇게도 말씀하셨다. *"오직 **성령이 너희에게 임하시면** 너희가 권능을 받고 예루살렘과 온 유대와 사마리아와 땅끝까지 이르러 내 증인이 되리라 하시니라 (사도*

" 마태복음에서는 '세상 끝날까지 너희와 항상 있겠다'라고 하셨는데 사도행전에서는 '성령이 너희에게 임하시면'이라니 무슨 의미인가? 예수님께서 성령으로 우리와 함께 있겠다, 즉 예수님은 성령님이시라는 말이다.

예수님은 이런 말씀도 하셨다. "*그가 또 **다른 보혜사**를 너희에게 주사 영원토록 너희와 함께 있게 하리니*(요한복음 14장 16절)." 그런데 뒤이어 이렇게 말씀하신다. "*내가 너희를 고아와 같이 버려두지 아니하고 **너희에게로 오리라** (요한복음 14장 18절).*" '다른 보혜사가 너희와 영원토록 함께 있겠다'의 다른 보혜사는 성령님을 말한다. '너희에게로 오리라'의 주어는 예수님을 말하는 것이다. 이 두 구절을 하나로 일치시키면 예수님이 바로 성령님이심을 알 수 있다. 예수님이신 성령님이 오셔서 우리와 영원토록 함께 있겠다는 뜻이다. 예수님은 성령님이시다.

성령은 무엇을 하시는가? _성령님의 사역

53문의 답은 성령의 세 가지 사역을 설명한다. ① 참된 믿음으로 그리스도의 모든 은덕에 참여하게 하신다. ② 나를 위로하신다. ③ 영원히 나와 함께하신다. 이 세 가지와 더불어 성령의 중요한 사역들을 살펴보자.

참된 믿음으로 그리스도의 모든 은덕에 참여하게 하신다

우리가 참된 믿음을 갖게 되는 것도 성령이 하시는 일이다. 우리는 성령이 주신 그 믿음으로 그리스도께서 주시는 모든 은덕을 누릴 수 있다. 은덕은 그리스도께서 주시는 온갖 은혜와 축복을 말한다. 그리스도께서 우리에게 주시는 은혜와 축복이 얼마나 많은가? 죄 사함, 의로움, 구원, 영원한 생명 등 이루 말할 수 없다. 한 마디로 구원의 은혜이다. 그리스도께서 모든 구원의 역사를 이루셨다. 하지만 그 구원이 나와 연결되지 않으면 무슨 소용이 있겠는가? **성령은 그 놀라운 구원이 나에게 일어나도록 역사하신다.** 그러기 위해 성령은 택하신 자들이 그리스도의 구속을 실제로 받아들일 수 있도록 역사하신다. 이를 **성령의 '구속적용사역'**이라고 말한다. 성령께서 하시는 가장 중요한 사역이다. 우리를 **복음으로 불러 거듭나게 하시고, 참된 회개와 믿음으로 그리스도와 연합하게 하시며, 그리스도의 의와 거룩함과 영광에 참여하게 하신다.** 성령으로 말미암지 않고서는 이 모든 구속의 과정이 일어날 수 없다.

나를 위로하신다

성령은 위로의 영이시다. 성령의 다른 이름은 보혜사인데 보혜사는 보호자, 위로자, 상담자, 돕는 자를 뜻한다. 하이델베르크 요리문답 1문에서 다루었듯이 성령은 우리에게 유일하고 영원한 위로의 말씀을 주신다. 성령은 복음의 말씀이 생각나게 하심으로 나를 위로하신다. "보혜사 곧 아버지께서 내 이름으로 보내실 성령 그가 너희에게 모든 것을 가르치고 내가 너희에게 말한 모든 것을 *생각나게 하리*

라 (요한복음 14장 26절)." 또한 성령은 그리스도께서 이루신 구원의 사실을 나를 위한 것으로 믿고 확신하게 하심으로 위로하신다. 우리의 연약함을 도우시고 우리를 위해 간구해 주심으로 위로하신다. "*이와 같이 성령도 우리의* **연약함을 도우시나니** *우리는 마땅히 기도할 바를 알지 못하나 오직 성령이 말할 수 없는 탄식으로 우리를 위하여* **친히 간구하시느니라** *(로마서 8장 26절).*" 이 세상을 사는 사람들은 모두 다 위로에 굶주려 있다. 위로의 성령님이 우리 안에 계셔서 여러 말씀으로 용기와 힘과 소망이 되신다는 사실이 신자의 삶에 얼마나 큰 활력이 되겠는가? 성령이 주시는 놀라운 은혜가 아닐 수 없다.

나와 영원히 함께하신다

"*내가 아버지께 구하겠으니 그가 또* **다른 보혜사를** *너희에게 주사* **영원토록 너희와 함께 있게 하리니** *그는 진리의 영이라 세상은 능히 그를 받지 못하나니 이는 그를 보지도 못하고 알지도 못함이라 그러나 너희는 그를 아나니 그는* **너희와 함께 거하심이요 또 너희 속에 계시겠음이라** *내가 너희를 고아와 같이 버려두지 아니하고 너희에게로 오리라 (요한복음 14장 16~18절).*"

예수님도 보혜사이시다. 다른 보혜사는 성령을 가리킨다. 예수님은 승천하셨다. 이제 예수님을 대신해서 다른 보혜사 성령님을 보내주신다는 말이다. 그 성령님께서 나와 영원토록 함께하신다. 성령님은 지금도 나와 함께 계시고, 눈물 골짜기 같은 험난한 세상 길을 지날 때에도, 우리를 부활시키신 후 영원한 하늘나라에서도 나와 함께 하실 것이다.

예수를 믿는 그 순간부터 신자는 더는 혼자가 아니다. 성부 하나님이 함께하시고 성자 예수님이 함께하신다. 어떻게 함께하시는가? 그렇다. 하나님의 영, 예수님의 영이신 성령으로 함께하신다. 믿음으로 살면 항상 내 안에 성령이 내주하고 계심을 굳게 믿으라. 우리는 힘도 없고 지혜도 없다. 내세울 만한 것 하나 없는 무력한 자들이다. 그러나 이 세상 누구도 갖지 못한 엄청난 능력을 가지고 있다. 바로 내 안에 성령님이 늘 함께하신다는 것이다. 이는 신자의 최고 능력이며 가장 큰 복이다. 이 복을 소유한 자는 부러울 것이 없다.

우리를 조명하시고 가르쳐주신다

성령의 '조명'(照明, illumination)**이란, 말씀을 읽을 때 깨닫게 해주시고 알게 해주시고 믿게 해주시는 성령 하나님의 역사를 뜻한다.** 우리는 성경을 읽어도 잘 알지 못한다. 그러나 우리 안에 계신 성령께서 말씀을 이해하고 깨닫고 믿게 하며 우리를 각성시켜 회개하게 하신다. 성경을 읽을 때 성령님의 역사가 없다면 그저 단순한 글자, 문장만 읽을 수 있다. 그러나 성령께서 역사하시면 성경은 하나님이 내게 주시는 말씀으로 다가온다. "보혜사 곧 아버지께서 내 이름으로 보내실 성령 그가 너희에게 모든 것을 가르치고 내가 너희에게 말한 모든 것을 **생각나게** 하리라 (요한복음 14장 26절)." 그러므로 우리가 말씀대로 살 수 있는 것도 성령의 도우심 덕분이다. 성령은 말씀을 통해서 나의 인생 여정을 인도하신다. 내가 어디로 가야 하는지, 무슨 일을 해야 하는지, 어떻게 살아야 하는지 가르쳐주신다. 성령은 내 인생의 나침반이요, 안내자이시며 스승이시다. "무릇 하나님의 영으로

인도함을 받는 *사람은 곧 하나님의 아들이라* (로마서 8장 14절)."

우리를 책망하시고 진리 가운데로 인도하신다

우리 인간은 무엇을 잘못했는지, 내게 어떤 문제가 있는지 잘 알지 못한다. 그것을 깨닫기란 얼마나 어려운가? 그러나 우리를 사랑하시는 하나님의 영 성령께서 우리를 책망하고 깨닫게 하신다. "*그가 와서 죄에 대하여, 의에 대하여, 심판에 대하여 세상을* **책망하시리라** (요한복음 16장 8절)." 우리를 책망하고 깨닫게 하는 것은 무엇보다 큰 은혜이다. 사람은 왜 불행해지는가? 간단하다. 자기 잘못을 모르기 때문이다. 그런데 성령께서 이것을 알게 해주시고 책망해주시며 꾸짖어주신다. 우리는 성령의 꾸짖는 음성을 들어야 한다. 무엇보다도 자신이 엄청나게 큰 죄인이라는 사실을 깨닫게 하신다. 사람의 변화는 전적으로 성령의 역사이다. 회개한 사람들이 자기 죄가 그렇게 큰지 비로소 깨달았다는 이야기를 많이 하지 않는가? 그처럼 성령은 우리의 실상을 있는 그대로 보여주신다. 그래서 우리의 죄가 얼마나 크고 나쁜지 체감하게 하신다. 그렇게 함으로써 우리가 진정한 회심의 길로 들어서게 하신다.

성령은 우리를 진리로 인도하신다. "*그러나 진리의 성령이 오시면 그가 너희를* **모든 진리 가운데로** *인도하시리니*(요한복음 16장 13절)." 진리는 구원의 진리 혹은 예수 그리스도를 말한다. 죄를 알게 되고 변화가 일어나면 성령은 우리를 구원의 길로, 예수 그리스도께로 인도하신다. 그래서 우리를 구원해 주시고 예수 그리스도 안에 거하게 하신다. 이것이 우리 신자가 누리는 엄청난 복이다.

우리를 강건하게 하시고 담대하게 하신다

우리의 믿음이 연약하고 흔들릴 때 성령은 우리를 강건케 하시고 든든히 세우신다. 엠마오를 향하던 두 제자는 실의에 빠져 낙담하고 절망한 상태였다. 그러나 오순절 성령의 역사가 일어난 후 제자들의 모습은 완전히 달라졌다. 처음에는 온갖 의심들로 가득 차 있었으나 성령의 역사를 경험하고는 용기를 갖고 담대해진 것이다. 예수님은 말씀하셨다. *"지금은 너희가 근심하나* **내가 다시 너희를 보리니** *너희* **마음이 기쁠 것이요** *너희 기쁨을 빼앗을 자가 없으리라(요한복음 16장 22절)."* 너희를 다시 보겠다는 말은 예수님의 부활을 의미하는 동시에 오순절날 예수님의 영 성령께서 임하심을 말한다. 지금은 근심과 두려움에 사로잡혀 있지만 그때는 너희 마음에 담대함과 기쁨이 있으리라는 말씀이다. 성령이 임하면 어떤 일이 벌어지는가? 절망에서 소망으로, 연약함에서 강건함으로, 두려움에서 담대함으로 용기와 힘을 얻는다. 성령은 담대함의 영이요 소망과 용기의 영이시다.

성령께서 우리 안에 거하심을 어떻게 알 수 있는가? _성령님의 내주

성령이 아니고서는 누구도 예수를 주로 시인할 수 없다고 했다(고린도전서 12장 3절 참고). 그러므로 예수를 믿고 고백하는 사람은 그의 안에 성령께서 거하신다고 하겠다. 그래서 신자는 누구나 다 성령과 함께 살아간다. 그런데 우리 안에 성령이 거하시는 것을 어떻게 알 수 있는가? 성령은 보이지도 않고 피부로 느낄 수도 없다. 우리가 성령님과 함께한다는 것을 무엇으로 보증할 수 있을까? 그 효과나 결과를 보면 알 수가 있다. 바람이 불면 그 효과가 분명하듯이 성령의 효과도 분명하다. *"바람이 임의로 불매 네가 그 소리는 들어도 **어디서 와서 어디로 가는지** 알지 못하나니 성령으로 난 사람도 다 그러하니라 (요한복음 3장 8절).*" 성령께서 하시는 일은 수도 없이 많다고 했다. 그래서 반드시 그 결과가 나타나게 되어 있다. 그 결과를 보면 성령을 알 수 있다.

죄를 미워하고 의를 사랑한다

우리가 죄를 유독 미워하게 되고 죄와 치열하게 싸우는 것은 성령께서 우리 안에 계시기 때문이다. 우리의 육신은 할 수만 있으면 죄에 머물기를 원한다. 그러나 성령은 죄를 증오하고 적극 배척하신다. 그러므로 내 안에 계신 성령과 죄악이 치열한 싸움을 벌인다. 이때 우리는 연약해서 쓰러지기 쉽지만 성령께서 도우심으로 능히 승리할 수 있다. 그래서 성령을 따라 행하는 자에게는 결코 정죄함이 없다. *"너희가 육신대로 살면 반드시 죽을 것이로되 **영으로써 몸의 행실을 죽이면** 살리니(로마서 8장 13절).*"

어린아이처럼 하나님 아버지를 신뢰한다

*"너희는 다시 무서워하는 종의 영을 받지 아니하고 양자의 영을 받았으므로 우리가 **아빠 아버지**라고 부르짖느니라 성령이 친히 우리의 영과 더불어 우리가 **하나님의 자녀**인 것을 증언하시나니(로마서 8장 15~16절).*" 아빠, 아버지는 대단히 친근한 사이에서 사용하는 호칭이다.

아무나 누구에게나 그렇게 부르지 않는다. 우리가 감히 하나님을 아빠 아버지라고 부를 수 있는 이유는 우리 안에 성령이 역사하시기 때문이다. 성령이 우리 안에 거주하심으로 하나님과 우리 사이에는 그 어떤 담도 필요 없는 친아버지와 아들 관계가 성립된다.

마음에 화평이 있고 환란 중에도 즐거워한다

신자는 어떤 상황에서도 마음의 평강을 유지할 수 있다. 심지어는 바울과 실라처럼 감옥에서도 기뻐하고 찬양할 수 있다. 이는 신자만이 가질 수 있는 특권이다. 그럴 수 있는 이유는 우리 안에 내주하시는 성령께서 용기와 힘을 주시기 때문이다. 그리고 환란과 시련, 핍박 중에도 즐거워한다. 환란 중에도 우리에게 주시는 하나님의 또 다른 은혜가 있음을 성령께서 깨닫게 해주시기 때문이다. "그러므로 우리가 믿음으로 의롭다 하심을 받았으니 우리 주 예수 그리스도로 말미암아 하나님과 화평을 누리자 또한 그로 말미암아 우리가 믿음으로 서 있는 이 은혜에 들어감을 얻었으며 하나님의 영광을 바라고 즐거워하느니라 다만 이뿐 아니라 우리가 **환난 중에도 즐거워하나니** 이는 환난은 인내를,(로마서 5장 1~3절)."

우리 안에 믿음과 회개, 하나님께 대한 순종이 시작된다

우리가 맨 처음 믿음을 갖게 된 것, 도저히 보이지도 않고 느끼지도 못했던 죄를 철저히 회개하고 하나님의 자비와 긍휼을 구하게 된 것, 하나님만이 온 세상 만물의 창조주이시며 진정한 주인 되심을 고백하고 순종하는 것, 이 모든 것은 성령께서 가능하도록 역사하신 결과이다. 그러므로 우리가 예수 믿고 죄를 회개하고 믿음의 축복을 누리면서 감사하며 주님께 순종하고 하나님을 찬양하며 사는 모습을 보면 성령께서 분명히 내주하고 계심을 알 수 있다. "그러므로 내가 너희에게 알리노니 하나님의 영으로 말하는 자는 누구든지 예수를 저주할 자라 하지 아니하고 또 **성령으로 아니하고는 누구든지 예수를 주시라 할 수 없느니라** (고린도전서 12장 3절)."

성령을 어떻게 보존할 수 있는가?

우리는 믿음 생활하면서 항상 성령과 더불어 살아야 한다. 성령이 떠난 믿음 생활이란 존재할 수 없기 때문이다. 그러나 분주하게 살다 보면 나도 모르는 사이에 성령과 아무 상관 없는 삶을 살아가게 된다. 이는 믿음 생활의 최대 위기이다. 신자의 가장 큰 믿음의 과제는 삶의 단 한 순간도 성령님과 분리되지 않는 것이다. 어떻게 하면 성령님을 내 안에 항상 보존할 수 있을까?

죄를 멀리하고 회개한다

우리는 양심을 거스르는 죄를 멀리하고 죄를 지었다면 끊임없이 회개하는 삶을 살아야 한다. 그래서 우리 안에 계신 성령을 근심하게 하지 말아야 한다. 그러기 위해서는 우리가 죄 짓도록 유혹하는 모든 것을 멀리하고 삼가야 한다. "하나님의 **성령을 근심하게 하지 말라** 그 안에서 너희가 구원의 날까지 인치심을 받았느니라 (에베소서 4장 30절)."

항상 기도한다

성령을 사모하는 기도를 지속적으로 드리라. 진실하고 끈기 있는 기도를 계속해야 한다. 성령은 기도 중에 역사하신다. 성령은 진실로 믿음으로 기도하는 자와 항상 함께하신다. "너희 하늘 아버지께서 구하는 자에게 성령을 주시지 않겠느냐 하시니라(누가복음 11장 13절)."

끊임없이 말씀을 묵상한다

말씀을 심령에 심기를 즐거워하고 끊임없이 말씀을 묵상하라. 성령은 말씀이 있는 곳에서 역사한다. 하나님의 말씀을 즐거워하는 것은 성령을 내 안에 모시는 길이다. "오직 여호와의 **율법을 즐거워하여** 그의 율법을 주야로 묵상하는도다(시편 1편 2절)."

신자는 성령 충만한 삶을 살아야 한다

'성령 충만'이라는 말은 교회에서 가장 많이 사용하는 말 중 하나이다. 그런데 과연 성령 충만하다는 것은 무엇을 말하는가? 신비한 체험이나 특정 은사를 힘입는 것만을 말한다고 생각하면 잘못이다. 쉽게 말하면 우리가 성령님의 전적인 지배하에 들어가는 것이다. 나의 의지나 고집이나 주장은 뒤로하고 성령님이 지시하시는 대로 전폭적으로, 기쁘게 순종하는 삶이 바로 성령 충만한 삶이다.

입으로는 성령님을 내 안에 모시고 산다고 말하면서 실제로는 성령님의 지시를 무시하고 육신의 소욕만 따른다면 어떻게 되겠는가? 이는 신자가 저지르는 큰 죄라고 할 수 있다. *"육신을 따르는 자는 육신의 일을, 영을 따르는 자는 영의 일을 생각하나니 육신의 생각은 사망이요 영의 생각은 생명과 평안이니라 **육신의 생각은 하나님과 원수가 되나니** 이는 하나님의 법에 굴복하지 아니할 뿐 아니라 할 수도 없음이라*(로마서 8장 5~7절).*"*

내 안에 성령님이 계시는데 그분을 무시한 채 내 마음대로 육신에 따라서 산다면, 내 안에 계시는 성령님이 얼마나 서운하시겠는가? 하나님의 영이신 성령님을 멸시하면 안 된다. 그렇게 사는 것은 하나님과 원수가 되는 것이라고 성경은 말씀한다. 그렇게 살면 성령은 자연히 우리 안에서 소멸되어 사라진다.

신자의 가장 큰 불행은 성령과 상관없는 삶을 사는 것이다. 보혜사 성령님이 주시는 엄청나고 놀라운 은혜를 다 놓쳐버리는 것이다. 신자는 반드시 성령으로 충만하기를 힘써야 한다. 성령 충만을 사모하라. 성령 충만을 위해 늘 기도하라. 성령님과 가장 친하게 지내라. 성령님께 도움을 구하라. 성령님과 늘 동행하라. 이것이 우리 신자가 누릴 수 있는 가장 큰 축복이다.

믿음의 토대를 굳게 세우는 질문

1. 성령님은 누구신지 아는 대로 이야기해봅시다.

2. 성령님은 무슨 일을 하십니까?

3. 성령님이 우리 안에 거하시는 증거는 무엇입니까?(성령의 내주)

제26장

교회와 성도의 교제

이 장에서는 사도신경 중 "거룩한 공회와 성도가 교통하는 것과" 부분을 함께 나누어보자. 거룩한 공회는 교회를 말한다. 신학적으로 말하면 교회론을 다루는 것이다. 살펴볼 문항은 54문과 55문이다.

54문 "거룩한 보편적 교회"에 관하여 당신은 무엇을 믿습니까?

> **답 :** 나는 하나님의 아들이 세상의 처음부터 마지막 날까지 모든 인류 가운데서 영생을 위하여 선택하신 교회를 참된 믿음으로 하나가 되도록 그의 말씀과 성령으로 자신을 위하여 불러모으고 보호하고 보존하심을 믿습니다. 나도 지금 이 교회의 살아 있는 지체이며 영원히 그러할 것을 믿습니다.

54문은 '교회에 관하여 무엇을 믿고 있는지' 묻는다. 답이 길고 어렵게 설명되어 있지만 하나씩 살펴보면 쉽게 이해할 수 있을 것이다.

교회란 무엇인가?

우리가 믿음 생활을 하면서 다뤄야 할 주제는 한두 가지가 아니지만 교회에 대한 물음만큼 절박하고 피부에 와 닿는 질문은 드물다. 우리는 지금 교회 생활을 하고 있기 때문이다. 칼빈은 교회를 어머니라고 말했다. *"하나님이 아버지가 되는 사람에게 교회는 어머니가 되어야 한다."* 아이를 성숙할 때까지 어머니가 보살피고 사랑의 품에서 인도하듯이 교회는 성도를 위해서 사랑으로 양육하고 보호하고 인도해야 하기 때문이다. 그런 의미에서 신자가 교회에 와서 안식을 얻고 위로와 힘을 얻는다는 사실이 얼마나 큰 은혜와 복인가.

교회는 '에클레시아'라는 헬라어에서 유래한 단어로, 원어는 '불러내다'라는 의미를 가지고 있다. 당시 헬라인들은 연설 혹은 특정 주제에 대한 원로원의 결정사항을 알리기 위해 백성 중에서 수백 명씩 불러냈다. 그렇게 모인 시민들의 모임이 '에클레시아'이다. 이처럼 교회란 주의 음성을 통해서 하나님의 말씀을 받아들이게 하려는 목적으로 불러낸 사람들의 모임이라고 할 수 있다. 쉽게 말하면 교회는 **복음을 위해 하나님께로부터 부르심 받은 사람들의 모임 혹은 회중이다.** 하나님을 섬기기 위해서 세상으로부터 부르심을 받은 사람들의 모임, 선택받고 부름받은 하나님의 자녀들이 바로 교회이다. 분명한 사실은 우리가 흔히 생각하듯 건물이 교회가 아니다. 즉 무슨 무슨 교회라고 이름 붙인 건물은 진정한 의미의 교회가 아니라는 뜻이다.

54문과 답을 통해서 교회에 대해 반드시 알아야 할 몇 가지 사실을 살펴보자.

교회의 주인은 그리스도이시다

맨 처음 교회는 누가 세우셨을까? 교회는 하나님의 아들 예수 그리스도께서 친히 세우시고 지키신다. "또 내가 네게 이르노니 너는 베드로라 **내가** 이 반석 위에 **내** 교회를 세우리니 음부의 권세가 이기지 못하리라 *(마태복음 16장 18절).*" 예수님은 베드로의 신앙고백 위에 내 교회를 세우겠다고 하셨다. 이처럼 교회를 세우신 분은 예수 그리스도이시며 교회의 주인도 예수 그리스도이시다.

54문의 답에서도 이 점을 분명히 말하고 있다. *"나는 하나님의 아들이 세상의 처음부터 마지막 날까지 모든 인류 가운데서 영생을 위하여 **선택하신** 교회를 참된 믿음으로 하나가 되도록 그의 말씀과 성령으로 자신을 위하여 **불러모으고** 보호하고 보존하심을 믿습니다."* 하나님의 아들이 교회를 선택하고 불러모았음을 믿는다고 했다. 즉 구원받을 사람들인 교회를 선택하고, 선택한 그들을 불러모으신 분은 하나님의 아들 예수 그리스도이시다. 그러므로 교회의 주인은 예수 그리스도이시다. 너무나 당연한 사실인데도 다시금 명확히 밝히는 이유는 우리가 이 사실을 잊고 지낼 때가 많기 때문이다. 사람이 교회의 주인 노릇 하려는 경우를 얼마나 많이 보았는가? 교회의 타락은 이 지점에서 시작된다고 해도 과언이 아니다. 중세 시절에는 교황이 교회의 주인이었다. 요즘 한국에서는 목사나 장로가 교회의 주인 노릇 하는 경우가 부지기수로 많다.

오래 전 필자가 오산환경연합 공동의장으로 있었을 때의 일이다. 오랜만에 만난 한 임원이 내게 이렇게 인사했다. "목사님, 요즘 교회

사업은 잘되십니까?" 그분은 농담이 아니었다. 진정한 의미로 인사를 건넨 것이다. 하지만 이 얼마나 잘못된 말인가? 목사가 목회를 교회 사업처럼 한다면 그 교회의 주인은 다름 아닌 목사가 된다. 그러나 목회가 사업인가? 결코 그렇지 않다. 목사는 교회의 주인이신 하나님과 그리스도로부터 부르심 받은 자로서 교회를 섬기는 청지기에 불과하다. 봉사를 많이 한다고 그 교회의 주인이 될 수 없다. 헌금을 많이 낸다고 그 교회의 주인이 아니다. 출석한 지 오래되었다고 그 교회의 주인이라고 생각한다면 천부당만부당이다. 그런데 현실은 이런 일이 비일비재하다. 입으로는 주인이 아니라면서 실제로는 주인 노릇을 하려고 한다. 그로 인해 타락한 신자들이 셀 수 없이 많다. 우리는 절대로 이 함정에 빠지지 말아야 한다. 특히 오래된 장로가 교회를 자기 소유인 양 좌지우지하는 모습을 많이 보았다. 심지어 개척 시절부터 교회를 성장시킨 목사라고 해도 결코 그 교회의 주인은 아니다. 사람이 교회의 주인이 될 때, 서로 주인 되려고 암투를 벌일 때 교회는 악마의 소굴로 변하고 만다. 교회의 주인은 그리스도이시라는, 참으로 분명하고 당연한 사실을 다시금 명확히 해야 한다. 이 점을 분명히 한 교회가 하나님 보시기에 가장 평화롭고 아름다운 교회가 될 것이다.

그리스도는 교회를 불러모으고 보호하며 보존하신다

교회의 주인이신 그리스도는 교회를 불러모으고 보호하며 보존하신다. 54문의 답을 살펴보자. "… 선택하신 교회를 참된 믿음으로 하나가 되도록 그의 말씀과 성령으로 자신을 위하여 **불러모으고 보호하고 보존하심**을 믿습니다." 교회는 성도들을 가리킨다. 그리스도께서 하나님의 주권으로 선택하신 성도들을 그의 말씀과 성령으로 불러모으신다. 말씀의 능력을 통해서 성령의 역사로 부르시고 거듭나게 하시며 회개하게 하시고 믿음으로 그리스도에게 연합하게 하신다. 그러므로 교회를 이루어가신다. 우리에게는 성경 말씀만 필요한 것이 아니라, 그 말씀을 깨닫게 해주시고 그 말씀을 삶에 적용하며 그 말씀의 능력으로 살 수 있도록 인도하시는 성령이 필요하다. 말씀만 있고 성령이 없으면 형식만 있고 생명력이 없다. 말씀과 함께 성령의 능력이 임해야 하나님의 온전한 뜻을 이루어갈 수 있다. 반대로 말씀은 없고 성령만 강조하면 자칫 잘못된 신비주의에 빠지게 된다. 그러므로 우리에게는 항상 말씀과 성령의 균형이 유지되어야 한다. 하나님의 말씀은 성령의 검이며, 그 검을 사용하고 움직이시는 분은 성령이심을 알아야 한다.

또한 그리스도는 말씀과 성령으로 불러모으신 그 교회를 보호하고 보전하신다. "또 내가 네게 이르노니 너는 베드로라 내가 이 반석 위에 내 교회를 세우리니 **음부의 권세가 이기지 못하리라** (마태복음 16장 18절)."

구원 받은 하나님의 자녀들은 수많은 원수들에게 둘러싸여 있다. 우리의 원수들은 굶주린 사자처럼 두루 다니며 삼킬 자를 찾아 헤맨다. 육신의 정욕과 안목의 정욕과 이생의 자랑은 신자들을 언제든지 나락으로 떨어뜨릴 수 있다. 신자가 살아가는 세상은 그야말로 치열한 영적 전쟁터이다. 그런데 우리가 이 전쟁에서 승리할 수 있는 것은 우리를 보호하고 보존하시는 예수 그리스도가 있기 때문이다.

부름 받은 그리스도인들도 때로는 넘어진다. 죄에 빠지기도 하고 유혹에 떨어질 수도 있다. 그러나 중요한 것은 사탄이 한 번 치는 것으로 치명타를 날리지 못한다는 점이다. 그리스도께서 선택받은 백성들을 보호하고 보전하시기 때문이다. 그리스도께서는 신자들이 사탄의 유혹에 흔들리고 믿음의 길에서 방황할지라도 믿음에서 떨어지지 않도록 기도하신다. 이것이 우리에게 얼마나 큰 힘이요 영적 담보가 되는가? "*시몬아, 시몬아, 보라 사탄이 너희를 밀 까부르듯 하려고 요구하였으나 그러나 내가 너를 위하여 **네 믿음이 떨어지지 않기를 기도하였노니***...(누가복음 22장 31~32절)."

오늘날에도 세계 곳곳에서 온갖 박해가 일어나고 있다. 수많은 신자들이 투옥되고 고문당하며 죽음을 겪는다. 그러나 그러한 고통을 견딜 수 있는 것은 주님의 보호하심과 보존하심의 은혜 아래 있기 때문이다.

우리도 때로는 절망하고 좌절하고 힘들어한다. 그러나 그럴 때마다 쓰러지지 않고 다시 일어설 수 있는 이유는, 교회를 보호하시고 지키시며 보존하시는 주님이 우리 곁에 계시기 때문이다. 주님은 승천하시면서 세상 끝날까지 영원토록 우리와 함께하겠다고 약속하셨다. 그리스도가 우리를 지키시고 보호하시니 그 어떤 위협이나 환란도 전혀 문제 되지 않음을 우리는 굳게 믿는다.

교회는 거룩하고 보편적이며 우주적이다

54문 물음에 교회를 '거룩한 보편적 교회'라고 말하고 있다. 우선 교회는 거룩하다. **교회에 모인 사람들이 거룩해서가 아니라, 온전하신 그리스도의 의로 씻김받아 의로워지고 거룩해졌기 때문에 교회가 거룩한 것이다.** 즉 교회의 통치자이신 그리스도와 말씀과 성령의 능력으로 거룩해진 것이다.

"너희 중에 이와 같은 자들이 있더니 주 예수 그리스도의 이름과 우리 하나님의 성령 안에서 씻음과 거룩함과 의롭다 하심을 받았느니라 (고린도전서 6장 11절)*." "그들을 진리로 거룩하게 하옵소서 아버지의 말씀은 진리니이다* (요한복음 17장 17절)*."*

교회는 원래 의로운 자들의 모임이 아니라, 그리스도의 보혈로 말미암아 의로워지고 깨끗해진 사람들의 모임이다. 우리는 스스로 깨끗해지거나 거룩해질 수 없다. 우리가 의로워지는 것은 전적으로 그리스도의 은혜이며 하나님의 사랑이다. 그래서 그 누구도 자신의 의로움을 자랑할 수 없다. 중요한 것은 그리스도를 떠나서는 우리가 거룩해질 수 없다는 사실이다. 그리스도 안에 있을 때 말씀의 능력으로 성령의 역사로 새로워지는 것이다.

또한 교회는 보편적이다. 그리스도께서 교회를 언제 어디서 선택하시고 부르셨는가? 54문의 답은 이렇게 말한다. *"세상의 처음부터 마지막 날까지, 모든 인류 가운데서……."* 시간적으로 보편적이고 공간적으로 보편적이다. 그리스도는 세상 처음부터 마지막 날까지 교회를 세우신다. 때로는 이 세상에 있는 교회가 미약하고 보잘것없어

보여도 주님의 교회는 세상 첫날부터 마지막 날까지 결코 소멸하지 않고 항상 존재한다. 참된 교회는 유행처럼 이 세상에 있다가 사라지지 않고, 마지막 날 주님이 재림하실 때 영광스럽게 주님을 맞이할 것이다.

교회는 모든 인류 가운데 세워진다. 구약의 교회는 이스라엘 백성으로 국한되어 있었지만, 성령 강림 후에 세워진 신약의 교회는 오순절에 여러 나라 방언의 역사가 나타난 것을 계기로 복음이 모든 나라에 전파되었다. 주님의 교회는 보편적이며 우주적이다. 모든 시대 모든 나라 모든 장소의 모든 성도를 포함한다. 교회는 국가와 민족, 남녀노소, 빈부, 지위 등을 뛰어넘는 하나님 백성들의 모임이다.

그런데 교회는 보편적이면서 하나이다. 54문의 답처럼 '참된 믿음으로 하나'가 되었다. 주인이신 그리스도는 한 분이시다. 그러므로 머리 되신 그리스도에게 붙어 있는 우리도 하나가 되었다. 믿음도 하나요 성령도 하나다. 한 믿음으로 그리스도 안에서 한 하나님의 자녀가 되었다. "너희가 다 **믿음으로 말미암아** 그리스도 예수 안에서 하나님의 아들이 되었으니… 너희는 유대인이나 헬라인이나 종이나 자유인이나 남자나 여자나 다 그리스도 예수 안에서 **하나이니라** (갈라디아서 3장 26, 28절)."

성령은 하나 되게 하는 영이시다. "평안의 매는 줄로 **성령이 하나되게 하신** 것을 힘써 지키라(에베소서 4장 3절)." 반면 분별하고 갈라지게 하는 것은 악령이다. 오늘날 교회 안에 악령의 역사가 얼마나 많은가? 수많은 사람이 실족하고 상처받아 교회를 떠나는 이유가 어디에 있는가? 믿음 생활의 가장 큰 불행은 하나 되지 못하는 것이다.

교회의 본질은 하나 되는 것이다. 하나 됨을 거역하는 것은 그리스도가 한 몸의 머리 되심을 부인하는 것이다. 교회는 보편적이며 하나이다. 그러므로 교회에서는 차별이 있으면 안 된다. 교회가 세상의 빛이 될 수 있는 이유는 교회 안에 차별이 없기 때문이다. 세상의 특징은 사람을 차별하는 데 있다. 소유, 능력, 직위, 배경에 따라 사람을 분별하고 차별한다. 그러나 교회는 절대 그렇지 않다.

사람들을 비교하여 얕보거나 무시하는 것만 차별이 아니다. 나보다 조금 못한 사람 앞에서 자신을 과시하거나 자랑하는 것도 일종의 차별이다. 자기보다 조금 모자라고 부족하다고 생각하는 사람들에게 인사도 하지 않고 불친절한 것도 명백한 차별이다. 우리는 그 누구도 자신을 자랑할 수 없다. 누구도 함부로 대해서는 안 된다. 그 모든 것은 하나님이 주신 것일 뿐 내 것은 하나도 없기 때문이다. 그런데 차별하지 않는다고 해서 구별하지 않는다는 뜻은 아니다. 교회는 보편적이며 하나인 동시에 남녀의 구별이 있고 은사와 기능의 구별이 있다. 정당한 구별은 인정하되 잘못된 차별을 없애려고 노력해야 좋은 교회이다. 차별은 없어도 구별은 있는 교회가 온전한 교회이다. 교회는 차별을 없앰으로 서로 존중받고 구별을 인정함으로 다양하게 주님을 섬길 수 있어야 한다.

나도 살아 있는 교회의 지체이다

54문의 답의 마지막 부분을 보자. "나도 지금 이 교회의 살아 있는 지체이며 영원히 그러할 것을 믿습니다." 교회에 관련된 사항 중 놓쳐서는 안 되는 중요한 한 가지가 '내가 교회의 지체'라는 점이다. 즉 나는 이 교회의 한 부분이라는 말이다. 이때의 교회는 내가 출석하는 지역 교회를 말한다. '내가 이 거룩하고 보편적인 교회에 속해 있고, 나는 머리이신 그리스도의 몸인 교회의 한 부분이며, 그리스도의 생명을 받아서 살아가는, 그리스도의 몸에 붙어 있는 가지'임을 고백하는 말이다. 우리 한 사람 한 사람이 모여 그리스도의 몸인 교회를 이루고, 그 머리는 예수 그리스도가 된다. "너희는 그리스도의 몸이요 *지체*의 각 부분이라(고린도전서 12장 27절)."

그러므로 **우리가 신자라고 할 때 항상 기억해야 할 것은 그냥 '나'가 아니라 '교회의 살아 있는 지체로서 나'라는 사실이다. 이를 '교회아(敎會我)'라고도 한다. '교회로서의 나'를 가리키는 말이다.** 즉 내가 교회의 지체라는 생각에 철저한 것, '지체(肢體)로서의 의식(意識)'을 말한다. 그동안 우리의 잘못은 무엇인가? 교회를 다니면서도 '교회 지체로서의 나'를 생각하지 않은 것이다. 그냥 '나 혼자'만 생각하는 것이다.

참된 신자라면 '교회아(敎會我)' 의식에 철저한 삶을 살아야 한다. 그렇기 위해 우리는 ① 항상 그리스도의 몸으로부터 말씀을 공급받고 반드시 그 말씀에 반응하는 삶을 살아야 한다. ② 자기보다 먼저 교회를 사랑해야 한다. 그동안 우리는 그리스도 몸의 지체라고 말하면서도 얼마나 자기 한 몸만, 아니면 기껏해야 내 가정만 생각했는가? ③ 살아 있는 주님의 지체로서 주님의 부르심에 순종하여 주님께 나아가고, 맡겨진 자기 몫을 다 해야 한다. 교회를 위한 헌신과 충성을 기쁨으로 여겨야 한다. ④ 그리스도의 몸으로서 함부로 살면 안 된다. 우리가 그리스도의 몸을 더럽혀서는 안 된다. "너희는 **너희가 하나님의 성전**인 것과 하나님의 성령이 너희 안에 계시는 것을 알지 못하느냐(고린도전서 3장 16절)." ⑤ 지체끼리 갈라지거나 다투어서는 안 된다. 한 몸의 지체가 다투고 파벌을 만들며 대립하고 갈라선다면 얼마나 한심하고 우스꽝스럽겠는가? "몸 가운데서 **분쟁이 없고** 오직 여러 지체가 서로 같이 돌보게 하셨느니라 (고린도전서 12장 25절)." ⑥ 다른 지체가 고통을 받을 때 함께 고통 받고 영광 받을 때 함께 즐거워해야 한다. "만일 한 지체가 고통을 받으면 모든 지체가 **함께 고통**을 받고 한 지체가 영광을 얻으면 모든 지체가 **함께 즐거워**하느니라 (고린도전서 12장 26절)."

성도의 교제

먼저 55문과 답을 살펴보자.

55문 "성도의 교제"를 당신은 어떻게 이해합니까?

답 : 첫째, 신자는 모두 또한 각각 그리스도의 지체로서 주 그리스도와 교제하며 그의 모든 부요와 은사에 참여합니다. 둘째, 각 신자는 자기의 은사를 다른 지체의 유익과 복을 위하여 기꺼이 그리고 즐거이 사용할 의무가 있습니다.

성도의 교제에 있어서 가장 중요한 것은 그 순서이다. 그리스도와의 교제가 우선이며 그다음이 성도와의 교제이다. 그리스도와의 교제는 성도 간 교제의 원천이기 때문이다. 이것을 이해하는 일은 매우 중요하다.

오늘날 모든 인간관계가 망가진 이유는 무엇인가? 그 근원을 찾아 올라가면 아담과 하와에게까지 닿는다. 아담과 하와가 낙원에서 타락하고 창조주 하나님께 불순종한 파장이 오늘날 인간에게까지 내려온 것이다. 그러므로 그리스도를 통한 하나님과의 관계가 회복되어야만 사람들과의 교제도 바르게 회복될 수 있다. 부부관계가 왜 뒤틀렸는가? 사실 근본 뿌리인 하나님과의 관계가 어긋났기 때문이다. 다른 성도들과의 관계가 어그러지는 주요 원인은 무엇인가? 마찬가지이다. 그 관계의 원천이 되는 하나님의 말씀에 불순종했기 때문이다. 이 순서를 반드시 기억해야 한다. 그렇지 않으면 문제를 근본적으로 해결하기 어렵다. 모든 문제의 원천적 해결은 그리스도와의 교제에 있다.

그래서 55문의 답은 이러하다. "첫째, 신자는 모두 또한 각각 그리스도의 지체로서 **주 그리스도와 교제하며** 그의 모든 부요와 은사에 참여합니다." 주 그리스도와의 바른 교제가 모든 인간관계의 문제를 해결한다. 우리가 그리스도의 지체로서 그리스도와 교제하는 것은 그분의 모든 부요와 은사에 참여하는 것이다. 그리스도는 진정 부요한 분이시다. 그러나 우리를 위해서 가난하게 되셨다(고린도후서 8장 9절 참고). 그분은 못 하시는 일도, 없는 것도 없으시다. 우리가 그리스도와 교제할 때 그분의 부요함에 참여할 수 있다.

동시에 그리스도께서 주시는 은사에 참여하게 된다. 은사는 하나님께서 거저 주시는 구원의 은혜이다. 그리스도 안에 있는 죄 사함, 용서, 의로움과 영생, 성화, 구원을 누리는 것이다. 요한복음 15장에서 보듯 그리스도는 포도나무요 우리는 가지다. 성도는 반드시 그리스도 안에 살고 그리스도와 교제해야 한다. 그래야 영적 생명의 영양소를 나무로부터 공급받고 그 힘으로 살아간다.

성도는 그리스도께 받은 부요와 은사들을 다른 지체를 위해 기꺼이 사용해야 한다. "*둘째, 각 신자는 자기의 은사를 다른 지체의 유익과 복을 위하여 기꺼이 그리고 즐거이 사용할 의무가 있습니다.*" 성도와의 교제는 그리스도와의 교제에서 나오는 파생적 교제이다. 그래서 그리스도와의 교제로부터 받은 은사는 반드시 다른 지체에게 흘러가서 그들의 유익과 복을 위해서 기꺼이 즐겁게 사용되어야만 한다. 억지로 해도 안 되고 불순한 동기로 쓰여서도 안 된다. 그래서 기쁠 때 같이 기뻐하며 슬플 때는 같이 슬퍼한다. "*즐거워하는 자들과 함께 즐거워하고 우는 자들과 함께 울라(로마서 12장 15절).*" 성도의 교제에서 가장 중요한 목표는 다른 지체를 위한 구원의 유익이다. 성도의 교제는 그리스도 안에서 다른 지체의 믿음을 세워주는 일이 되어야 한다. 모든 성도는 그리스도에게서 받은 각양 은사와 직분을 가지고 다른 지체들을 기쁨으로 섬겨야 한다.

성도들의 교제에서 명심해야 할 몇 가지 내용은 다음과 같다. ① 다른 성도들도 그리스도 한 몸의 지체임을 알고 서로 존귀하게 여겨야 한다. ② 어떤 성도가 어떤 은사를 가지고 있든 상관없이 서로 차별하지 말아야 한다. ③ 다른 지체와의 교제가 조금 불편하더라도 그리스도 한 몸의 지체임을 생각하고 의무감에서라도 타인을 섬기는 일에 힘쓸 수 있도록 기도해야 한다. ④ 다른 지체의 믿음에 해가 될 일은 절대로 하지 말아야 한다. ⑤ 주를 위해 함께 봉사할 때 자신을 내세우지 않고 겸손히 의무를 감당해야 한다. ⑥ 다른 지체들의 성공과 실패, 승리와 패배를 자기 자신의 것으로 여기고 함께 기뻐하며 함께 아파할 줄 알아야 한다. ⑦ 지체들 간에 아름다운 사랑의 교제를 나눔으로써 우리의 착한 행실을 보고 하늘에 계신 하나님께 영광을 돌리도록 해야 한다.

믿음의 토대를 굳게 세우는 질문

1. 그리스도가 교회의 주인인 이유는 무엇입니까?

2. '교회아(教會我)'라는 말의 의미를 말해보십시오. '교회아' 의식
   을 가지고 살기 위해서는 어떻게 해야 합니까?

제27장

죄 사함에 대한 우리의 믿음

이 장에서는 사도신경 중 "죄를 사하여 주시는 것과" 부분을 함께 나누어보자. '죄 사함을 받는 것에 대한 우리의 믿음'이라고 하겠다. 56문을 살펴보자.

56문 "죄 사함"에 관하여 당신은 무엇을 믿습니까?

답 : 그리스도께서 하나님의 의를 만족시켰기 때문에 하나님께서는 나의 모든 죄와 내가 일평생 싸워야 할 나의 죄악된 본성을 더 이상 기억하지 않으십니다. 오히려 하나님께서는 은혜로 그리스도의 의를 나에게 선물로 주셔서 결코 정죄함에 이르지 않게 하십니다.

우리가 예수 믿고 죄 사함 받는다는 사실은 가장 널리 알려진 이야기이며 기독교 신앙의 중심 주제이다. 우리는 왜 예수를 믿는가? 온갖 죄를 용서받고 의롭게 되어 하나님의 자녀로서 영원한 삶, 천국 백성의 복된 인생을 살기 위해서이다.

죄 사함에 대한 주제는 쉽고 간단한 듯 보이지만, 깊이 파고들면 쉽게 다룰 내용이 아님을 알 수 있다. 죄 사함에 담긴 심도 있고 풍부한 내용을 함께 살펴보자.

죄 사함이란 무엇인가?

하나님은 기억하지 않으신다

*56문*의 답을 보면 "하나님께서 모든 *죄와 내가 일평생 싸워야 할 나의 죄악된 본성을 더 이상 기억하지 않는다*"고 하셨다. 죄 사함이란 하나님이 죄와 죄의 본성을 '기억하지 않는 것'이다. 여기서 '기억하지 않는다'는 무슨 의미인가? '기억하지 않는다'는 단순히 무엇을 잘 잊는 것과는 근본적으로 다르다. 사람은 무언가를 잘 잊어버리는 경향이 있다. 특히 나이가 들어갈수록 이런 현상은 더욱 심해진다. 그러나 전지전능하신 하나님이 기억하지 않으신다는 말은 그런 뜻이 아니다. 하나님은 기억 못 하실 일이 전혀 없다. 그러므로 이 말은 예수 그리스도의 공로로 말미암아 우리의 모든 죄와 악의 본성을 용서하신다는 의미이다.

*56문*의 답에는 죄 사함이 무엇인지 덧붙이는 내용이 나온다. '*정죄함에 이르지 않게 하신다*'는 말이다. 이는 '하나님께서 기억하지 않으신다'는 말과 같은 뜻이다. 즉 하나님은 정죄하지 않으셔서 심판하지 않으시고 멸망케 하지 않으신다는 말이다.

"*다시 우리를 불쌍히 여기셔서 우리의 **죄악을 발로 밟으시고** 우리*

의 모든 죄를 깊은 바다에 던지시리이다(미가 7장 19절)."

"내가 진실로 진실로 너희에게 이르노니 내 말을 듣고 또 나 보내신 이를 믿는 자는 영생을 얻었고 심판에 이르지 아니하나니 사망에서 생명으로 옮겼느니라(요한복음 5장 24절)."

하나님은 우리 죄를 대신해 십자가를 지신 예수 그리스도의 희생을 기억하셔서 우리를 정죄에 이르지 않게 하신다. 은혜롭게도 우리의 더러운 죄의 옷을 벗기시고 그리스도 의의 옷을 입혀주신다. 그래서 우리가 마지막 심판대 앞에서 우리의 죄로 인해서 결코 정죄되거나 심판 받지 않게 하신다.

물론 죄로 인한 아픔이나 고통까지 다 없어지는 것은 아니다. 죄로 인한 영향과 결과들 일부는 여전히 우리에게 남아 있다. 그것은 우리를 더욱 낮아지고 겸손하게 하며 또한 우리를 악의 길에서 깨닫고 돌이키도록 깨우쳐주는 장치로 삼기 위해서이다.

평생 싸워야 할 죄의 본성

56문의 답을 다시 살펴보자. *"하나님께서 나의 모든 죄와 내가 일평생 싸워야 할 나의 죄악된 본성을 더 이상 기억하지 않는다."* 죄 사함이란 '하나님께서 나의 죄와 죄의 본성을 기억하지 않으신다. 즉 용서해 주시고 정죄하지 않으시고 심판받지 않게 하신다'는 뜻이라고 했다. 하나님께서 기억하지 않으시는 것은 두 가지이다. 하나는 '나의 모든 죄'이고 또 다른 하나는 '나의 죄악된 본성'이다. '나의 모든 죄'란 지금까지 '내가 실제로 범한 모든 죄'이고 '나의 죄악된 본성'은 '죄의 뿌리요 근원'을 말한다. '자범죄'와 '원죄'를 가리키는 것

이다. '나의 죄악된 본성'은 내가 지금 지은 죄가 아니다. 미래에 저지를 나의 죄의 잠재력을 말한다. 그러니까 하나님은 내가 이제까지 지은 죄뿐만 아니라 앞으로 지을 모든 죄의 가능성까지 염두에 두고 그것을 기억하지 않으시며 용서하신다는 의미이다. 이 얼마나 감사한 일인가? 인간의 부패한 속성을 다 아시는 하나님이 우리의 과거와 현재 그리고 미래의 죄까지 완전한 속죄를 보장해주시는 것이다.

우리가 여기서 주목해야 할 것은 '평생 싸워야 할 나의 죄악된 본성'이다. '죄악된 본성'이란 '죄의 뿌리, 죄의 원천'을 뜻한다. 즉 아담의 죄의 피를 이어받은 모든 인간이 본래 태어날 때부터 가지고 있는 악한 본성이다. 이 악한 본성이 있는 한 인간은 끊임없이 죄를 생산할 수밖에 없다. 그래서 우리는 이 악한 본성과 평생 싸워야 한다. 그러므로 '평생 싸워야 할 나의 죄악된 본성'이라고 말하고 있다.

심지어 위대한 사도 바울조차 끊임없이 생겨나는 자신의 부패성, 이 악한 본성과 평생을 싸워왔다. "내가 원하는 바 선은 행하지 아니하고 도리어 **원하지 아니하는 바 악을 행하는도다** 만일 내가 원하지 아니하는 그것을 하면 이를 행하는 자는 내가 아니요 내 속에 거하는 죄니라. 오호라 나는 곤고한 사람이로다 이 사망의 몸에서 누가 나를 건져내랴(로마서 7장 19~20, 24절)."

여기서 구원받은 바울이 아직도 죄에 대해 탄식하고 죄와 싸우고 있다는 사실을 이상하게 볼 필요는 없다. 반대로 긍정적으로 보아야 한다. 이는 오히려 구원받은 사람이라는 증거요, 사죄의 은총을 경험한 사람이라는 표식이다. 구원받지 못한 사람은 죄에 대해서 탄식하고 죄와 처절히 싸울 필요조차 없다. 그들은 이미 죄와 하나 되어 있고 죄와 짝하여 있기 때문이다.

한 번 죄 사함 받았다고 평생 죄와 전혀 상관없이 사는 것은 아니다. 우리는 죄와 악한 본성과 평생을 싸워야 한다. 다만 신자는 두 가지 점에서 세상 사람과 차이가 있다. **우선 죄의 횟수가 줄어든다. 또 하나는 죄를 멀리하고 하나님께 점점 가까이 다가가게 된다는 것이다.**

따라서 하나님이 우리에게 주시는 놀라운 사죄의 은총은 우리가 죽을 때까지 반복적으로 경험하게 된다. 사도신경의 순서를 살펴보자. '거룩한 공회와 성도가 서로 교통하는 것과 죄를 사하여 주시는 것과 몸이 다시 사는 것과 영원히 사는 것을 믿사옵나이다.' 이 고백을 이렇게 이해할 수도 있다. '거룩한 공회 즉 교회에서 성도 간에 말씀을 통한 교제가 이루어지고, 말씀을 통한 교제로 인해서 죄 사함의 은혜가 베풀어지며, 그 죄 사함의 은총은 우리가 부활하고 영원한 생명을 살 때까지 계속된다.' 그래서 실상 성도의 삶은 부활과 영생이 있기 전까지 교회 안에서 선포되는 말씀을 통해 죄를 깨닫고 회개하며 다시 죄 사함의 은총을 누리는 일의 반복이라고 할 수 있다.

우리는 이 세상에 살면서 늘 죄를 짓는다. 아마도 죽을 때까지 그럴 것이다. 그러나 하나님께서 주시는 놀라운 사죄의 은총으로 말미암아 그때마다 우리는 다시 또 다시 일어설 수 있다. 이것이 죽어서 하나님 나라에 갈 때까지 신자가 살아가는 삶의 방식이다.

주님은 주기도문에서 이렇게 가르쳐주신다. "오늘날 우리에게 일용할 양식을 주옵시고 우리가 우리에게 죄 지은 자를 사하여 준 것같이 우리 죄를 사하여 주옵시고." 무슨 말인가? 우리가 매일 먹을 양식을 구하듯 매일 죄의 용서도 간구해야 한다는 뜻이다. 죄의 용서도 일용할 양식처럼 매일 맛보는 것이라고 하겠다. 이것이 신자가 누릴 수 있는 최고의 은혜다. 이처럼 큰 은혜가 있기에 우리 신자는 오늘도 용기를 가지고 주를 위해 즐겁게 열심히 살아간다. 신자는 죄와는 평생 싸워야 하고 사죄의 은총에 대해서는 평생 감사해야 하는 이중의 모습을 가진 존재라고 할 수 있다.

값싼 은혜

그런데 조심하고 경계해야 하는 일이 있다. 바로 죄 사함의 은총을 값싸게 취급하는 것이다. 우리가 죄를 지으면 하나님이 우리 죄를 기억하지 않으시고 용서하신다고 하셨으니까 하나님께 용서를 구하기만 하면 지우개로 지우듯 죄가 자연스레 없어진다고 생각하기 쉽다. 그래서 죄 짓는 것을 두려워하지 않고 가볍게 생각하는 것이다.

사탄은 두 가지 양극단으로 우리를 유혹한다. 믿음 생활하면서 반드시 조심해야 하는 일이다. 하나는 '네 죄는 결코 용서받지 못한다'는 사탄의 단정이다. 이는 하나님의 용서를 믿지 못하게 하거나 받아들이지 않게 만든다. 사탄은 '2천년 전 돌아가신 예수 그리스도의 십자가가 나와 무슨 상관이 있겠는가' 하며 하나님이 주시는 죄의 용서를 받아들이지 못하게 한다. 이미 죄가 없어졌는데도 여전히 죄에 있다고 생각하게 하는 것이다.

또 다른 하나는 이미 죄를 다 용서받았고 앞으로 지을 죄도 용서받을 테니 이제 마음 놓고 죄를 범해도 괜찮다고 생각하게 하는 것이다. 이는 값없이 주시는 하나님의 죄 사함 은혜를 담보로 더 큰 죄를 범하게 하려는 사탄의 고도의 전략임을 빨리 눈치채야 한다. 사탄은 항상 "적당히 죄를 지어도 괜찮다. 회개하면 되지 않겠는가? 어차피 하나님은 다 용서해주시니 죄를 즐겨라"고 유혹한다. 이처럼 죄의 용서를 싸구려 취급하면 신자의 삶에 경건 생활의 중요성이 설 자리는 사라진다. '죄지어도 회개하고 용서를 빌기만 하면 다 해결되는데 굳이 힘들게 경건을 지킬 필요가 무엇인가?'라는 생각이 든다. 그러나 이는 우리의 신앙을 완전히 무너뜨리려는 사탄의 유혹임을 잊어서는 안 된다. 죄 사함의 은혜를 값싸게 취급할 수 없는 몇 가지 이유가 있다.

① 의롭게 된 사람은 반드시 행위로 나타나게 되어 있다. 믿음은 행실로 나타난다. 그러므로 우리가 진정 죄 사함을 받았다면 함부로 죄를 지을 수 없다.

② 진정으로 회개한 사람은 하나님을 경외하는 데로 나아간다. 하나님을 경외하는 사람은 당연히 죄짓기를 두려워한다. "그러나 사유하심이 주께 있음은 주를 경외하게 하심이니이다 (시편 130편 4절)." 하나님으로부터 사죄의 은총을 받은 사람은 하나님을 경외하는 사람이다. 하나님을 경외하는 사람이 어찌 그분 앞에서 죄를 가볍게 여길 수 있겠는가?

③ 하나님의 사죄의 은총은 결코 쉽게 이루어진 일이 아니라는 사실을 안다면 다시는 죄를 쉽게 범할 수 없다. 우리의 죄가 용서되는 과정은 절대 간단하지 않다. 예수 그리스도의 십자가의 처절한 피흘림의 과정이 있었기 때문이다. 얼마나 힘들고 괴로우면 하나님의 아들이신 분이 "나의 하나님 나의 하나님 어찌하여 나를 버리셨나이까?" 외치셨겠는가? 내가 죄 씻음 받은 과정을 안다면 결코 죄를 함

부로 범할 수 없다.

아무 죄가 없으신 분이 내 죄를 대신해 처절하고 고통스러운 죽음을 당하셨다. *"그가 찔림은 우리의 허물 때문이요 그가 상함은 우리의 죄악 때문이라 그가 징계를 받으므로 우리는 평화를 누리고 그가 채찍에 맞으므로 우리는 나음을 받았도다 우리는 다 양 같아서 그릇 행하여 각기 제 길로 갔거늘 여호와께서는* **우리 모두의 죄악을 그에게 담당시키셨도다** *(이사야 53장 5~6절)."*

구약의 죄 사함의 과정은 지금의 우리보다 훨씬 생생하다. 죄지은 사람은 짐승을 가지고 제사장 앞에 나온다. 제사장은 그 사람과 짐승 위에 손을 얹고 그의 죄를 고백하게 한다. 그러면 그 사람의 죄는 짐승에게 전가된다. 제사장은 짐승을 죽여 각을 뜨고 제단 위에 올려놓고 불살라버린다. 죄지은 사람은 이 모든 과정을 지켜보게 된다. 그것을 지켜보며 무슨 생각을 할까? 아무 죄도 없는 저 짐승이 나 대신 죽는구나…. 저 짐승을 내리치는 망치는 나를 내리쳐야 할 망치인데… 저 짐승을 찌르는 칼은 나를 찔러야 할 칼인데… 저 짐승이 흘리는 피는 내가 흘려야 할 피인데… 저 짐승이 당하는 고통은 내가 당해야 할 고통인데… 저 짐승이 맞이할 죽음은 내가 맞아야 할 죽음인데…, 이런 생각이 들지 않겠는가?

그 짐승의 자리에 예수님이 계신다고 생각해보라. 예수님은 정말로 그렇게 죽으셨다. 그런데 우리가 죄 사함을 가벼이 여기고 다시금 쉽게 죄를 저지를 수 있겠는가? 어떤 사람은 죄짓고자 하는 유혹에 처할 때마다 이런 상상을 하며 죄의 유혹을 이겨낸다고 한다. '내가 죄를 지을 때마다 부모님이 곤장 100대씩 맞는다.' 하물며 예수님은 그보다도 훨씬 더 큰 아픔을 우리 대신 담당하셨다.

우리는 간혹 실수를 저지른다. 바로 복음을 너무 쉽게 생각하는 것이다. '예수 믿기만 하면 누구든지 모든 죄에서 용서받고 천국에 갑니다.' 전혀 틀린 말은 아니지만 여기서 그쳐서는 안 된다. 그다음 단계인 죄의 심각성을 가르쳐야 하고 심판의 무서움도 반드시 가르쳐야 한다. 또한 죄와 심판을 우리 대신 치르신 예수 그리스도의 고통과 아픔이 얼마나 큰지도 알려주어야 한다. 구원받은 사람은 앞으로 어떻게 살아가야 하는지도 꼭 가르쳐야 한다. 값싼 복음을 전하면 더 쉽게 사람을 살릴 수 있을 것 같지만 사실은 살리는 것이 아니라 죽일 수도 있다. 사망에 이르는 죄를 계속 지으면서도 자신은 이제 안전하다고 오해하게 만들 수도 있기 때문이다. 그래서 예수 믿는 자들이 오히려 죄를 더 쉽게 범하는 모습을 간혹 보게 된다. 이들이 과연 진실로 구원받은 하나님의 자녀라고 할 수 있겠는가? 우리가 평생 짓는 죄는 예수 그리스도의 보혈로, 믿음으로 용서함을 받는다. 이것은 놀라운 하나님의 은총이다. 그러나 그 사죄의 은혜를 값싸게 취급해서는 안 된다. 평생 죄와 악의 본성과 치열하게 고통스럽게 처절하게 싸워야 한다. 올바른 신자의 삶의 모습은 그래야 한다.

누가 죄 사함을 받는가?

하나님은 우리의 과거와 현재 그리고 미래의 모든 죄와 죄의 본성까지도 다 잊으시고 용서하신다고 했다. 참으로 놀라운 사실이며 엄청난 은혜이다. 그런데 하나님은 무엇에 근거해서 그렇게 하시는가? 무작정 그러시는가? 사람은 누구나 존귀하니까 모든 사람에게 '다 죄 없다'라고 선포하시는가? 절대로 그럴 수 없다. 왜냐하면 하나님은 공의의 하나님이시기 때문이다. 무작정 용서하는 것은 하나님의 공의에 맞지 않는다. 그래서 하나님은 외아들 예수 그리스도를 십자가에 달려 죽게 하심으로 우리의 모든 죗값을 대신 치르게 하셨다. 그 사실을 하나님의 선물로 받아들이고 믿는 사람에게 용서의 은혜가 일어나도록 하셨다. 하나님의 죄 사함의 유일한 근거는 예수 그리스도의 십자가이다.

"우리가 아직 죄인 되었을 때에 그리스도께서 **우리를 위하여 죽으심**으로 하나님께서 우리에 대한 자기의 사랑을 확증하셨느니라 그러면 이제 우리가 그의 피로 말미암아 의롭다 하심을 받았으니 더욱 그로 말미암아 진노하심에서 구원을 받을 것이니 곧 우리가 원수 되었을 때에 그의 아들의 죽으심으로 말미암아 하나님과 화목하게 되었은즉 화목하게 된 자로서는 더욱 그의 살아나심으로 말미암아 구원을 받을 것이니(로마서 5장 8~10절)."

그리스도의 십자가 대속의 은총은 누가 입을 수 있는가? 성경에 정확히 명시되어 있다. "하나님이 세상을 이처럼 사랑하사 독생자를 주셨으니 이는 **그를 믿는 자마다** 멸망하지 않고 영생을 얻게 하려 하심이라 (요한복음 3장 16절)." '그를 믿는 자'다. 믿음으로 예수 그리스도의 십자가의 대속 사건을 나를 위한 속죄의 제사로 받아들이고 고백하는 사람이다. 내가 져야 할 죄에 대한 형벌과 저주를 그리스도께서 대신 받고 죽으셨다. 예수 그리스도께서 나의 모든 죄의 짐을 십자가에 올려놓고 그 죄를 부여잡고 죄와 함께 제물이 되셨다.

그러므로 중요한 것은 그리스도와 내가 하나 되는 것이다. **그리스도와 내가 하나 될 때 비로소 그리스도의 죽음이 나를 위한 죽음이 되고, 그리스도의 죽음이 나의 죄를 대속하는 죽음이 된다. 하나가 되었다는 가장 확실한 증거는 내가 그리스도와 함께 십자가에 죽고 내가 그리스도와 함께 다시 사는 삶을 사는 것이다.** 참믿음은 그리스도와 함께 죽고 그리스도와 함께 다시 사는 것이다. 그런 믿음의 사람에게 하나님의 죄 사함의 은혜가 임한다. "내가 그리스도와 함께 *십자가에 못 박혔나니* 그런즉 이제는 내가 사는 것이 아니요 오직 내 안에 그리스도께서 사시는 것이라 이제 내가 육체 가운데 사는 것은 나를 사랑하사 나를 위하여 자기 자신을 버리신 하나님의 아들을 믿는 믿음 안에서 사는 것이라 *(갈라디아서 2장 20절).*" "만일 우리가 그리스도와 함께 죽었으면 또한 그와 함께 살 줄을 믿노니*(로마서 6장 8절).*"

죄 사함 받은 자는 어떻게 살아야 하는가?

죄 사함은 참으로 놀랍고 엄청난 하나님의 은총이다. 오직 믿는 자만이 누릴 수 있는 하나님의 신비한 축복이며 거저 주시는 하늘의 선물이다. 그러나 엄청난 값을 치르신 선물이다. 그렇다면 죄 사함 받은 우리는 어떻게 살아야 하는가?

날마다 죄는 멀리하고 하나님께 다가가야 한다

죄를 용서 받는 길이 활짝 열렸다는 말은 죄를 마음대로 지으라는 뜻이 전혀 아니다. 죄를 위해 치르신 값을 생각한다면 이제부터 우리는 평생 죄와 치열한 싸움을 벌여야 한다. 죄의 빈도를 줄이고 죄의 뿌리를 뽑으려 힘써야 한다. 죄지었다고 주저앉아 절망하지 말고 눈물을 뿌리며 진심으로 회개하고 다시 일어나야 한다. 죄를 증오하고 죄에 대해 알레르기 반응을 보여야 한다. 어떻게 하면 죄의 횟수를 줄일 수 있을까? 우리의 의지로는 쉽지 않다. 가장 좋은 방법은 하나님께 날마다 가까이 다가가는 것이다. 하나님과 진실로 만나는 시간을 진지하게 가져야 한다. 형식적인 만남, 외식적인 만남, 자기 경건의 의를 과시하기 위한 만남은 아무 소용이 없다.

하나님의 용서를 굳건히 믿고 그 감격과 감사를 잊지 않는다.

신자는 하나님의 용서를 굳게 믿고 매일의 삶에서 용서받은 감격과 감사를 잊지 않아야 한다. 하나님의 완전한 용서를 흔들림 없이 믿고 사는 것이야말로 신자의 진정한 기쁨이다. 우리는 그 용서의 감격으로 이 세상을 살아가는 자신감을 얻을 수 있다. 신자가 누리는 최고의 복은 죄 사함의 복이다. "*허물의 사함을 받고 자신의 **죄가 가려진 자는 복이 있도다**. 마음에 간사함이 없고 여호와께 정죄를 당하지 아니하는 자는 복이 있도다(시편 32편 1~2절).*"

다른 사람을 용서해야 한다

자신의 죄를 용서받은 사람은 남도 용서하는 삶을 살아야 한다.

용서받기는 쉽지만 용서하기는 쉽지 않다. 내가 진정 용서받았음을 어떻게 알 수 있는가? 그것은 내가 용서하는 삶을 사는지를 보면 알 수 있다. 용서하는 삶은 용서받은 삶의 증거이고 용서받은 삶의 결과이다. 우리는 용서받을 수 없는 죄를 용서받았다. 그러므로 우리가 용서 못 할 죄도 없다. 다른 사람을 용서하기 위해 절박하게 기도하고 몸부림치라.

주기도문의 기도가 우리의 고백이 되도록 하자. "우리가 우리에게 죄지은 자를 사하여 준 것같이 우리의 죄를 사하여 주시옵고(마태복음 6장 12절)."

믿음의 토대를 굳게 세우는 질문

1. 죄 사함이란 무엇입니까?

2. 죄 사함에 대해서 사탄이 우리를 넘어지게 하는 2가지 양극
단은 무엇입니까?

3. 죄 사함을 받은 자는 어떻게 살아야 합니까?

육신의 부활과 영원한 생명

이제 사도신경의 마지막 부분인 "몸이 다시 사는 것과 영원히 사는 것을 믿사옵나이다"를 살펴볼 것이다. '육신의 부활'과 '영원한 생명' 즉 영생에 대한 우리의 믿음이다. 사도신경의 피날레, 가장 멋지고 가장 중요한 부분이다. 부활과 영생이 있기에 우리의 인생은 살맛이 나고 의욕이 샘솟는다. 57문과 58문을 통해 알아보자.

57문 "육신의 부활"은 당신에게 어떠한 위로를 줍니까?

답 : 이 생명이 끝나는 즉시 나의 영혼은 머리 되신 그리스도에게 올려질 것입니다. 또한 나의 이 육신도 그리스도의 능력으로 일으킴을 받아 나의 영혼과 다시 결합되어 그리스도의 영광스러운 몸과 같이 될 것입니다.

우리의 신앙고백인 사도신경은 육신의 부활과 영원한 생명으로 마지막을 장식한다. 어쩌면 당연한 이야기이다. 인생의 마지막, 신자의 마지막은 죽은 몸이 부활하여 하나님 나라에서 하나님과 더불어 찬란하고 영원한 생명을 누리는 것이다. 믿음 생활의 최종 종착지이다. 우리가 세상을 살면서 치열하게 일하고 싸우고 갈등하고 온갖 고생을 다 한 후 마지막 다다르는 곳이 바로 여기다. 신자는 참으로 축복받은 존재이다. 죽음 이후에 영원까지 보장되어 있으니 말이다. 죽음과 그 이후의 삶까지 완전하게 보장되었으니 이보다 큰 복이 어디 있겠는가? 이래서 우리는 예수를 믿는 것이다.

죽음 이후 우리는 어떻게 되는가?

사람이 가장 두려워하는 것은 죽음이다. 우리는 왜 죽음을 두려워하는가? 생의 모든 것의 끝이기 때문이기도 하지만 죽은 후에는 도대체 어떻게 되는지 전혀 모르기 때문이다. 그러나 성경은 이에 대해 분명하게 가르쳐주신다. 성경은 죽음을 소멸이라고 말하지 않는다. 없어져서 무가 되는 것이 아니다. 단지 분리될 뿐이다. 영혼과 육체의 분리, 성경은 이를 죽음이라고 말씀한다. 분리될 뿐 없어지지 않는다. 신자나 불신자나 영혼은 불멸이다. 그러나 그들의 미래는 하늘과 땅 차이이다. 이들의 죽음 이후의 상태는 각각 어떻게 되는지 알아보자.

신자의 죽음 이후

57문의 답은 우리 신자가 죽은 후에는 어떻게 되는지, 죽음 후의 궁금증을 해소해 준다. 죽음 이후를 두 단계로 나누어 말한다. 첫 번째 단계는 죽음으로 육신과 영혼이 분리된다. 이 세상에서의 생명이 끝나면 신자의 영혼은 즉시 머리 되시는 그리스도에게로 올려진다. *"이 생명이 끝나는 즉시 나의 영혼은 머리 되신 그리스도에게 올려질 것입니다."* 죽음 이후 도대체 어떻게 될 것인지 수많은 추측이 난무한다. 죽었다가 살아났다는 사람들의 이야기도 무수히 많다. 그러나 그들의 말을 우리가 믿을 수는 없다. 사람마다 경험이 다 다르고 이야기의 내용도 천차만별이기 때문이다. 환상을 보았는지 꿈을 꾸었는지 무엇을 보았는지 도대체 믿을 수 없다. 우리는 오직 하나님의 말씀인 성경이 말하는 것만 받아들여야 한다. 신자는 죽으면 몸과 영혼이 분리되고 몸은 썩어 흙으로 되돌아간다. 그러나 우리의 영혼은 머리 되시는 그리스도에게로 올라간다. 영혼이 잠자는 상태에 빠진다거나 천주교에서 말하는 연옥에 가지 않는다. 영혼이 소멸되는 것은 더더욱 아니다. 이 모든 것은 전혀 성경적이지 않다. **성경은 우리가 그리스도에게 올라가서 그리스도와 함께 거한다고 말씀하고 있다.**

예수님이 십자가에 달리셨을 때 양편에 강도가 있었다. 그중 예수를 믿는 한 강도에게 예수님이 말씀하셨다. *"오늘 네가 **나와 함께** 낙원에 있으리라 하시니라 (누가복음 23장 43절)."* 아마도 그 강도는 '나중에' 그런 일을 기대했을지도 모른다. 그러나 예수님은 '오늘' 나와 함께 낙원에 있으리라고 분명히 말씀하셨다. 죽으면 영혼이 분리되어 시간이 한참 지난 후 그리스도께 가는 것이 아니다. 신자가 죽으면 즉시 낙원에서 그리스도와 함께 있게 된다. 바울도 이 세상에 있는 것보다 이 세상을 떠나서 그리스도와 함께 있기를 원했다. "내가 그 둘 사이에 끼었으니 차라리 세상을 떠나서 **그리스도와 함께 있는 것**이 훨씬 더 좋은 일이라 그렇게 하고 싶으나 (빌립보서 1장 23절)." 바울은 죽어서 그리스도와 함께 거하는 것을 담대히 원한다고도 했다. "우리가 담대하여 원하는 바는 차라리 몸을 떠나 **주와 함께 있는 그 것이라** (고린도후서 5장 8절)."

누가복음에는 부자와 나사로의 이야기가 나온다. 부자는 죽은 후 음부에 떨어져 말로 다 할 수 없는 고통을 겪지만, 거지 나사로는 죽은 후 천사들에게 받들어져서 아브라함의 품에 들어갔다고 했다. 아브라함이 있는 곳은 낙원이다. 아브라함의 품에 들어갔다는 것은 낙원에 들어갔다는 말이다. 그러니까 낙원에 있는 그리스도에게 갔다는 뜻이다.

신자의 가장 큰 복은 그리스도와 함께 있는 것이다. 우리는 이 세상에 살면서도 예수를 믿는 즉시 그리스도와 함께 거한다. 이 세상에서 그리스도와 함께 살던 신자는 죽어서도 그리스도와 함께 있는 곳으로 간다. 신자의 가장 큰 소망은 하나님께 가까이 나아가는 것이다. 사도 요한은 핍박 받는 초대교회 성도들에게 이렇게 권면한다. "지금 이후로 주 안에서 죽는 자들은 **복이 있도다** (요한계시록 14장 13절)." 신자에게는 죽음이 아픔이 아니라 복이라고 말한다. 그 이유는 무엇인가? 죽음 후 우리가 주님께 더 가까이 나아가기 때문이다.

죽음 이후 두 번째 단계를 57문의 답은 이렇게 말한다. "또한 나의 이 육신도 그리스도의 능력으로 일으킴을 받아 나의 영혼과 다시 결합되어 그리스도의 영광스러운 몸과 같이 될 것입니다."

제28장 육신의 부활과 영원한 생명

앞에서 신자가 죽으면 몸과 영혼은 분리되어 육은 썩어 흙으로 되돌아간다고 했다. 그런데 **그리스도가 재림하시면 흙으로 돌아간 육이 그리스도의 능력으로 일으킴을 받아 부활하게 된다. 부활한 몸은 그리스도와 함께 있던 영혼과 다시 결합하는데 바로 그 결합된 몸이 '신령한 몸'이고 그 몸이 '그리스도의 영광스런 몸과 같은 몸'이라고 하겠다.**

죽음 후 신자의 영혼은 주님과 함께 있게 된다고 했는데, 아직 부활의 몸을 입지 않은 그 상태를 '중간상태'라고 한다. 주님과 함께 있는 것은 정말 좋은 일이지만 부활의 몸을 입지 않은 상태는 이상적인 형태라고 할 수 없다. 하나님은 사람을 영혼과 몸이 결합된 완성체로 만드셨기 때문이다. 그래서 영혼과 몸이 합해져야만 가장 이상적인 몸이 된다. 그 **이상적인 몸이 바로 그리스도의 영광스런 몸과 같은 신령한 몸이고 가장 완전한 몸이라고 할 수 있다.** 이러한 모든 일은 그리스도의 재림 때 일어난다.

사도 바울은 몸의 부활을 상세하게 전하고 있다. *"보라 내가 너희에게 비밀을 말하노니 우리가 다 잠잘 것이 아니요 마지막 나팔에 순식간에 홀연히 다 변화되리니 나팔 소리가 나매 죽은* **자들이 썩지 아니할 것으로 다시 살아나고** *우리도 변화되리라* (고린도전서 15장 51~52절)." 마지막 나팔소리는 주님께서 재림하실 때에 울려 퍼지는 나팔소리를 말한다. 그때 그리스도 안에서 죽은 자들이 먼저 일어나고 이후에 살아남은 자들도 그 몸이 부활의 몸처럼 변화하게 된다. 다시 말하면 **그리스도의 재림 때 믿음을 가지고 죽은 자들은 부활해서 영혼과 합하여 그리스도의 신령한 몸을 입고, 그때 살아 있는 신자들은**

죽음을 거치지 않고 순식간에 주님과 같은 신령한 몸으로 변화하는 은총을 누린다. 이렇게 완전한 영혼과 완전한 몸이 하나가 되어 완전한 구원을 이루어서 영원한 생명을 누리는 것을 '영화'라고 한다.

부활한 몸, 신령한 몸은 어떤 몸일까? 부활하신 영광스러운 그리스도의 몸과 같은 몸이 되는 것이다. 그리스도께서는 이 몸으로 승천하셨다. 이 몸은 썩지도, 닳아 없어지지도 않는다. 이 몸은 하나님 앞에 나아갈 수 있는 영광의 몸이다. 음식이 필요하지 않으며 잠도 쉼도 필요하지 않은, 제한이 없는 몸이다. 그래서 부활하신 그리스도는 문이 닫혀 있는 제자들의 방에 아무런 막힘 없이 나타나셨다. 이렇게 보면 부활의 몸은 육의 몸과는 전혀 다른 면이 있음을 알 수 있다. 부활의 몸과 지금 우리 육신 사이에 존재하는 비연속성이다.

반면 지금 우리의 몸과 부활의 몸 사이에는 연속성도 존재한다. 부활한 예수님을 제자들이 알아볼 수 있었듯, 우리도 부활하면 다른 사람들이 우리를 알아볼 수 있다. 부활한 예수님의 몸에도 손에 못 자국, 옆구리에 창 자국이 남아 있었고 제자들은 부활하신 예수님의 목소리를 알아들었다. 부활한 몸도 육의 몸처럼 뼈와 살이 있다고 했다. 이런 것들을 보면 부활의 몸과 우리의 몸에는 연속성도 있음을 알 수 있다. 어쨌든 우리가 죽은 후 부활할 때에는 참으로 놀랍고 신기한 몸을 입게 된다. 그리고 부활한 그 신령한 몸으로 우리는 주님과 더불어 영원한 삶을 살게 된다. 찬란하고 영원한 삶이 있는 곳, 그곳이 바로 새 하늘과 새 땅이다.

불신자의 죽음 이후

불신자들 또한 육의 죽음 이후에 신자와 마찬가지로 영혼과 육신이 분리된다. 그러나 믿는 자들과는 달리 믿지 않는 자의 영혼은 지옥에 떨어져 고통 받게 된다. 부자와 나사로 이야기를 보면 지옥의 실상을 조금이나마 실감할 수 있다. "그가 **음부에서 고통 중에** 눈을 들어 멀리 아브라함과 그의 품에 있는 나사로를 보고 불러 이르되 아버지 아브라함이여 나를 긍휼히 여기사 나사로를 보내어 그 손가락 끝에 물을 찍어 내 혀를 서늘하게 하소서 내가 **이 불꽃 가운데서 괴로워하나이다** (누가복음 16장 23~24절)."

예수님의 재림 때 살아 있는 불신자는 하나님의 심판을 통해 몸과 영혼이 함께 지옥으로 떨어진다. 그리고 이미 죽은 불신자의 몸은 그때 부활하고 이미 지옥에 가 있던 영혼과 결합하여 영원한 지옥에 다시 떨어진다. 이것도 부활이다. 신자의 부활이 첫 번째 부활이라면 불신자의 부활은 두 번째 부활이다. 이를 사망의 부활이라고 한다. 이것은 어떤 사람의 생각이나 누군가의 추측 혹은 주장이 아니다. 성경이 가르쳐주는 하나님의 말씀이다.

그래서인지 몰라도 불신자들은 유난히 죽음을 두려워한다. 혹시 지옥이 있을지 몰라 두려운지도 모른다. 성경은 불신자들에게 겁을 주려는 책이 아니다. 다만 지옥의 실상을 알려서 그들로 하여금 구원을 받도록 하기 위해서이다. 그리고 먼저 믿는 우리 신자들이 그들에게 복음을 전하는 일을 독려하려는 것이 목적이다. 예수님은 죽기를 두려워하는 자들에게 지옥으로 가는 길에서 벗어나는 방법을 알려주시려고 이 땅에 오셨다. "또 죽기를 무서워하므로 한평생 매여 종노

룻하는 모든 자들을 **놓아주려 하심이니**(히브리서 2장 15절)."

참 좋으신 예수님이 왜 그토록 무서운 지옥에 대해 말씀하셨을까? 그만큼 사람들이 지옥에 가지 않기를 바라시기 때문이다. 어느 누구도 지옥에 떨어지지 않고 구원을 받도록 하기 위해서이다. 멀리 생각할 필요도 없다. 우리 자녀, 남편, 아내, 친척, 친구, 얼마나 소중한 사람들인가? 한시가 급하다. 기도하라. 전도하라. 절실히 간구하라. 지혜를 구하라. 성령의 능력을 간청하라. 완전한 가족 복음화가 이루어지기를 소망하라.

영원한 생명은 무엇인가?

58문 "영원한 생명"은 당신에게 어떠한 위로를 줍니까?

답 : 내가 이미 지금 **영원한 즐거움**을 마음으로 누리기 시작한 것처럼 이 생명이 끝나면 눈으로 보지 못하고 귀로도 듣지 못하고 사람의 마음으로도 생각지 못한 **완전한 복락**을 얻어 하나님을 영원히 찬양할 것입니다.

영원한 생명은 '영원한 즐거움' 혹은 '완전한 복락'이라고 말한다. 하늘나라에서 영원히 살게 될 하늘의 생명이라고 할 수 있다. 그러나 영생은 그저 끝없이 오래 사는 것을 의미하지는 않는다. 아무 의미도 없이 끝없이 오래 사는 것이 어찌 즐겁고 복일 수 있겠는가? **영생은 하나님 안에서 누리는 영원한 즐거움, 완전한 복락을 말한다.** 몸의 부활이 있고, 모든 선한 것들이 완전히 결실을 맺으며, 하나님의 형상이 온전히 회복될 때 이러한 영생이 이루어진다.

예수님은 이렇게 말씀하셨다. "영생은 곧 유일하신 참 하나님과 그가 보내신 자 예수 그리스도를 아는 것이니이다." 하나님과 예수 그리스도를 아는 것이 영생이다. 여기서 '안다'는 말은 그저 인지하는 데서 그치지 않는다. 함께 살고 경험하고 교통한다는 뜻이다. 즉 관계적 앎을 말한다. 하나님은 나의 하나님이시며 예수님은 나의 구주시요 주님이시오, 나는 사나 죽으나 주님의 것이라는 고백이 있고, 그 가운데 주님과 교통하는 삶, 주님을 경험하는 삶, 주님과 함께 사는 삶을 살 때 영원한 즐거움과 완전한 복락을 누린다. 가장 중요한 것은 주님과의 영원한 교제이다. 신자의 가장 큰 즐거움은 주님과 함께 교통하는 삶을 사는 것이다. 우리는 지금 하나님을 볼 수 없다. 그러나 부활하여 하나님 나라에 가면 부활의 몸으로 하나님을 대면할 수 있게 된다. "우리가 지금은 거울로 보는 것같이 희미하나 그때에는 얼굴과 얼굴을 대하여 볼 것이요 지금은 내가 부분적으로 아나 그때에는 주께서 나를 아신 것같이 내가 온전히 알리라 (고린도전서 13장 12절)." 얼마나 놀라운 일인가? 그 영광된 하나님과 대면하면서 누리는 즐거움은 그야말로 완전한 복락이다.

영생은 이 땅에서 시작해서 하늘나라까지 다다른다. 예수를 믿는다는 것은 무엇인가? 지금 영생을 누리며 사는 것이다. "내가 진실로 진실로 너희에게 이르노니 내 말을 듣고 또 나 보내신 이를 믿는 자는 영생을 얻었고 심판에 이르지 아니하나니 사망에서 생명으로 옮겼느니라 (요한복음 5장 24절)." 이 말씀처럼 예수를 믿는 자는 이미 영생을 얻었다. 그래서 지금 영생을 누리고 있다. 지금 영생을 누리는 자가 부활 후에 영생을 누리게 된다. 그래서 58문의 답은 이렇게 말한다. "*내가 이미 지금 영원한 즐거움을 마음으로 누리기 시작한 것처럼 이 생명이 끝나면 눈으로 보지 못하고 귀로도 듣지 못하고 사람의 마음으로도 생각지 못한 완전한 복락을 얻어 하나님을 영원히 찬양할 것입니다.*" 지금 영생을 누리는 자는 생명이 끝나면 생각지도 못한 완전한 복락을 얻으리라고 말하는 것이다. 하나님의 나라는 예수 그리스도의 사역으로 이미 시작되었다. 그래서 믿는 자는 이미 하나님 나라에 참여한 것이고, 하나님 나라에 참여하는 자들이 또한 영생을 얻게 된다. 그래서 영생은 현재성과 미래성을 동시에 갖는다.

영생은 하늘나라에서 누리는 완전한 복락이라고 했다. 완전한 복락은 어떤 것을 말하는가? 우리는 그것을 도무지 알 수 없다. 그래서 "*눈으로 보지 못하고 귀로도 듣지 못하고 사람의 마음으로도 생각지 못한 완전한 복락*"이다. "*기록된 바 하나님이 자기를 사랑하는 자들을 위하여 예비하신 모든 것은 눈으로 보지 못하고 귀로 듣지 못하고 사람의 마음으로 생각하지도 못하였다 함과 같으니라*(고린도전서 2장 9절)." 하나님이 예비하신 모든 것은 우리의 오감으로 전혀 경험할 수 없는 아주 놀라운 것이다. 하나님이 그것을 가르쳐주셔도 우리는 알 수 없다. 그래서 하나님은 다 알려주지 않으신다. 바울도 천성에 올라간 체험을 언급할 때 그것을 말로 표현할 수 없었다고 했다. 그저 우리는 성경에 말씀하신 정도로만 알 뿐이다. **우리가 육신을 가지고 있는 한 완전한 복락인 영생을 깨달을 수 없다. 다만 이렇게 말할 수는 있다. 우리의 상상을 초월하고 우리의 추측을 완전히 뛰어넘는**

깜짝 놀랄 복락, 아마도 이 세상에서 가장 좋은 것의 억만 배쯤 더 좋은 것, 이것을 완전한 복락이라고 생각하면 어떨까? 하나님은 이것을 믿는 자들에게 선물로 주셨다. 이것을 생각하면 우리는 날마다 하나님을 찬양하고 하나님께 감사드리게 되는 것이다. 그래서 완전한 구원을 누리고 완전한 복락을 얻는 신자들은 하늘나라에서 하나님을 영원히 영원히 찬양할 수밖에 없다.

부활과 영생에 대한 분명한 믿음을 가진 자들은 어떻게 사는가?

사도신경 마지막 부분에서 우리는 이렇게 고백한다. **"몸이 다시 사는 것과 영원히 사는 것을 믿사옵나이다."** 가장 중요한 우리 믿음의 고백이다. 이 고백이 있기에 어둡고 악하고 고통스러운 세상이지만 그래도 우리는 희망을 갖고 산다. 그날을 기대하고 그때를 상상하며 용기를 얻고 힘을 내어 오늘 하루도 뚜벅뚜벅 걸어 나아간다.

죽음의 두려움에서 벗어난다

신자에게 죽음은 결코 마지막이나 고통이 아니다. 영생을 살기 위한 탈바꿈의 과정일 뿐이다. 애벌레는 징그럽지만 탈바꿈의 과정을 거치면 아름답고 영롱한 나비로 변화한다. 죽음은 형벌이나 고통이 아닌 단지 변화의 과정이라고 생각해야 한다. 죽음을 졸업이라고 말하는 사람도 있다. 이 세상에서의 삶을 끝내고 영광스러운 천국의 삶으로 들어간다고 생각하는 것이다. 그래서 사도 바울은 이 세상을 떠나서 주님과 함께 있는 것이 훨씬 좋다고 말한다. "내가 그 둘 사이에 끼었으니 차라리 세상을 떠나서 **그리스도와 함께 있는 것이** 훨씬 더 좋은 일이라 (빌립보서 1장 23절)."

살아도 죽어도 주님을 위해서다

부활과 영생이 없다면 우리는 주어진 현생을 자기 마음대로 죄짓고 허랑방탕하게 살지도 모른다. '어차피 죽을 건데 한 번뿐인 인생 내 마음대로 하자!'며 타락할 수도 있다. 그러나 부활이 있고 영생이 있기에 우리는 아무렇게나 살 수 없다. 함부로 죄를 지을 수 없고 악하고 추한 행동을 할 수 없다. "…죽은 자가 다시 살아나지 못한다면 내일 죽을 터이니 먹고 마시자 하리라 속지 말라 악한 동무들은 선한 행실을 더럽히나니 깨어 의를 행하고 죄를 짓지 말라……(고린도전서 15장 32~34절)."

온 세상을 다 준다고 해도 영생과는 바꿀 수 없다. 이처럼 놀라운 복을 주신 분은 예수 그리스도이시다. 그러므로 부활과 영생을 확신한 신자는 당연히 주님을 기쁘시게 하는 일에 모든 삶을 쏟아붓는다. 살아도 기쁘게 주를 위해서 살고 죽어도 기쁘게 주를 위해서 죽는다. "우리가 **살아도 주를 위하여 살고 죽어도 주를 위하여 죽나니** 그러므로 사나 죽으나 우리가 주의 것이로다 (로마서 14장 8절)." 내 삶의 모든 가치와 의미는 주님이시다. 삶의 방법, 목적, 꿈, 즐거움, 미래가 다 주님이시다. 이렇게 사는 자는 이 세상에서 가장 복된 사람이다. 당신은 이런 삶을 꿈 꾸고 지금 그렇게 살고 있는가? 이런 은혜와 복이 모두에게 충만하길 간절히 기도한다.

믿음의 토대를 굳게 세우는 질문

1. 신자는 죽음 이후에 어떻게 됩니까? 그리고 불신자는 죽음 이후에 어떻게 됩니까?

2. 영생은 무엇입니까?

3. 부활과 영생을 믿는 자는 어떻게 살아야 합니까?